D0005503

Spanish Reader Series

Classic Spanish
Stories and Plays

TECHNICAL COLLEGE OF THE LOWCOUNTRY
LEARNING RESOURCES CENTER
POST OFFICE BOX 1288
BEAUFORT, SOUTH CAROLINA 29901-1288

Spanish Reader Series

Classic Spanish Stories and Plays

The Great Works of Spanish Literature for Intermediate Students

Marcel C. Andrade

Awarded the *Encomienda con Placa de la Orden Civil de Alfonso X el Sabio* by His Majesty King Juan Carlos I of Spain

Feldman Professor
University of North Carolina–Asheville

McGraw-Hill

Chicago   New York   San Francisco   Lisbon   London   Madrid   Mexico City
Milan   New Delhi   San Juan   Seoul   Singapore   Sydney   Toronto

Library of Congress Cataloging-in-Publication Data

Andrade, Marcel Charles.
    Classic Spanish stories and plays : the great works of Spanish literature for
intermediate students / Marcel C. Andrade.
        p.   cm. — (Spanish reader series)
    English and Spanish.
    ISBN 0-658-01138-3 (acid-free paper)
    1. Spanish language—Readers—Spanish literature.   2. Spanish literature—
Classical period, 1500–1700.   I. Title.   II. Series.

PC4117.A7348   2001
468.6'421—dc21   00-52706

McGraw-Hill

A Division of The McGraw·Hill Companies

Copyright © 2001 by The McGraw-Hill Companies. All rights reserved. Printed in the
United States of America. Except as permitted under the United States Copyright Act of
1976, no part of this publication may be reproduced or distributed in any form or by any
means, or stored in a database or retrieval system, without the prior written permission of
the publisher.

1 2 3 4 5 6 7 8 9 0   LBM/LBM   0 9 8 7 6 5 4 3 2 1

ISBN 0-658-01138-3

This book was set in Goudy
Printed and bound by Lake Book Manufacturing

Cover design by Jennifer Locke
Cover illustrations copyright © Archivo Iconografio, S.A./Corbis

Interior illustrations by Mike Taylor, SGA Illustration Agency, pages 14 and 20; Emily
Watson pages 42 and 52; Shelly Bartek pages 70 and 84; Steward Lees, SGA Illustration
Agency, pages 98 and 112; Clint Hansen pages 150 and 156; Ross Watton, SGA
Illustration Agency, pages 200 and 216; Mike Taylor, SGA Illustration Agency, pages 240
and 268; and Gerruccio Cucciarini pages 324 and 340.

McGraw-Hill books are available at special quantity discounts to use as premiums and
sales promotions, or for use in corporate training programs. For more information, please
write to the Director of Special Sales, Professional Publishing, McGraw-Hill, Two Penn
Plaza, New York, NY 10121-2298. Or contact your local bookstore.

TECHNICAL COLLEGE OF THE LOWCOUNTRY
LEARNING RESOURCES CENTER
POST OFFICE BOX 1288
BEAUFORT, SOUTH CAROLINA 29901-1288

This book is printed on acid-free paper.

Contents

14.95

Acknowledgments

The author wishes to honor many colleagues, associates, and students who, with their advice, suggestions, and assistance, contributed over the years to the development and preparation of the eight abridged selections in this edition. Many thanks to professor John E. Keller, eminent scholar in the field and professor emeritus from the University of Kentucky; professor Fred de Armas, University of Chicago; professor Rodrigo Borja Cevallos; professor Claudio Malo González; and professor Henry Stern (UNCA). Many thanks to professor Cathy Pons, chair of the Foreign Languages Department, for the time she allowed me for this task. A very special thanks to professor Harry L. Kirby for his careful evaluation and corrections of this manuscript. My thanks also to professor Sandra Malicote for her aid with the French epic. Finally, I am grateful to Vice Chancellor Tom Cochran for his continued support. Thanks to all in the Computer Center of UNCA.

It is with great pleasure that I recognize the following students for their input and suggestions: Tonya Alison, Maria Arcos, Travis Bradley, Linda Burdge, Jennie Campbell, Lynne Delk, Lisa England, Satasha Evans, Ramona Griffin Pace, Barbara Ledford, and Vilma Velez.

My special appreciation goes to my former editors of NTC/Contemporary, Tim Rogus and Elizabeth Millán, for their tireless dedication and clear and sensitive guidance. Finally, I wish to convey my special thanks to Christopher Brown, the editor of this book. He knew how to bring this project together with his intelligence and lucidity. Thank you to Katherine Hinkebein, associate project editor, for such accurate corrections and changes.

Introduction

Classic Spanish Stories and Plays opens up to intermediate-level and early-advanced learners the excitement of reading in Spanish the greatest treasures of Spanish literature. All eight works in this collection have been carefully abridged and adapted in prose to reproduce all the key scenes and action of the original works, while using contemporary Spanish that is accessible to the reader.

The Development of the Spanish Language

Spanish is a Romance language spoken by more than four hundred million people in the world today. It is spoken in Spain, Mexico and the Central American countries, the Caribbean basin (Cuba, Puerto Rico, and the Dominican Republic), and in South America (with the exception of Brazil and the Guianas). Spanish is also spoken in the Philippine Islands, in regions of the African coast, and there are segments of Spanish speakers in the Balkans. Spanish was even brought to Turkey by the Jews (the Sephardis) who were expelled from Spain in 1492. Today there are more than thirty million Spanish speakers in the United States and Canada, and Spanish is the unofficial second language in the United States.

Like all the other Romance languages (Portuguese, French, Provençal, Catalan, Italian, Romanian, Sardinian, and Romansh), Spanish has its origins in Vulgar Latin or the spoken Latin of the Roman Empire. After the defeat of the Carthaginians in the Second Punic War (218–205 B.C.), Vulgar Latin was introduced into Spain by Roman soldiers, merchants, administrators, and immigrants. Formal transactions were carried out in Classical Latin, or the language of the nobility, the patricians; this was the language of Cicero, Virgil, and many other writers of ancient Rome. Vulgar Latin, on the other hand, was unbound by grammatical rules and was free to evolve according to need (much like the slang and new terminology and structures of conversational American English).

Rome expanded its power throughout Europe, Africa, and the Middle East. The empire had ulterior provinces stretching from England to the Byzantium. Vulgar Latin supplanted the vernaculars in all areas, and with the passage of the centuries, people who spoke Vulgar Latin from one geographic area could not understand the people from another geographic area with similar linguistic background. This was the beginning of the family of Romance languages. Language reflects culture, and the Romance languages evolved to reflect the specific cultural identity, ideals, and values of the peoples of each region.

When Roman rule over the Iberian Peninsula collapsed, various Germanic tribes invaded, culminating in the Visigoths. Christianity was imposed on the the whole of Spain by the Visigothic King Recaredo in the early seventh century. Following the birth and rapid expansion of Islam, the Moors (Muslim Arabs) first entered Spain in 711 and, in a relatively short time, conquered much of the nation. Known as *la Conquista*, this military advance was almost immediately countered by *la Reconquista* ("Reconquest"), in which Christians fought the Muslim Moors for repossession of their lands. The Moors, whose influence on the Spanish culture and language was significant, were to stay in Spain for about 800 years until their ultimate expulsion from Spanish territory in 1492.

The Middle Ages

The period from the year 500 through the 1500s has been called the Middle Ages. This period saw the first manifestation of Spanish consciousness in literature in the form of the epic poem. These poems embodied the ideals and virtues admired by people with the same history and values and helped foster a clear sense of identity. In Spain, the first epic poem was *Cantar de Mío Cid*, written around 1140.

Spanish cultural development saw a remarkable flowering under the auspices of King Alfonso X, "the Wise" (1252–1282), the publication by Don Juan Manuel of *El conde Lucanor* (the first work in prose) in 1335, and the work of such outstanding poets as Berceo, the Marqués de Santillana, and Juan Ruiz, the Arcipreste de Hita. In the archpriest's masterpiece, *El libro de buen amor*, written in the second half of the fourteenth century, he synthesizes all medieval poetic currents in Spain. Together with *El Cid*, *La Celestina*, and *Don Quijote*, *El libro de buen amor* is considered to be the highest exponent of Spanish literature throughout the ages.

Renaissance

The main characteristic of the period named the Renaissance, which followed the Middle Ages, was the renewed interest in all human endeavors, away from the orientation toward the salvation of the soul. Italy was the center of this movement, and Spain's contacts with Italy were many. Spaniards traveled there in great numbers and absorbed the essence of the new age, bringing it back to Spain. The Renaissance took hold in Spain in spite of the stifling effects of the Inquisition and the Counter-Reformation. Queen Isabel herself deserves much of the credit for fostering this spirit, although she was also responsible for the banishment of the intellectual class (Jesuits and Jews). Gutenberg's new invention, the printing press, was introduced in Spain in 1474; Nebrija published the first Spanish scientific grammar in 1492; *La Celestina* was published in 1499; and Cardinal Cisneros founded the University of Alcalá de Henares in 1508.

The Renaissance indeed began the Modern Age. Erasmus influenced Spaniards with his idea of "inner religion," and his attacks against the corruption of the Church. The "universal truth" of the Catholic Church in Spain became open to question, as reflected in *Lazarillo de Tormes* (1554), which was banned by the Holy Inquisition and placed on the Church's index of forbidden books. This all coincided with the arrival of Columbus in the New World, which opened up to Spain a huge new source of wealth.

The Golden Age

The period encompassing the middle of the sixteenth century through the middle of the seventeenth century is referred to as the Golden Age of Spain. The genius of Cervantes, Lope de Vega, Tirso de Molina, Juan Ruiz de Alarcón, Pedro Calderón de la Barca, and other great writers dominated this era, paradoxically, at a time when Spain suffered a decline in every aspect of public and private life.

The immense economic and political power achieved during the reigns of Charles V (1517–1556) and Phillip II (1556–1598) made Spain the most influential country in Europe. Yet the nation was continuously at war, both in the Netherlands and with the Hapsburg Empire. The life of the average Spaniard was hard, the standard of living was low, and taxes were crippling. Corruption was rampant, and the gold from the New World could not pay the national debts. The intellectual elite had been banished from Spain in 1492 by Ferdinand and Isabel, and the highly productive Moors left soon after.

However, all the flowering genius of Spain bloomed in all the arts: painting (dominated by the figures of El Greco, Murillo, and Velázquez), architecture, sculpture, music, and literature. It was indeed in literature that the Golden Age was unsurpassed, producing above all the genius of Cervantes and his *Don Quijote de la Mancha*.

Although the greatest work of this era of Spanish literature was in prose, the preeminent genre of the period was the *comedia del Siglo de Oro* ("drama of the Golden Age"). The *comedia* (the general term for "drama" in Spanish) possessed several important characteristics. Of the three classical unities for a play—time, place, and action—Spanish playwrights only followed the unity of action. The delineation of character was also not fixed, leaving it to the imagination of the audience. The number of characters varied, and married women or women as mothers rarely appeared as characters. Intrigue and emotion were central to the plays, as was the theme of honor. In the opinion of the critics, the following are the most recognized examples of the form in this period: *La Numancia* (1585), *Fuenteovejuna* (1612–1614), *La verdad sospechosa* (1619), *El burlador de Sevilla* (1630), and *La vida es sueño* (1635).

Classic Spanish Stories and Plays: From Medieval to Golden Age Literature

The collection of eight works in *Classic Spanish Stories and Plays* can justifiably claim to include the greatest dramatic and prose masterpieces by the greatest Spanish writers from the medieval period up to the end of the Golden Age. Such a claim involves, of necessity, a degree of personal judgment. In the author's opinion, the most significant omission from the list of authors is Pedro Calderón de la Barca and from the list of works is *El libro de buen amor* by Juan Ruiz, Arcipreste de Hita. However, both are excluded from this edition in prose because their merits lie in poetry, which cannot be satisfactorily conveyed in adaptation.

El Cid

Cantar de Mío Cid was probably written in 1140, approximately forty years after the death of Rodrigo Díaz de Vivar—El Cid—hero of the Spanish *Reconquista*. It is the first epic poem of medieval Spanish literature and was written in verse.

There are three parts, or *cantares*, to the poem, which has been adapted here into prose. A notable feature of this work is its vigorous realism. The Cid is seen not only as a great hero and warrior, but also as an affectionate and caring husband and father, a loyal subject to his king, and as a man who never loses his personal dignity. He shows a range of emotions: he jokes, he cries, he jests, he boasts, he laughs. The Cid is loved by all and respected by his enemies. He is generous with his friends and just with his foes. He is deeply religious and a bit superstitious. Finally, he is the embodiment of the perfect medieval knight.

In contrast to other European epic poems, the book presents a real man, not greatly idealized and in no way aided by supernatural beings. The Cid moves among people who, for the most part, really existed, and whose deeds and everyday life are, with few exceptions, rigorously historical. The identity of the author of the *Poema del Cid* is not known, and there are several theories about its formation. In any case, the myth took on a force of its own, and the only remaining manuscript was copied by Pedro Abad in 1307 from a much earlier original. However, the original language in which the poem was written leads one to think that the unknown author was a Mozarab (*mozárabe*), that is, a Christian who lived among Muslims.

The geography described in the book is exact although, of course, some towns have disappeared. Today one can follow the same routes used by the Cid (on roads built by the Romans!).

Los cuentos del conde Lucanor

Completed in 1335, *Los cuentos del conde Lucanor*—or *El libro de Patronio*—is considered by many to be the greatest piece of medieval literary prose in Spanish. Its author, the aristocratic Don Juan Manuel (1282–1349), was the son of a prince of the crown of Castile and a nephew of King Alfonso X. He created a delightful collection of more than fifty tales (of which eight are included in this edition), all linked by the character of Count Lucanor. At the beginning of each story, the Count confides one of the dilemmas of his life to his trusted advisor, Patronio. Patronio, in turn, proposes a solution to the problem by telling a tale that teaches a moral lesson. The tales and fables are drawn from many sources: Oriental, Arabic, Jewish, and European; in particular, they suggest both the richness of Don Juan Manuel's personal contacts and that of the Moorish-Castilian culture that flourished in fourteenth-century Spain.

La Celestina

The masterwork of Spanish literature, *La Celestina* by Fernando de Rojas, was published in 1499. It represents the first of a new literary genre known as the *novela dramática* ("dramatic novel"), a narrative form characterized by dialogues of often great length, and has been traditionally considered second in greatness only to *Don Quijote*. In the sixteenth century alone, more than sixty editions of the book were published in Spain.

Consisting of twenty-one *autos*, or acts, the strength of the work lies in its poignant portrayal of the ill-fated lovers, Calisto and Melibea, along with the strongly drawn depiction of the treacherous and greedy Celestina, whose schemes come to no good end. The plot contrasts the idealism of the two lovers with the brutal realism and cynicism of Celestina and her roguish cronies, to create a story of significant psychological insight.

La Celestina was translated into Italian (1506), German (1520), French (1527), and subsequently English (1530). *La Celestina* enjoys the distinction of being the first Spanish book ever translated into English.

Lazarillo de Tormes

The most famous picaresque novel, *Lazarillo de Tormes*, was published in 1554, though the author is anonymous. The character of Lazarillo gives readers an insider's view of what life was like in sixteenth-century Spain. Told by a poor boy that is a *pícaro*, or rascal, Lazarillo is the favorite of all the picaresque novels published during the period.

As Lazarillo tries to mitigate his hunger, he serves a series of masters, all of whom represent important social types of the time. In turn, these masters teach Lazarillo about cruelty, corruption, and hypocrisy that were an integral part of everyday life. In spite of his miserable environment, Lazarillo remains a keen observer of the human condition. He is truly one of literature's most memorable characters.

Aventuras del ingenioso hidalgo don Quijote de la Mancha

The first edition of *Don Quijote* was published in 1605. It is the undisputed masterpiece of Spain's rich literary tradition. Conceived by the soldier, novelist, dramatist, and poet, Miguel de Cervantes y Saavedra (1547–1616), *Don Quijote* brilliantly delineates the perennial struggle between realism and idealism in the lives of human beings and their relationship to the world. The brilliant analysis of human nature that is in evidence throughout its episodes has assured this classic a commanding position in world literature.

An impoverished squire, Don Quijote has thoroughly addled his brain through his readings of chivalric novels—long out of fashion for almost two hundred years. Determined to imitate the knights of old and right the wrongs of the world, he launches himself into a series of comical and extravagant adventures by means of which Cervantes paints a fresco of the universal human condition. Sancho Panza is Don Quijote's squire and faithful companion in disaster. He is the materialistic contrast to his idealistic and spiritual master.

The first part of *Don Quijote* (which is abridged and adapted in this edition) was so well received—and imitated—that Cervantes wrote a second volume to finish the story. The two volumes together are recognized not only as one of the very first full-fledged novels ever written, but also as one of the most widely read and translated. Although *Don Quijote* and other literary masterpieces brought Cervantes fame, he was forever in debt, and his life remained a long battle against poverty—one of the many aspects of his life that is reflected in that of his immortal hero.

Fuenteovejuna

First produced on stage between 1612 and 1614, *Fuenteovejuna* remains the most popular and best-known play of Lope de Vega, the most prolific—and among the best—of Spain's *Siglo de Oro* playwrights. An exuberant and worldly genius, he played many roles in his own life: writer, lover, soldier, and priest. He filled his real-life roles with a flamboyance and vigor that rank him among world literature's most colorful personalities.

Although Lope composed epics, pastorals, odes, sonnets, lyric poetry, eclogues, novels, short stories, and epistles, he found his true genius in drama; indeed, he is considered the father of Spanish drama, and he developed the form of the three-act play. *Fuenteovejuna*, based on historical events, recounts the uprising of the villagers of Fuenteovejuna against the abuses of their powerful and despicable overlord. The cast of characters reaches across the social classes of Spain: from the humble peasants of Fuenteovejuna, to the cruel and despotic overlord and his henchmen, and, finally, to the judicious Spanish monarchs Ferdinand and Isabel.

La verdad sospechosa

Juan Ruiz de Alarcón is the only Spanish American among the great playwrights of the Spanish Golden Age. Born in Mexico, he eventually emigrated to Madrid to pursue his literary career. He wrote about 25 plays, marked by strong plot construction and ethical teachings, focusing on human frailties. A frail hunchback himself, he was the subject of merciless ridicule by contemporary playwrights.

La verdad sospechosa, published in 1619, is perhaps one of the most important plays of the Spanish drama of its time. Although the didactic purpose is evident (the foibles of lying), *La verdad sospechosa* is far from being boring or arid. The moral lesson is developed in a pleasant environment, and the comical element, based primarily on the interplay between the protagonist, the likeable Don García, and his servant Tristán. The French playwright Corneille, who gave his play the title of *Le Menteur*, imitated this play.

El burlador de Sevilla

El burlador de Sevilla, a masterpiece of intrigue and deceit, and one of the best plays of the Spanish Golden Age, was published in 1630. Tirso de Molina was the pen name of Friar Gabriel de Téllez Girón. It has been claimed that Tirso was the illegitimate son of the Duke of Osuna, one of the foremost noblemen of the realm. His dramatic work can be grouped into three categories: comedies, historical plays, and religious dramas. His best-known work, *El burlador de Sevilla*, is a religious play based upon the controversy (highly disputed at the time) between those who believed in free will and those who believed that salvation was predetermined by God.

El burlador introduces readers to one of the most infamous of all fictional characters: the great scoundrel and womanizer Don Juan Tenorio. Readers will follow Don Juan's amorous exploits as he seduces and abandons women from Naples to Seville. However, the moral lessons of this masterwork of the Golden Age theater are both stern and powerfully drawn: Don Juan's refusal to acknowledge a power higher than his own will makes damnation his fate.

The Present Edition

This edition of *Classic Spanish Stories and Plays* includes comprehension activities intended to guide successful reading. Each scene, act, chapter, or story is followed by a set of questions that enable you to check your understanding. In addition, each work is thoroughly annotated, so you will not be mystified by historical or literary allusions. In addition to this information, difficult vocabulary is glossed at the foot of the page to maintain the flow of reading and prevent the reader from having to look up unfamiliar terms in a dictionary. A general compilation of words can be found in the Spanish-English Glossary at the back of the book.

El Cid

Anonymous, c. 1140

CANTAR I

El destierro°

Capítulo 1

El rey destierra al Cid de Castilla

El rey Alfonso de Castilla y León[1] peleaba contra los moros.[2] Rodrigo Díaz de Vivar no luchaba con su rey porque Alfonso le mandó a cobrar parias° en Córdoba y Sevilla.

El conde García Ordóñez[3] y otros cristianos instigaron luchas entre los moros de Sevilla y Granada. Rodrigo entró en batalla contra los de Granada, quienes huyeron. Allí Rodrigo mesó la barba° de García Ordóñez por lo que había instigado.

Rodrigo ganó gran botín° y fama en las luchas. Los moros le dieron el nombre de "Cid Campeador"[4] por su valor en los campos de batalla. Pero los enemigos malos del Cid cambiaron los hechos y acusaron a Rodrigo de traición al rey. Alfonso creyó todo y escribió una carta al Cid desterrándole de Castilla. Le dio solamente nueve días de plazo° al Cid para salir de su patria.[5]

| destierro exile | mesó la barba pulled at | botín booty |
| parias taxes | his beard | plazo time |

[1] Alfonso VI (1031–1109)

[2] The Moors invaded Spain in 711 and were finally expelled in 1492. A legend tells how Rodrigo, the last Visigothic King of Spain, took advantage of la Cava, the beautiful daughter of Count Julián. At the time, the Count was governor of a Spanish colony in North Africa. To avenge his honor, Julián made a pact with the chieftain of the Moors, Tarik, to help him invade Spain from North Africa.

[3] Count García Ordóñez, a favorite of Alfonso VI, was the archenemy of el Cid and was the cause of our hero's exile.

[4] In Arabic *Sidi* means "My Lord." *Campeador* means "warrior" in Spanish.

[5] El Cid was the commanding general of Sancho, who was King of Castilla and León and was also Alfonso's brother. When Sancho was murdered, Alfonso was accused of his death; however, el Cid made Alfonso swear that he had no part in his brother's death. After Alfonso swears to this, he is crowned King of Castilla and León as Alfonso VI. Alfonso was by nature suspicious and preferred to keep el Cid away on errands, instead

Comprensión

1. ¿Contra quién peleaba Alfonso VI?
2. ¿Para qué fue Rodrigo a Córdoba y Sevilla?
3. ¿Qué hizo el conde García Ordóñez?
4. ¿Qué hizo el Cid al conde García Ordóñez?
5. ¿Cómo le llamaron los moros a Rodrigo? ¿Por qué?
6. ¿Qué ganó el Cid en las batallas?
7. ¿Qué hicieron los enemigos del Cid?
8. ¿Cómo reaccionó el rey?

Capítulo 2

El préstamo° de Raquel y Vidas[1]

Para vivir en exilio, el Cid necesitaba dinero para su mesnada.° Le dijo a Martín Antolínez:[2] —Necesito tanto dinero y la única manera de conseguirlo es así: Llena de arena° dos arcas° hasta los bordes para que sean muy pesadas.° Cúbrelas con ricos cueros rojos y séllalas° con clavos° dorados. Llévalas donde Raquel y Vidas. Diles que ya no puedo comprar nada en Burgos y que tampoco puedo llevar los cofres° conmigo.[3] Es pre-

---

préstamo loan	**arcas** coffers, chests	**clavos** nails
mesnada troops	**pesadas** heavy	**cofres** coffers
arena sand	**séllalas** seal them	

of having him fight alongside him. Perhaps Alfonso never forgot the humiliation of having to swear his innocence to el Cid. Alfonso VI had other nobles—such as García Ordóñez—who were closer to him than was el Cid.

[1] Raquel and Vidas were two Jewish moneylenders from Burgos. Three cultures flourished in Spain during the Middle Ages: the Christian, the Moorish, and the Jewish.
[2] Martín Antolínez is described as being from Burgos, although historians are unable to verify his existence.
[3] When a noble person was banished or exiled by a king, he couldn't take his possessions with him. Furthermore, the kings had the "Divine Prerogative," giving them power over the souls of their subjects.

ciso que los empeñe° por lo que me puedan dar. Lleva los cofres de noche
y con gran sigilo.° No puedo hacer más y lo hago muy a mi pesar.°

Raquel y Vidas estaban contando su dinero cuando llegó Martín
Antolínez. Se alegraron mucho de ver arcas tan ricas y pesadas. Martín
Antolínez pidió seiscientos marcos⁴ de préstamo. Los dos judíos se
apartaron° de Martín y se consultaron así: —Bien sabemos que el Cid ha
ganado mucho botín en la tierra de los moros. Quien viaja con dinero no
duerme tranquilo. Tomemos, pues, las dos arcas y escondámoslas en lugar
seguro.

Cuando trataron de cargar las arcas se mostraron muy felices, porque
siendo forzudos° no podían levantarlas. Finalmente lograron cargar las
arcas. Prestaron los seiscientos marcos y también dieron una mordida° de
treinta marcos para don Martín por su parte en el negocio.

———◆◆◆———

Comprensión

1. ¿Por qué necesitaba dinero el Cid?
2. ¿Qué contenían las arcas?
3. ¿Cómo adornaron las arcas?
4. ¿Por qué llevaron las arcas por la noche?
5. ¿Adónde llevaron las arcas? ¿Para qué?
6. ¿Por qué no podía comprar nada en Burgos el Cid?
7. ¿Cuánto dinero pidió don Martín por las arcas?

---

que los empeñe that I pawn them	**lo hago muy a mi pesar** I do it in spite of myself	**forzudos** strong
sigilo secret	**se apartaron** left	**mordida** reward

⁴ The *marco* was half a pound (8 ounces) of gold. Therefore, the two coffers weighed perhaps more than 300 pounds, since 600 marcos would weigh 300 pounds.

Capítulo 3

La despedida

Después de conseguir el dinero de Raquel y Vidas, el Cid Campeador se fue al monasterio de San Pedro de Cardeña para despedirse de su mujer y de sus hijas. Don Sancho,[1] el abad° del monasterio, saludó al Cid con gran gozo. El Cid dio a don Sancho ciento cincuenta marcos para que cuidara a sus dos hijas niñas, a su mujer, doña Jimena,[2] y a las dueñas° que la acompañaban. Le dijo: —Dejo las dos hijas niñas; tómalas en tus brazos. Por cada marco que gastes te daré cuatro.

Doña Jimena se acercó al Cid y le besó la mano. Le dijo: —Veo que tú ya estás de partida° y que nosotras de ti nos separamos en vida.

El de la barba florida[3] tomó en sus brazos a sus dos hijas y las acercó a su corazón. Con lágrimas en los ojos dijo a doña Jimena: —Ruega a Nuestro Señor y a la Virgen María que yo llegue algún día a casar a mis hijas, y que la buena fortuna[4] me proteja la vida por muchos días. —El Cid abraza a su mujer por largo tiempo. Como la uña° de la carne se sienten desgarrar.[5]

Alvar Fáñez[6] se impacienta con todas estas demostraciones de dolor y le dice a Rodrigo: —Cid, el bien nacido,° ¿dónde está tu esfuerzo?° Estos duelos algún día se tornarán en gozo.

---

abad abbot, rector of a parish	**estás de partida** are about to leave	**nacido** born
dueñas ladies-in-waiting	**uña** fingernail	**esfuerzo** courage

[1] The abbot of the Monastery of San Pedro de Cardeña during this time was Sisebuto, not Sancho.

[2] Jimena Díaz was the daughter of the Count of Oviedo; therefore she was of aristocratic lineage. She was also the granddaughter of kings and a second niece to Alfonso VI, making her of royal ancestry. She married Rodrigo in 1074.

[3] El Cid is called by a number of epithets (names that highlight his person and epic stature). *El de la barba florida* indicates that his beard had grown very thick and long. This was a sign of his grief because of his exile.

[4] Notice that el Cid is a good Christian although, like many of the people of the time, he is quite superstitious. He wants fortune to be good to him.

[5] In this simile, el Cid's departure causes much pain to both husband and wife, as the pain caused by a fingernail being torn from the finger.

[6] Minaya Alvar Fáñez was the commanding general of el Cid. He was also Rodrigo's nephew and, therefore, first cousin to el Cid's daughters.

Doblaban° las campanas en San Pedro. El pregón° anunció por Castilla la partida del Cid. Ciento quince caballeros dejaron sus hogares para acompañar al Cid. Y así soltaron las riendas de sus caballos y comenzaron sus aventuras.

Comprensión

1. ¿Para qué se fue el Cid al monasterio de Cardeña?
2. ¿Para qué le dio dinero el Cid al abad?
3. ¿Qué le prometió el Cid al abad?
4. ¿Qué le pidió el Cid a doña Jimena?
5. ¿Qué le dijo Alvar Fáñez al Cid?
6. ¿Qué anunció el pregón?

Capítulo 4

La toma° de Castejón

Los del Cid se fueron de su patria y marcharon de Espinazo de Can, acampando a orillas° del río Duero.

Por la noche el Arcángel San Gabriel se le presentó entre sueños° a Rodrigo y le dijo: —Cabalga, Cid. Mientras vivas, buen fin tendrá lo que hagas. —Al despertar el Cid se santiguó.° Los del Cid, a la madrugada,° se dirigieron hacia Castejón.

Doblaban Tolled
pregón town crier
toma capture

orillas riverbanks
entre sueños in dreams

se santiguó made the sign of the cross
madrugada dawn

Minaya Alvar Fáñez sugirió que el Cid atacara al pueblo con cien caballeros. Alvar Fáñez iría por los campos del lugar con doscientos caballeros tomando el botín de los moros.

Los de Castejón se levantaron como de costumbre, sin precauciones. Dejaron francas° las puertas de la ciudad y salieron a hacer sus quehaceres° diarios. El Cid cabalgó hacia las puertas francas y avasalló° a todos los moros del pueblo.

Alvar Fáñez, por su parte,° regresó con un gran botín. Cuando le vio, el Cid exclamó: —Alvar, ¿ya vienes? ¡Eres una valiente lanza! Toma la quinta parte si la quieres.* —Alvar le contestó: —Mucho te agradezco, pero Alfonso se contentará más que yo. Me contento con matar moros hasta que la sangre baje destellando° por mi codo.

El Cid mostró su compasión por los moros prisioneros dándoles su libertad. Los moros y las moras bendijeron° al Cid por su bondad cuando partió de Castejón.

———◆◆◆———

Comprensión

1. ¿Qué reveló el Arcángel al Cid? ¿Cómo reaccionó el Cid?
2. ¿Qué hizo Alvar Fáñez con sus caballeros?
3. ¿Cómo tomó el Cid a Castejón?
4. ¿Qué obtuvo Alvar Fáñez?
5. ¿Qué ofreció el Cid a Alvar?
6. ¿Qué sugirió Alvar? ¿Por qué?
7. ¿De qué se jactó Alvar? ¿Por qué?

---

francas unfettered
quehaceres chores
avasalló subdued

por su parte on the other hand
destellando sparkling

bendijeron blessed

* Notice the humor of el Cid when he jokes with Alvar by saying: "You're here already? You are a courageous lance. Take the fifth part for yourself . . . if you want to."

Capítulo 5

La derrota de los príncipes moros de Valencia

Después de conquistar Castejón, el Cid y sus hombres marchan por Aragón. Conquistan Alcocer y se encuentran escasos de provisiones. Al enterarse° Tamín,[1] el rey moro de Valencia, mandó a dos de sus príncipes con más de tres mil soldados contra los seiscientos del Cid. El Cid pide consejo° a sus caudillos.° Minaya Alvar Fáñez, el capitán general del Cid, opina que los seiscientos caballeros deben atacar por sorpresa a los moros. Pedro Bermúdez,[2] el caballero que porta los colores del Cid, no puede contenerse, espolea° a su caballo y ataca a los moros antes de que el Cid dé la orden; sin embargo, los del Cid ganan la batalla. Mueren más de mil trescientos moros y sólo quince caballeros cristianos.

La quinta parte de botín le tocó° al Cid: cien caballos, oro, espadas y mucho más. El Cid mandó a Alvar Fáñez con treinta de sus mejores caballos ensillados° y con ricas espadas a su rey Alfonso.

El rey se contentó al recibir el regalo del Cid, pero dijo: —Sólo porque era de los moros acepto el regalo. Es muy temprano todavía para perdonar al Cid, pero dejaré que mis caballeros vayan a pelear a su lado. —Minaya agradeció al rey este signo del futuro perdón al Cid.

———◆———

Comprensión

1. ¿Dónde estaban el Cid y sus soldados?
2. ¿Cuántos soldados moros había? ¿Y cristianos?
3. ¿A quiénes pidió consejo el Cid?
4. ¿Qué opinó Alvar Fáñez?
5. ¿Qué hizo Pedro Bermúdez?

---

enterarse finding out	**caudillos** leaders	**tocó** fell to
consejo advice	**espolea** spurs	**ensillados** saddled

[1] Tamín is a fictitious name.
[2] Pedro Bermúdez was el Cid's standardbearer (*portaestandarte*) as well as his nephew. He was, therefore, first cousin to el Cid's daughters.

6. ¿Cómo fue el encuentro entre los soldados del Cid y los del rey de Valencia?
7. ¿Cuántos moros y cristianos mueren en la batalla?
8. ¿Qué recibió el Cid después de la batalla?
9. ¿Qué le ofreció el Cid al rey Alfonso?

Capítulo 6

Batalla contra el conde de Barcelona

Se unen al bando del Cid caballeros de Castilla y León. El Cid marcha entonces por las tierras del sur y del este de Aragón que estaban bajo el amparo° de don Ramón de Berenguer,[1] conde de Barcelona. El Cid había herido en tiempos pasados a un sobrino del conde y no había enmendado° su ofensa. Por esta razón el conde le tenía rencor° al Cid.

El conde don Ramón reunió un gran ejército de moros y cristianos y salió contra el Cid. Al enterarse, el Campeador dijo: —Díganle al conde don Ramón que no me tome esto a mal.° De lo suyo nada llevo, y que me deje ir en paz.

Pero el conde respondió: —Lo de antes y lo de ahora, todo me lo pagará el desterrado.

Los soldados del conde atacaron cuesta abajo.° Sus caballos tenían monturas coceras[2] y llevaban las cinchas° flojas. Los del Cid tenían monturas gallegas.[3] Atacando cuesta arriba,° derribaron a los de don Ramón.

---

amparo protection
no había enmendado he
   hadn't apologized for

rencor resentment
tome esto a mal to take it
   the wrong way

cuesta abajo downhill
cinchas girths
cuesta arriba uphill

[1] Count Ramón Berenguer was, in fact, imprisoned by el Cid. He was set free in 1082.
[2] The *coceras* were saddles designed for speed and were extremely unsteady in battle.
[3] The *gallegas* were work saddles with a high front and back and were very steady.

El Cid ganó en la batalla la famosa espada Colada que valía más de mil marcos.[4] Quedó muy complacido° con sus grandes ganancias. El conde don Ramón quedó prisionero del Cid.

Prepararon manjares° para la ocasión, pero don Ramón no los quería comer y se mofaba° diciendo: —Antes morir,° que comer un bocado preparado por estos harapientos.° —Dijo el Cid: —De lo que te he ganado en la batalla necesito para estos harapientos.

El Cid pidió al conde que comiera, mas don Ramón no comió por tres días. Entonces le prometió que si comía de tal manera que le agradara al Cid, le pondría en libertad con dos de sus caballeros. Entonces don Ramón comió de muy buena gana° y obtuvo su libertad.

————◆◆◆————

Comprensión

1. ¿Por dónde siguió su marcha el Cid?
2. ¿Por qué el conde le tenía rencor al Cid?
3. ¿Qué hizo el conde? ¿Cómo reaccionó el Cid cuando el conde reunió su ejército?
4. ¿Cómo atacaron los del conde?
5. ¿Cuál fue la estrategia de los del Cid?
6. ¿Qué ganó el Cid?
7. ¿Por qué se negó a comer don Ramón?
8. ¿Qué le prometió el Cid al conde si comía?

---

complacido pleased
manjares exquisitely
   prepared foods
se mofaba jeered

Antes morir I would
   rather die
harapientos ragged
   persons

comió de muy buena gana
   ate with great
   satisfaction

[4] Swords of fine steel were rare in the Middle Ages because the forging of steel was still very primitive. Many of these fine swords were even given names, such as those of el Cid.

Las bodas

Capítulo 7

El Cid conquista Valencia

Una vez solucionado el litigio° con don Ramón, el Cid Campeador y sus hombres siguieron hacia el sur por las costas del Mediterráneo. Su intención era conquistar Valencia.

Tres mil seiscientos caballeros del Cid cercaron° la hermosa ciudad, impidiendo que entraran o salieran los valencianos. Al cabo de diez meses capituló° Valencia, y sus grandes riquezas entonces pertenecieron al Cid.

Al enterarse, el rey moro de Sevilla les atacó con treinta mil hombres de armas, pero fue derrotado en dos batallas y escapó herido. El Cid le ganó su célebre caballo Babieca y más riquezas aun.

La fama del Cid atrajo° a don Jerónimo,[1] un obispo renombrado° del Oriente.° Era muy fuerte, valiente y entendido en las letras. Odiaba° a los moros y quería herirlos con sus propias manos. El Cid otorgó° a don Jerónimo el obispado° de Valencia, y el buen obispo comenzó a luchar a su lado.

Las riquezas del Cid eran ahora fabulosas. Una vez más mandó Rodrigo a Alvar Fáñez con un rico regalo para su rey Alfonso. Pidió que permi-

---

litigio dispute
cercaron blockaded
capituló surrendered
atrajo attracted the
    attention of

renombrado famous
Oriente East
Odiaba (He) hated
otorgó granted

obispado bishopric (*the territorial jurisdiction of a bishop in the Catholic Church*)

[1] Don Jerónimo de Perigord, a French clergyman, was made Bishop of Valencia in 1098 by the *metropolitano*, or archbishop, of Toledo. This action consolidated the control of the area by el Cid.

tiera venir a su esposa (doña Jimena) y a sus hijas (doña Elvira y doña Sol)² a vivir con él en Valencia.

Alfonso se santiguó al ver a Alvar Fáñez y le dijo que se alegraba mucho de los éxitos del Cid. El conde García Ordóñez, lleno de celos,° sugirió sarcásticamente que le parecía que no quedaban ya moros vivos. El rey contestó: —De todas maneras . . . el Cid me sirve mejor que tú.

El rey concedió los favores al Cid y, aun más, mandó pagar los gastos del viaje de la familia. Los infantes de Carrión, don Fernando y don Diego³ González, cuando oyeron las noticias, dijeron que si se casaran con las hijas del Cid, doña Elvira y doña Sol, serían ricos a pesar de° ser más nobles que el Cid.

Los infantes lisonjearon° a Alvar Fáñez y mandaron saludos al Cid, indicando que pronto irían a luchar a su lado. Alvar Fáñez pensó que esto tendría mal fin.

—◆◆◆—

Comprensión

1. ¿Cuánto tiempo duró la conquista de Valencia? ¿Qué estrategia empleó el Cid?
2. ¿Qué hizo el rey moro de Sevilla?
3. ¿Qué le pasó al rey moro de Sevilla?
4. ¿Quién era don Jerónimo?
5. ¿Qué le pidió el Cid al rey Alfonso?
6. ¿Cómo reaccionó García Ordóñez?
7. ¿Qué le contestó el rey al conde? ¿Qué indica su respuesta?
8. ¿Qué pagó Alfonso?
9. ¿Qué planean los infantes de Carrión?
10. ¿Qué pensó Alvar Fáñez? ¿Por qué pensaría así?

---

celos envy   a pesar de in spite of   lisonjearon flattered

² Although these names are used in the poem, el Cid's daughters were really named Cristina and María; Cristina is Elvira and María is Sol.

³ The Infantes de Carrión, don Fernando and don Diego, were sons of don Gonzalo, the Count of Carrión. Carrión was in León. The king wanted to unite Castilla and León. El Cid was from a town in Castilla called Vivar, close to the city of Burgos.

EL CID ⟨⟩→ 13

Capítulo 8

Se junta la familia del Cid

Una vez cumplida° la misión, Alvar, la familia del Cid y su séquito° salieron de San Pedro de Cardeña para Valencia. Raquel y Vidas entonces dijeron a Alvar que el Cid les había empobrecido y pidieron su dinero, aunque fuera° sin intereses. Amenazaron diciendo: —Si no, dejaremos Burgos y lo iremos a buscar. —Alvar les prometió cumplir su encargo.

Cuando el Cid se enteró de las buenas nuevas° del rey, mandó que su buen amigo, el moro Abengalbón,* escoltara° al séquito de Jimena a Valencia. El Cid pidió cien hombres y Abengalbón mandó doscientos.

Cuando llegó a Valencia el séquito, el Cid, por su gran alegría, corrió en su caballo Babieca haciendo alarde° de su destreza.° Finalmente desmontó y abrazó a su familia con mucho cariño y todos lloraron de contento.

El Cid llevó a su mujer e hijas hasta lo alto del alcázar° y dijo: —Esta ha de ser nuestra morada.° —Desde allí vieron toda la ciudad con el mar a lo lejos. Miraron la huerta frondosa° y la gran belleza del lugar. El invierno se ha ido y marzo ya quiere entrar.

———————◆◆◆———————

Comprensión

1. ¿Hacia dónde se dirigió el séquito?
2. ¿Qué pidieron Raquel y Vidas? ¿Por qué?
3. ¿Quién era Abengalbón?
4. ¿Qué le pidió el Cid al Abengalbón? ¿Para qué?
5. ¿Qué hizo el Cid al ver a su familia?
6. ¿Adónde llevó el Cid a su mujer e hijas?

---

cumplida carried out	**nuevas** news	**alcázar** castle
séquito followers	**escoltara** escort	**morada** residence
aunque fuera although it could be	**haciendo alarde** boasting	**huerta frondosa** very green orchard
	destreza dexterity	

* Abengalbón represents a friend of el Cid's in times of peace. Historians know very little about this man.

Yusuf . . . decidió atacar con cincuenta mil hombres de armas.

Capítulo 9

La batalla contra Yusuf[1]

Valencia es ahora la residencia del Cid y sus vasallos. La hermosa ciudad, la riqueza y el poder del Cid son una vez más la causa de la envidia de los moros.

Yusuf, el rey moro de Marruecos, furioso porque el Cid había conquistado Valencia, decidió atacar con cincuenta mil hombres de armas. Llegaron los moros de África en sus naves. Desembarcaron en las playas de Valencia y plantaron sus tiendas.° Los moros comenzaron a redoblar° sus tambores[2] al despuntar el alba.°

Doña Jimena y sus damas sintieron gran miedo porque nunca habían escuchado tanto estruendo.° El Cid las consoló diciendo que les daría como regalo el tambor de los moros. Dijo además: —Verán con sus ojos como aquí se gana el pan.[3]

Después de ganar la batalla, el Cid contó su gran botín. Mandó a Alfonso la rica carpa° del rey Yusuf y doscientos caballos como regalo. Ordenó a Pedro Bermúdez que le dijera a Alfonso que el Cid siempre le serviría mientras le quedara vida.°

Los emisarios del Cid fueron a Valladolid donde estaba Alfonso por entonces. Alfonso se santiguó y se puso muy alegre. Dijo a Minaya: —La hora de perdonar al Cid está cercana.

El conde García Ordóñez muestra una vez más sus celos y miedo. Entonces los infantes de Carrión se acercaron al rey y le pidieron la mano

---

tiendas tents
redoblar to roll (*to play double beats on the drums*)

al despuntar el alba at daybreak
estruendo uproar

carpa tent of canvas or cloth
le quedara vida he has a breath of life in him

[1] Yusuf ben Texufin (1059-1116) was the emperor of the *almorávides*, an Arab dynasty, in Morocco. Morocco is in the northwest of Africa.
[2] In battle, the Moors always attacked to the beat of resounding drums.
[3] *Ganar el pan* is the equivalent of "to make a living." It is a comment taken from the Bible. When God expelled Adam and Eve from Paradise, He told Adam: "You will earn your bread with the sweat of your brow."

de doña Elvira y doña Sol, las hijas del Cid. Alfonso meditó gran rato.°
Luego ordenó a Minaya Alvar Fáñez que llevara el mensaje al Cid, y que
le dijera además que había de crecer en honor° al juntarse a la familia del
rey.[4]

Al oírlo el Cid lo pensó gravemente. No quería ofender a Alfonso, pero
sabía bien la cobardía° de los infantes de Carrión. Decidió por fin darle
a Alfonso sus hijas para que fuera el rey quien las casara.

———————✦◆✦———————

Comprensión

1. ¿Dónde vive el Cid ahora?
2. ¿Por qué odia el rey de Marruecos al Cid?
3. ¿Cuáles son las intenciones del rey Yusuf con el Cid?
4. ¿Cómo reaccionó doña Jimena ante la llegada de los moros? ¿Por qué?
5. ¿Qué ganó el Cid como resultado de la batalla? ¿Qué hizo con algunas de las ganancias?
6. ¿Qué siente García Ordóñez hacia el Cid? ¿Por qué?
7. ¿Con quiénes van a casarse las hijas del Cid? ¿Cómo se siente el Cid?

---

rato moment   **crecer en honor** to grow   **cobardía** cowardice
                                    in honor

[4] El Cid was an *infanzón*, that is, of lesser nobility than the Infantes; therefore the marriage of his daughters would give his nobility a higher status. Because it is Alfonso who is giving the girls away in marriage, el Cid becomes—through these marriages—part of the king's family.

Capítulo 10

Alfonso perdona al Cid

Llegó la hora del perdón del rey. El Cid y su gran ejército fueron al norte, al lugar destinado para el encuentro con su rey Alfonso.

Alfonso y el Cid se encontraron en las orillas del río Tajo. El rey entonces perdonó al Cid y se besaron en la boca.[1] Todos se alegraron mucho, excepto García Ordóñez, a quien le pesó.°

El Cid fue huésped° de honor en el campo del rey. Alfonso lo quería de corazón y no se cansaba de mirarle, maravillándose de su larga barba.

El rey le pidió entonces la mano de doña Elvira y doña Sol para los infantes de Carrión. El Cid respondió: —Son mis hijas muy niñas y aún pequeñas las dos.[2] Los infantes son de gran renombre,° buenos para aun mejor. Da a mis hijas a quien quieras, que contento quedo yo.[3]

El rey no quiso darlas personalmente a los infantes de Carrión, y señaló a Minaya como padrino de la boda.° Ante el rey, cambiaron espadas el Cid y los infantes de Carrrión como señal de la unión.

Después del encuentro con su rey, el Cid regresó a Valencia y contó a doña Jimena y a sus hijas que había concertado° el matrimonio. Besaron al Cid las manos su mujer e hijas y dijeron: —Gracias a Dios sean dadas y al Cid de la barba crecida. Para siempre seremos ricas.

El Cid les informó entonces que las había puesto en manos del rey y dijo: —Él las casará y no yo.

---

pesó caused grief
huésped guest
renombre renown

padrino de la boda
sponsor (godfather) at
the wedding

concertado arranged

[1] In this time and culture, normally a vassal would kiss a king on the feet or the hands as a gesture of devotion and humility. Alfonso highlights his great love and regard for el Cid by kissing on the lips as a sign of near equality.

[2] The experts claim that at this time doña Elvira was 11 or 12 years old, and doña Sol, 9 or 10. During the Middle Ages, it was not unusual for noble girls of very young age to marry. Marriages were sometimes made for economic or political reasons, or both.

[3] El Cid tactfully puts the responsibility of the marriage of his two daughters on Alfonso.

Comprensión

1. ¿Dónde se encontraron Alfonso y el Cid?
2. ¿Qué hicieron después del perdón del rey?
3. ¿Qué sentía Alfonso por el Cid?
4. ¿De qué se maravillaba el rey?
5. ¿Qué pidió el rey?
6. ¿Cómo le contestó el Cid?
7. ¿A quién le nombró padrino Alfonso?
8. ¿Qué hicieron el Cid y los infantes para señalar la unión?
9. ¿Qué papel tuvo doña Jimena en la decisión de la boda?
10. ¿Por qué dice el Cid "Él las casará y no yo."

Capítulo 11

Se celebran las bodas

Llegaron a Valencia los infantes de Carrión y muchos otros nobles de todos los reinos° de España. El Cid les hizo mucho honor. En particular, distinguió a sus futuros yernos,° los infantes. Mandó que Pedro Bermúdez y Muño Gustioz[1] cuidaran y atendieran personalmente a los infantes.

Las bodas se celebraron en la gran sala del palacio. Por todas partes se veían alfombras, seda y púrpura.[2] Llegó la hora y los caballeros del Cid se juntaron allí con gran prisa. Los infantes se inclinaron ante el Cid y doña Jimena. Cavilando,° dijo el Cid: —Puesto que° tenemos que hacerlo, ¿por qué lo vamos tardando?

---

reinos kingdoms   **Cavilando** Hesitating   **Puesto que** Since
yernos sons-in-law

[1] Muño Gustioz was doña Jimena's brother-in-law.
[2] Here, purple cloth; traditionally, purple has been the symbolic color for royalty.

Ordenó a Alvar Fáñez que comenzara el rito° y que diera a sus hijas con su propia mano. Fueron todos después a la iglesia de Santa María donde don Jerónimo, el obispo, dio su bendición.

El Cid y los suyos, para celebrar el evento, hicieron una gran muestra de su destreza con las armas. Se realizaron torneos en un arenal° cercano y, al día siguiente antes de comer, los caballeros rompieron siete castillos de tablas³ eregidos° en el campo.

Al final de los quince días de fiestas, el Cid dio ricos regalos a todos los caballeros presentes y éstos regresaron a sus reinos ricos y contentos. Los infantes de Carrión se quedaron a vivir en Valencia con sus mujeres y el Cid.

Comprensión

1. ¿Qué se celebró en Valencia?
2. ¿Cómo estaba decorado el palacio?
3. ¿Ante quiénes se inclinaron los infantes?
4. ¿Quién comienza la ceremonia de las bodas?
5. Después de las bodas, ¿qué hicieron el Cid y los suyos?
6. ¿Cuánto tiempo duraron las fiestas?

---

rito rite　　　　　　**arenal** sandy ground　　　　**eregidos** erected

³ The knights of el Cid tore down wooden castles erected in a field as a sign of their dexterity with their arms. This was a common exercise of the times.

Cuando el león lo vio, bajó la cabeza como seña de humildad.

La afrenta° de Corpes[1]

Capítulo 12

El episodio del león

Después de las bodas de doña Elvira y doña Sol, se normalizó la vida en el palacio de Valencia. Pero un día, mientras el Cid dormitaba° en un sillón, se escapó de su jaula un león.[2] Los hombres del Cid sintieron gran temor; sin embargo, recogieron sus mantos° y rodearon al Cid para protegerlo.

Los infantes de Carrión, don Fernando y don Diego González, sintieron gran pavor.° Don Fernando corrió y se echó bajo° el sillón del Cid. Don Diego gritó: —Nunca más veré Carrión. —Y se escondió detrás de una gran viga.°

El Cid se despertó entonces y se enteró del° suceso. Se puso de pie° y fue hacia el león. Cuando el león lo vio, bajó la cabeza como seña de humildad. El Cid lo tomó por el cuello y lo metió en la jaula. Todos los presentes se sintieron maravillados por el suceso. El Cid preguntó por sus dos yernos y no los halló. Los llamaron entonces a gritos pero ni el uno ni el otro respondieron. Finalmente cuando los encontraron, los hallaron pálidos de miedo.

---

afrenta dishonor
dormitaba was napping
mantos cloaks
pavor terror

se echó bajo he threw himself under
viga beam

se enteró del found out about
Se puso de pie (He) stood up

[1] Corpes was a town a few days' ride from Valencia.
[2] During this period, the privileged classes had the custom of keeping caged wild animals in their palaces.

¡Cómo se burlaron° todos los presentes! El Cid mandó que no se hiciera tal cosa. Los infantes de Carrión se sintieron avergonzados° y lo ocurrido fue una gran deshonra para ellos.

* * *

Comprensión

1. ¿Qué sucedió mientras el Cid dormitaba?
2. ¿Qué sintieron los hombres del Cid? ¿Por qué?
3. ¿Qué hicieron estos hombres luego?
4. ¿Qué sintieron los infantes?
5. ¿Qué hizo don Fernando? ¿y don Diego?
6. ¿Qué hizo el Cid con el león?
7. ¿Cómo estaban los infantes cuando por fin los encontraron?
8. ¿Por qué se sintieron avergonzados los infantes?

Capítulo 13

Batalla contra Búcar[1]

La vida en el alcázar de Valencia volvió a lo normal después del cómico episodio del león. Pero entonces llegó un mensaje del rey Búcar de Marruecos. Búcar mandó que el Cid saliera de Valencia. El Cid respondió al mensajero: —Di al hijo de una mala secta[2] que antes que pasen tres días, seré yo quien le pide cuentas.°

Muño Gustioz había oído a los infantes de Carrión expresar su miedo de entrar en batalla. Al enterarse el Cid, les dijo que no tenían que pelear; no obstante, al comenzar la batalla los infantes fingieron° ser campeones.

---

se burlaron mocked   **yo . . . pide cuentas** he'll   **fingieron** pretended
avergonzados humiliated   have to answer to me

[1] Búcar seems to have been one of the Abu Békars who lived during this period. However, positive identification has never been established.
[2] The reference, *hijo de una mala secta* (the son of a bad doctrine), is to the Islamic religion, which was the religion of the Moors.

Don Fernando, muy osado,° se fue contra el moro Aladraf.³ Pero cuando el moro se detuvo para luchar, Fernando volvió las riendas° con gran temor. Entonces Pedro Bermúdez venció a Aladraf y dio el caballo del moro al infante diciendo: —Di a todos que tú ganaste este caballo; yo seré testigo.° —Al saber el éxito de su yerno, el Cid se contentó mucho.

La batalla entre los del Cid y los de Búcar fue sangrienta.° Don Jerónimo, después de haber matado siete moros, se vio cercado° de muchos más. El Cid les atacó con su espada, matando moros a diestra y siniestra.° Mató once moros y rescató° a su obispo.

El rey Búcar, viéndose perdido, huyó en su famoso caballo, a galope tendido.° El Cid le dio alcance° cerca del mar en su caballo Babieca, cuyo galope era aun más veloz. Alzó su espada Colada y le dio un fuerte golpe. Los rubíes del yelmo° de Búcar cayeron en la arena. Así el Cid ganó del rey Búcar la espada Tizón,⁴ que valía más de mil marcos.

───── ◆ ◆ ◆ ─────

Comprensión

1. ¿Cómo respondió el Cid al mensaje del rey Búcar?
2. ¿Qué había oído Muño Gustioz?
3. ¿Tenían que pelear los infantes? ¿Por qué?
4. ¿Cómo actuó don Fernando?
5. ¿A cuántos moros mató don Jerónimo?
6. ¿Cómo huyó Búcar?
7. ¿Cómo se llamaba el caballo del Cid?

---

osado daring
volvió las riendas turned the reins of a horse, drew back
testigo witness

sangrienta bloody
cercado surrounded
a diestra y siniestra left and right
rescató rescued

a galope tendido galloping fast, full speed
le dio alcance caught up with him
yelmo helmet

³ Aladraf is fictitious.
⁴ Other sources call the sword Tizona.

Capítulo 14

Los infantes regresan a Carrión

Don Fernando y don Diego recibieron cinco mil marcos como parte del botín ganado a Búcar. Fueron luego a agradecer al Cid. Dijo Fernando: —Gracias a Dios y gracias a ti, Cid honrado, tenemos tanta riqueza que ni la hemos contado. Hemos luchado por ti y hemos matado al rey Búcar, gran traidor probado.

Los vasallos del Cid que estaban presentes se burlaron de la mentira de Fernando. Los infantes, llenos de odio y venganza, dicidieron regresar a Carrión llevando consigo a doña Elvira y a doña Sol y todas sus riquezas. Pensaron que en el camino se vengarían° del Cid matando a sus hijas. Pidieron permiso al Cid para regresar a Carrión y éste les dio tres mil marcos como ajuar° de sus hijas, además de muchos otros regalos. Les dio también sus dos espadas, Colada y Tizón.

El Cid se despidió de sus hijas con mucho dolor. Las dos hermanas le pidieron que siempre hiciera llegar sus cartas a Carrión. Todos los presentes lloraron de corazón. Como uña de la carne dolía la separación.

El Cid sabía por agüeros° que los dos matrimonios no serían afortunados. Por esta razón envió al joven Félix Muñoz,[1] primo de sus hijas, para que las siguiera en el viaje a Carrión.

El séquito se dirigió a Carrión y pasaron los infantes por Molina y las tierras del moro Abengalbón. Por su gran amor al Cid, Abengalbón hizo ricos regalos a los infantes. Los dos hermanos, sin embargo, pensaron que podían enriquecerse más aun si mataban a Abengalbón.

Un moro que comprendía español[2] entendió la discusión de los infantes y comunicó sus planes a Abengalbón. Bien armado, se dirigió a los infantes y les dijo: —No hago lo que podría, por amor al Cid. Si lo

---

se vengarían they would avenge themselves   **ajuar** dowry   **agüeros** omens

[1] Félix Muñoz was a nephew of el Cid and first cousin to his daughters.
[2] The Moors, of course, spoke Arabic as their native language.

hiciera, llevaría a sus hijas al Campeador leal, y vosotros jamás llegaríais a Carrión. Me iré de aquí sólo con permiso de doña Elvira y doña Sol. Les tengo desdén° a ustedes, infantes de Carrión.[3]

Comprensión

1. ¿De qué se jacta Fernando?
2. ¿Qué hicieron las vasallos presentes?
3. ¿Cómo reaccionaron los infantes?
4. ¿Cómo pensaban los infantes vengarse del Cid?
5. ¿Qué les dio el Cid a los infantes?
6. ¿Qué tenía que hacer Félix Muñoz?
7. ¿Estimaba Abengalbón al Cid? ¿Por qué?
8. ¿Qué pensaron hacer los infantes a Abengalbón?

Capítulo 15

Los infantes azotan° a sus esposas

Pronto entonces siguieron su viaje a Carrión. En un robledal° de Corpes cerca de una fuente, mandaron los infantes levantar su tienda. Por la mañana mandaron a todos los sirvientes que salieran delante, porque querían quedarse solos con sus mujeres.

Una vez solos, los infantes quitaron a sus mujeres las pieles de armiño° dejando sólo las camisas de seda sobre sus cuerpos. Los infantes calzaron sus espuelas,° tomaron duras cinchas y dijeron: —Ahora nos vengaremos por la afrenta del león.

---

desdén disdain	**robledal** oak grove	**calzaron sus espuelas** put
azotan whip	**armiño** ermine	on spurs

[3] Abengalbón takes leave only from el Cid's daughters, thereby showing his contempt for the Infantes. At a time when extreme politeness was required of people, not to take leave from a nobleman was a serious insult.

Doña Sol, al entender su intención habló: —Les ruego, por Dios, que corten nuestras cabezas con sus espadas. Si nos azotan, la vileza° es de ustedes, y si así lo hacen, tendrán que responder en Cortes por esta acción.[1]

Sin embargo, los infantes las azotaron sin merced. Rasgaron° con sus espuelas las camisas y las carnes de las dos. Quedaron las dos hijas del Cid sin sentido,° ensangrentadas. Cuando se cansaron los infantes de Carrión, las dejaron por muertas en el robledal de Corpes.

Féliz Muñoz estaba escondido en el bosque cuando vio pasar a los infantes sin sus esposas. También escuchó su conversación. Siguió el rastro° que dejaron y encontró a sus primas casi muertas. Félix les trajo agua en su sombrero nuevo para mitigar° su sed. Poco a poco volvieron en sí.° Las subió a su caballo y las llevó a la torre de doña Urraca[2] lo más presto° que pudo.

Las noticias llegaron al rey Alfonso primero y luego al Cid Campeador. Al escucharlo el Cid caviló° por mucho tiempo. Luego mandó traer a sus hijas a Valencia. Al verlas, las saludó y dijo: —Yo he dejado que las casen porque no supe negar. Quiera Dios que las vea yo mejor casadas en el futuro. De mis yernos de Carrión, que Dios me quiera vengar.

———◆———

Comprensión

1. ¿De qué afrenta se querían vengar los infantes?
2. ¿Qué les pidió doña Sol? ¿Por qué?
3. ¿Cómo respondieron los infantes?
4. ¿Quién ayudó a las niñas? ¿Y adónde las llevó?
5. ¿Quién se enteró del suceso primero?
6. ¿Cómo reaccionó el Cid?

---

vileza depravity	**rastro** trail	**lo más presto** the fastest
Rasgaron They tore	**mitigar** to appease	**caviló** brooded
sin sentido unconscious	**volvieron en sí** came to	

[1] Doña Sol shows a keen intelligence and understanding of the law of the time. Also, it is important that she treats the Infantes in the formal *usted* instead of the expected *vos* of the nobility. El Cid always addresses Alfonso in the *vos* form.

[2] Doña Urraca was a daughter of Alfonso. *Urraca* also means "magpie," which is a kind of bird.

Capítulo 16

Las Cortes

El Cid mandó a Muño Gustioz con la queja de sus agravios al rey. Alfonso al escucharlo dijo: —Fui yo quien casó a sus hijas con los infantes de Carrión. ¡Bien quisiera° que esas bodas jamás se realizaran! Dile al Cid y a sus vasallos que en siete semanas se preparen. Haré Cortes en Toledo.

El rey citó° a los nobles de Castilla, León, Carrión, Santiago, Galicia y Portugal a que vinieran si eran sus vasallos. Alfonso ordenó a los infantes que acudieran,° ya que ellos no querían. En siete semanas todos se juntaron en Toledo excepto el Cid, quien tardó cinco días.*

Al verle al Cid, Alfonso se alegró de corazón. En la mano y en la cara el Cid besó al rey. Se dirigieron entonces a Toledo. Al llegar al río Tajo, el Cid se excusó y se alojó° en San Severando para velar.° No quería cruzar el Tajo porque sospechaba traición y no estaba protegido por su escolta,° que debía llegar al anochecer.°

Al amanecer,° el Cid dio instrucciones a sus líderes que ocultasen° sus trajes de armas debajo de sus ricas pieles. El Cid cubrió su propio° traje de armas con una camisa de hilo que era blanca como el sol y una piel roja con bandas de oro. Ató° su barba con un cordón por si acaso luchara no le asieran° de su larga barba. Al llegar a la sala de las Cortes con sus líderes tan galantes, causaron admiración en todos los presentes.

Bien quisiera How I wish	**velar** to keep vigil	**ocultasen** hide
citó summoned	**escolta** escort	**su propio** his own
acudieran to be present	**anochecer** nightfall	**Ató** (He) tied
se alojó he lodged	**amanecer** dawn	**asieran** seize

* El Cid creates anxiety in Alfonso when he intentionally delays his trip to Toledo for five days.

Comprensión

1. ¿Cómo respondió el rey a la queja del Cid?
2. ¿Qué mensaje mandó Alfonso al Cid?
3. ¿A quiénes citó Alfonso?
4. ¿Cómo respondieron los infantes?
5. ¿Por qué el Cid no quería cruzar el Tajo?
6. ¿Qué instrucciones dio el Cid al amanecer?
7. ¿Cómo se vistió el Cid?
8. ¿Por qué el Cid ató su barba?

Capítulo 17

Las tres demandas del Cid

Los jueces de las Cortes fueron don Enrique, don Ramón y otros condes que no pertenecían a ningún bando. El rey mandó al Cid que comenzara la demanda. El Cid pidió entonces que los infantes le devolvieran sus dos espadas, Colada y Tizón. Los jueces lo otorgaron.°

Los infantes entregaron las espadas a Alfonso. El conde García Ordóñez, creyendo que era la única demanda, dijo a los infantes que el Cid les tenía miedo. Por su barba, el Cid juró más venganza para sus dos hijas.

El Campeador se levantó y pidió que le devolvieran las riquezas que dio a los infantes como dote.° Los infantes se lo negaron, diciendo que ya habían dado las espadas; sin embargo, Alfonso y los jueces lo otorgaron. Puesto que los infantes ya habían gastado el dinero, ofrecieron sus tierras en Carrión. Además el rey mandó que completaran su pago con caballos, mulas, espadas finas y cosas de valor.

Dijo entonces el Cid: —Los infantes de Carrión me hicieron tal afrenta que a menos que los rete,° no los puedo yo dejar.

---

otorgaron granted   **dote** dowry   **rete** challenge

El conde García Ordóñez insultó al Cid por su barba tan larga y dijo además que las bodas no eran legales. El Cid respondió a lo de la barba sacando de su bolsa un mechón° de la barba del mismo García Ordóñez, que el Cid le mesó° tiempo atrás.

Entonces el Cid miró a Pedro Bermúdez y dijo: —Pedro, que te llaman tartamudo,° habla tú que siempre callas. —Entonces Pedro retó allí a Fernando. Martín Antolínez retó a Diego. Finalmente Muño Gustioz retó a Asur González, hermano de los infantes, quien acababa de llegar ebrio,° con su cara colorada.

Llegaron a la corte mensajeros de los infantes de Navarra y Aragón, hijos de reyes, y pidieron al Cid, a doña Elvira y a doña Sol para sus señores. El Cid se las concedió.

Nuestro Cid regresó a Valencia. El rey y la corte fueron a Carrión donde se llevaron a cabo los torneos. Los infantes de Carrión fueron derrotados. Doña Elvira y doña Sol, vindicadas, se casaron con dos reyes.

Así el Cid murió en la Pascua de Pentecostés* en plena gloria, con mucho honor, y finalmente, fue pariente de reyes de España.

Comprensión

1. ¿Quiénes eran los miembros de la corte?
2. ¿Bajo qué circunstancias le fueron devueltas las espadas del Cid?
3. ¿Qué más recibió el Cid de los infantes?
4. ¿Cómo insulta el conde al Cid?
5. ¿Qué hizo el Cid con la barba del conde?
6. ¿Quién era Asur González?
7. ¿Qué sucedió en Carrión?
8. ¿Cuál fue el destino de los infantes? ¿Te parece justo?
9. ¿Dónde falleció el Cid? ¿Cuándo?

---

mechón lock of hair
mesó pulled out

tartamudo stutterer
ebrio drunk

* Pentecost is a Christian celebration that is observed 50 days after Easter; it commemorates the coming of the Holy Spirit to Christ's Apostles. El Cid's death on Pentecost symbolizes the assumption that he entered Heaven.

Los cuentos del conde Lucanor

Don Juan Manuel, 1335

Prólogo

En el nombre de Dios. Amén.* Entre las maravillosas cosas que Dios ha hecho, está la cara del hombre. No hay dos caras similares en el mundo. Asimismo,° no hay dos hombres que tengan la misma voluntad° o inclinación. Sin embargo, hay una cosa en la que los hombres sí son similares, y es que aprenden mejor lo que más les interesa. De esta manera, el que quiera enseñar a otro alguna cosa deberá presentarla de una manera que le sea agradable para el que la aprende. Por esto yo, don Juan, hijo del príncipe don Manuel, escribí este libro con las palabras más hermosas que pude. Esto hice, siguiendo el ejemplo de los médicos, quienes ponen dulce° a las medicinas para que el dulzor arrastre° consigo la medicina que beneficia. Así, el lector se deleitará con° sus enseñanzas, y aunque no quiera, aprenderá su instrucción.

Si por acaso° los lectores encuentran algo mal expresado, no echen la culpa° sino a la falta de entendimiento de don Juan Manuel; y si por el contrario encuentran algo provechoso, agradézcanle° a Dios, el inspirador de los buenos dichos y las buenas obras.

Y pues, ya terminado el prólogo, de aquí en adelante° comienzan los cuentos. Hay que suponer que un gran señor, el conde Lucanor, habla con Patronio, su consejero.°

Asimismo Likewise
voluntad will
ponen dulce sugarcoat
arrastre may take along

se deleitará con will
  delight in
por acaso by chance
echen la culpa blame
agradézcanle thank

de . . . adelante from this
  point on
su consejero his advisor

* *En el nombre de Dios. Amén.*: "In the name of the Lord. Amen." Writers of the period often asked for guidance from God, by means of an invocation, before beginning to write.

Cuento I

Lo que le sucedió a un cuervo con una zorra

Una vez le hablaba el conde Lucanor a Patronio, su consejero, de la siguiente manera:

—Patronio, un hombre me ha elogiado° mucho, diciéndome que yo tengo mucho mérito y mucho poder. Después de alabarme° de esta manera, me propuso una cosa que a mí me parece conveniente.

—Señor conde Lucanor —respondió Patronio—, sabe° que ese hombre te quiere engañar° porque te da a entender° que tus méritos y tu poder son mayores que la realidad. Para que te puedas guardar° del engaño que te quiere hacer ese hombre, te relataré lo que le sucedió° al cuervo° con la zorra.°

El conde le preguntó cómo fue eso.

—Señor conde —respondió Patronio—, el cuervo encontró una vez un gran pedazo de queso y voló a un árbol alto para comerlo a su gusto y sin que nadie le molestara. Estando así el cuervo, pasó la zorra y, cuando vio el queso, comenzó a pensar cómo quitárselo. Con este objeto dijo lo siguiente:

—Don Cuervo, hace mucho tiempo que he oído ponderar° tu hermosura. Te he buscado y por dicha° mía hoy te he hallado. Veo que eres muy superior a lo que me decían. Para probar que no te digo lisonjas,° te diré que

---

ha elogiado has praised	**te puedas guardar** protect	**zorra** female fox
alabarme flattering me	yourself against	**ponderar** praised highly
sabe be aware	**lo . . . sucedió** what	**por dicha** by good fortune
engañar to deceive	happened	**lisonjas** flattery
te . . . entender makes you	**cuervo** crow	
think		

Source note: Don Juan Manuel's source was, most probably, a version of Aesop's fables. Juan Ruiz, archpriest of Hita, who was a contemporary of Don Juan Manuel, also used this fable, but in verse, in his *Libro de buen amor*. In English, readers most often find this story in versions of the fables of the French writer Jean de La Fontaine (1621–1695).

los defectos que te atribuyen, como el color negro de tus plumas, ojos, pico, patas y garras, no son defectos. Tus plumas son tan negras que tienen reflejos° azules como los del pavo real.° El color negro de tus ojos te hace ver mejor. Los ojos negros son los mejores. Además, tu pico y tus garras son mucho más fuertes que los de otras aves° de tu tamaño. Al volar, tú eres tan veloz que vuelas contra el viento fuerte. Fuera de esto, estoy convencida de que Dios te ha hecho perfecto porque te habrá dado una voz mejor que la de ningún pájaro.

El cuervo pensó que la zorra le decía la verdad y no sospechó que le quería quitar el queso que tenía en el pico. Conmovido por los ruegos y elogios de la zorra, abrió el pico para cantar y se cayó el queso en la tierra. La zorra lo cogió y huyó con el queso.

Fíjate° bien, señor conde Lucanor, que aunque la intención de la zorra era engañar al cuervo, lo que le dijo era la verdad, pero la verdad engañosa. Tú, señor conde, aunque Dios te bendijo con mucho, debes ver que este hombre te quiere engañar. Guárdate° de él.

Al conde le agradó° mucho lo que Patronio dijo y lo hizo así, evitando° muchos daños.° A don Juan le gustó este cuento y lo hizo poner en este libro con estos versos:[1]

> Cuida que te quite lo que tienes
> Quien te alaba por lo que no tienes.[2]

---

reflejos reflections
pavo real peacock
aves birds

Fíjate Look, Notice
Guárdate Stay away
agradó pleased

evitando avoiding
daños harms

[1] *A don Juan le gustó este cuento y lo hizo poner en este libro con estos versos:* "Don Juan thought this a good story, and he had it placed in this book along with the following verses." This statement, with several variations, appears at the end of each story. The verses that follow summarize the moral of the story.

[2] The translation of the verse at the end of each story conveys the spirit and meaning of the moral (*la moraleja*), but it is not a literal, word-for-word translation.
"He who praises you for virtues you have not
  Would steal from you what you have got."

Comprensión

1. ¿Cómo elogió un hombre al conde Lucanor? ¿Y qué le propuso luego?
2. ¿Qué dice Patronio?
3. ¿Qué hizo el cuervo al encontrar el queso?
4. ¿Qué pensó la zorra?
5. ¿Por qué habla la zorra de los defectos del cuervo?
6. ¿Cómo describe la zorra al cuervo?
7. ¿Qué hizo por vanidad el cuervo?

Cuento II

Lo que le sucedió a un hombre que por pobreza comía altramuces

Otro día dijo el conde Lucanor a Patronio, su consejero:

—Bien sé que Dios me ha dado más de lo que merezco,° pero a veces me encuentro tan escaso° de dinero que quisiera dejar esta vida. Yo quisiera un consejo tuyo para remediar esta aflicción mía.

—Señor conde Lucanor —dijo Patronio—, para tu consuelo te relataré lo que les sucedió a dos hombres que eran muy ricos.

El conde le rogó que lo relatara.

—Señor conde —comenzó Patronio—, uno de los dos hombres era tan pobre que no tenía nada que comer. Se esforzó por encontrar algo y no pudo hallar sino una escudilla° de altramuces.° Comenzó entonces el hombre a llorar, recordando lo rico que había sido; sin embargo, comía los amargos° altramuces cuyas cáscaras° tiraba detrás de sí. En medio de este pesar,° notó que detrás de él había otro hombre que se comía las cáscaras de altramuces que él tiraba. Este último era otro hombre, más rico aun, que también había perdido su dinero.

Cuando vio esto el primer hombre, le preguntó al segundo por qué comía las cáscaras. El segundo dijo que aunque había sido más rico que el primero, había llegado ahora a tal extremo de pobreza y hambre que se alegraba mucho de encontrar las cáscaras de altramuces. Cuando oyó esto el primer hombre, se consoló. Vio que había otro hombre más pobre que él. Con este consuelo se esforzó por salir de la pobreza y, con la ayuda de Dios, volvió a ser rico.

---

merezco I deserve	**altramuces** bitter lentils	**cáscaras** pods, shells
escaso lacking, short	**amargos** bitter	**pesar** sorrow
escudilla bowl		

Source note: According to the critics, this episode probably comes from the autobiography of an Arab, Abdal-Rahman, who lived during the tenth or eleventh century.

Tú, señor conde Lucanor, debes saber que nadie en el mundo lo logra todo.° Dios mucho te ha premiado.° Si alguna vez te falta dinero, acuérdate que otros más ricos también pasan por lo mismo.

Al conde le agradó mucho el consejo de Patronio y, con la ayuda de Dios, salió de las penas en las que se encontraba.

A don Juan le gustó mucho este cuento y lo hizo poner en este libro con los siguientes versos:

> No desmayes por pobreza
> Hay otros más pobres, certeza.*

Comprensión

1. ¿Qué comía el primer hombre? ¿Por qué?
2. ¿Por qué lloró el primer hombre?
3. ¿Qué notó el primer hombre?
4. ¿Quién era el segundo hombre?
5. ¿Qué le preguntó el primer hombre al segundo?
6. ¿Qué dijo el segundo hombre?
7. ¿Cómo reaccionó el primer hombre?
8. ¿Qué le dice Patronio al conde?

---

lo logra todo attains everything   **premiado** rewarded

*"Let not poverty dismay your mind;
Others poorer than yourself you'll find."

Cuento III

Lo que le sucedió a un honrado labrador con su hijo

En otra ocasión, le hablaba el conde Lucanor a Patronio, su consejero. El conde tenía dudas sobre una cosa que quería hacer. Sabía que mucha gente lo criticaría lo mismo si lo hacía o no lo hacía. Pidió entonces consejo a Patronio; éste le relató el siguiente cuento.

—Había una vez un labrador° honrado° quien tenía un hijo muy inteligente, pero muy joven. Cada vez que el padre quería hacer alguna cosa para mejorar su hacienda,° el hijo enumeraba las cosas negativas que podían suceder. De esta manera, el joven era un obstáculo para las empresas° de su padre en muchas ocasiones. Después de un tiempo y luego de haber sufrido perjuicios,° decidió el labrador honrado enseñar una lección a su hijo para que le sirviera como ejemplo.

El hombre y su hijo eran agricultores y vivían cerca de una villa. Un día de feria[1] fueron a la villa a comprar algunas cosas que necesitaban. Llevaron un asno° para cargar las compras. Iban a la villa ambos° a pie con el asno sin carga. Encontraron entonces a unos hombres que regresaban de la villa y que pronto comenzaron a susurrar.° Decían que no eran sensatos° ni el padre ni el hijo porque iban a pie y no en el asno. El labrador, al oír esto, preguntó a su hijo: —¿Qué piensas de lo que dicen?

—Tienen razón —dijo el mozo.° Entonces el padre le mandó a su hijo que montara en el asno.

---

labrador farmer	**empresas** undertakings	**ambos** both
honrado honest	**perjuicios** damages,	**susurrar** to whisper
mejorar su hacienda to	setbacks	**sensatos** sensible
improve his farm	**asno** donkey	**mozo** lad

Source note: La Fontaine's fable, *The Miller, His Son, and the Ass,* is well known to English readers. The fable has ancient roots. It appeared in an early Indian romance, *The Book of Sindbad the Philosopher.*

[1] *día de feria*: a holiday or market day. In Spain and Latin America, *día de feria* is the name for a day of the week when merchants and street vendors sell their wares in certain town squares. These events attract rural people, for whom this is the only day to sell their produce, poultry, and so forth—and to shop.

A poco rato encontraron a otros hombres que regresaban de la villa y que pronto comenzaron también a susurrar. Decían que no estaba bien que el labrador viejo y cansado caminara, mientras que su hijo joven fuera cómodo° en el asno. El padre, al oír esto, preguntó a su hijo: —¿Qué piensas de lo que dicen?

—Es verdad —dijo el mozo. Entonces el labrador mandó a su hijo que bajara del asno, y montó en su lugar.

Un poco más allá° encontraron una vez más a otros hombres que regresaban de la villa, y que pronto comenzaron el susurro acostumbrado.° Decían que el padre, hecho a las fatigas del trabajo, debía dejar que el hijo, tierno° aún, fuera en el asno. —¿Qué piensas de lo que dicen? —preguntó a su hijo el labrador.

—Dicen la verdad —dijo el joven. Entonces le mandó el padre a su hijo que subiera también al asno, para no ir a pie ninguno de los dos.

Así iban cuando nuevamente se encontraron con otros hombres quienes susurraron de la misma manera. Decían que era un crimen que padre e hijo cabalgaran° en un asno tan flaco. —¿Qué te parece lo que dicen? —preguntó a su hijo el labrador.

—Es muy cierto —respondió el joven.

—Hijo —dijo el padre—, ¿qué podemos hacer que no sea criticado? Ya nos criticaron por ir los dos a pie, por ir tú montado y yo a pie, y viceversa; y ahora nos critican porque montamos los dos. Fíjate que tenemos que hacer algunas de estas cosas y todas serán criticadas. Esto es una lección para tu vida: nunca harás nada que parezca bien a todos; por lo tanto, haz lo que más te convenga, con tal de que no sea malo. Nunca deberás tener miedo a lo que dice la gente.

---

cómodo comfortable **acostumbrado** usual **cabalgaran** rode
más allá farther down **tierno** young

Y tú, señor conde, debes mirar el daño o el provecho que puede venir. Si tú no te fías° de tu criterio,° debes buscar el consejo de los que son inteligentes, fieles° y capaces de guardar secreto. Si el tiempo no apremia,° debes dejar pasar° por lo menos un día y una noche antes de resolver lo que quieres.

El conde hizo lo que Patronio le dijo y todo le salió bien. Don Juan vio que este cuento era bueno y lo hizo poner en este libro con estos versos:

> Por miedo a la crítica, no dejes de hacer
> Lo que más conveniente te parece ser.[2]

Comprensión

1. ¿Cuál es el problema del conde Lucanor?
2. ¿Cómo era el hijo del labrador? ¿Qué le hacía al padre?
3. ¿Qué decidió hacer el padre?
4. ¿Adónde fueron el padre y el hijo? ¿Cómo?
5. ¿Qué conclusión hace el padre respecto a los comentarios de los hombres que encontraron? ¿Cuál es la lección?
6. ¿Qué debe hacer el conde?

---

no te fías don't trust
criterio judgment
fieles faithful

Si . . . apremia If time is not pressing

dejar pasar to let pass

[2] "Unasked advice will seldom do;
  Your own best choice is made by you."

Cuento IV

Lo que le sucedió a una zorra que se tendió en la calle y se hizo la muerta

Otro día le hablaba el conde Lucanor a Patronio, su consejero, de la siguiente manera:

—Patronio, un pariente mío no tiene suficiente poder en su comarca° para evitar que le hagan muchos atropellos.° Los poderosos de esa comarca quisieran que mi pariente hiciera algo que les sirviera de pretexto para ir contra él. Dice mi pariente que le es muy penoso soportar los abusos que le hacen. Está dispuesto a arriesgar todo antes de seguir viviendo de ese modo. Te ruego, Patronio, que me digas lo que debo aconsejarle.

—Señor conde Lucanor —respondió Patronio—, me gustaría que supieras lo que le ocurrió una vez a una zorra que se tendió° en la calle y se hizo la muerta.°

El conde pidió que se lo contara.

—Señor conde Lucanor —dijo Patronio—, una zorra entró una noche en un corral donde había gallinas, y se comió tantas que ahí seguía cuando amaneció.° Las gentes ya andaban entonces por la calle. Cuando la zorra vio que ya no podía escapar, se fue ocultamente a la calle y se tendió como si hubiera muerto. Al verla, las gentes creyeron que estaba muerta. Pasó entonces un hombre que dijo que los pelos de la frente de la zorra, puestos en la frente de los niños, impiden el mal de ojo.[1] Dicho esto, con unas tijeras° cortó a la zorra los pelos de la frente. Otro hom-

---

comarca district	**se tendió** lay down	**amaneció** dawn came
atropellos abuses	**se . . . muerta** played dead	**tijeras** scissors

Source note: Critics think that the source for this fable is the *Book of the Seven Sages of Rome*, which goes back to Arabic, Persian, and perhaps Indian literature. Don Juan Manuel's contemporary, Juan Ruiz, archpriest of Hita, told a similar story in his *Libro de buen amor.*

[1] *mal de ojo*: "evil (bewitched) eye." People in the Middle Ages were extremely superstitious. This superstition existed side by side with fervent Christianity.

Entonces se levantó y escapó lo más rápido que pudo.

bre vino y dijo lo mismo de los pelos del lomo.° Otro aun hizo lo mismo con los pelos de la ijada,° y otros con los pelos de otras partes. De este modo acabaron por trasquilar° a la zorra. La zorra permaneció inmóvil durante todo esto, porque creía que perder el pelo no era el peor daño posible.

Después vino otro hombre quien le sacó una uña,° diciendo que era buena para los panadizos.[2] Al rato vino otro quien le sacó un colmillo,° diciendo que era bueno para el dolor de muelas.° La zorra no se movió ante esos grandes dolores.

Al cabo de un rato llegó uno que dijo que el corazón de zorra era bueno para el dolor del corazón, y sacó entonces un cuchillo para cortárselo. La zorra pensó que el corazón no le crecería de nuevo como el pelo trasquilado y que sin duda moriría. Entonces se levantó y escapó lo más rápido que pudo.

Tú, señor conde, aconseja a tu pariente que si no puede evitar los atropellos de los poderosos, debe soportar con paciencia esas ofensas, dando a entender que no le importan; sin embargo, si la ofensa es grave, debe arriesgar todo y no disimular,° porque es mejor perder lo de uno y morir con honra que vivir aguantando° ofensas y atropellos.

El conde pensó que éste era un buen consejo. Don Juan mandó escribir en este libro el cuento con estos versos:

> Disimula todo lo que puedas,
> Ataca sólo lo que a fuerzas° debas.[3]

---

lomo back	**colmillo** fang	**disimular** overlook, ignore
ijada side (under the ribs)	**dolor de muelas**	**aguantando** enduring
trasquilar shearing	toothache	**a fuerzas** you are forced to
uña claw		

[2] *panadizos*: inflammation of the toes. Hygiene at this time was almost nonexistent. Many infections that do not exist today are described in medieval books.
[3] "Accept such ills as you can bear;
Repel the rest with utmost care."

Comprensión

1. ¿Cuál es el problema del pariente del conde Lucanor?
2. ¿Qué hizo una noche la zorra?
3. ¿Por qué no podía escapar la zorra?
4. ¿Qué hizo luego?
5. ¿Por qué le sacó una uña? ¿Y un colmillo?
6. ¿Qué hizo la zorra?
7. ¿Qué hizo cuando un hombre le quiso sacar el corazón? ¿Por qué?
8. ¿Qué debe aconsejar el conde a su pariente? ¿Qué es mejor?

Cuento V

Lo que les sucedió a los cuervos con los búhos

Un día le hablaba el conde Lucanor a Patronio de esta manera:

—Patronio, tengo un enemigo muy poderoso. Él tenía en su casa un pariente suyo a quien crió° e hizo mucho bien. Un día ellos se pelearon° y mi enemigo le ofendió mucho. Aunque el pariente le debía mucho a mi enemigo, quiso vengarse.° Por esto se vino a mí. Creo que esta situación me conviene. Por medio de éste, puedo saber los puntos vulnerables de mi enemigo. Por la confianza que te tengo, y por tu buen criterio, te ruego que me digas lo que debo hacer.

—Señor conde Lucanor —dijo Patronio—, los cuervos y los búhos° estaban en guerra entre sí. Los cuervos estaban perdiendo porque los búhos, que son nocturnos, atacaban por la noche a los cuervos y mataban o herían a muchos de ellos. Los búhos, de día, se ocultaban° en cuevas difíciles de encontrar. Un cuervo muy sabio habló con los cuervos que eran de su familia y les explicó su plan para vengarse. Así lo hicieron: le arrancaron° todas las plumas de su cuerpo, dejándole sólo unas cuantas en las alas. Volando maltrecho° y con dificultad, se fue el cuervo sabio donde los búhos y les dijo que los otros cuervos le habían maltratado así porque él les aconsejó que no lucharan° contra los búhos. Dijo el cuervo a los búhos que si ellos querían, él estaba dispuesto° a enseñarles cómo vencer a los cuervos.

Cuando los búhos oyeron esto, se alegraron mucho y anticiparon su victoria. Por esto trataron muy bien al cuervo, y le confiaron sus secretos y resoluciones. Entre los búhos había uno que era muy viejo y muy sabio, y que había visto mucho. El búho sabio comprendió el engaño y advirtió

---

crió raised	**búhos** owls	**lucharan** fight
se pelearon quarreled with each other	**se ocultaban** hid	**estaba dispuesto** he was ready
vengarse to avenge himself	**arrancaron** pulled out	
	maltrecho in bad shape	

Source note: The source of this story, according to critics, is the collection of tales called the *Libro de Calila e Dimna*. The oldest written version is found in Sanskrit, in a book titled *Panchatantra*. Its title there is "War Between the Crows and the Owls." Don Juan Manuel condensed the very long Spanish version of the story into a few pages.

al líder que el cuervo era un espía. No le creyeron ni el líder ni los otros búhos. Por esto, se separó de ellos y voló a una tierra muy lejana para estar seguro.° Los búhos se fiaron° del cuervo, y cuando le crecieron las plumas al cuervo, dijo éste que volaría y buscaría dónde se encontraban los cuervos para que los búhos pudieran matarlos a todos. Esto agradó a los búhos. Al llegar el cuervo donde sus hermanos, prepararon el ataque contra los búhos y fueron contra ellos de día, cuando no vuelan. Así mataron a tantos búhos que los cuervos quedaron vencedores.

Tú, señor conde Lucanor, bien sabes que este hombre es pariente de tu enemigo, y como tal, es enemigo tuyo. Puedes estar seguro de que vino a engañarte y a hacerte daño. Si él quiere servirte de lejos, sin que sepa nada de lo tuyo, entonces puedes fiarte de él.

Al conde le gustó mucho este buen consejo y obró según él y le fue muy bien. Don Juan vio que este cuento era bueno, y lo hizo poner en este libro con estos versos:

> A quien tu enemigo solía° ser,
> Nunca le debes en nada creer.*

———————◆————

Comprensión

1. ¿Por qué quiere tener consigo el conde Lucanor a un pariente de un enemigo suyo?
2. ¿Quiénes estaban perdiendo la guerra? ¿Por qué?
3. ¿Qué hacían los búhos de día?
4. ¿Cuál era el plan del cuervo muy sabio?
5. ¿Qué les prometió el cuervo?
6. ¿Qué hicieron entonces los búhos con el cuervo?
7. ¿Qué hizo el búho viejo y sabio? ¿Le creyeron?
8. ¿Qué pasó cuando le crecieron las plumas al cuervo?
9. ¿Qué hicieron los cuervos a los búhos?
10. ¿Cómo puede confiarse del pariente de su enemigo el conde Lucanor?

---

seguro safe   **se fiaron** trusted   **solía** used to

*"Beware of trusting a former foe,
  For sure as fate 'twill bring thee woe."

Cuento VI

Lo que le sucedió a un rey con un hombre que le dijo que sabía hacer oro

Un día hablaba el conde Lucanor con Patronio, su consejero, de esta manera:

—Patronio, un hombre me dice que puede darme mucho poder y mucha riqueza, pero me pide algún dinero. Promete darme diez doblas[1] por cada una que yo le dé. ¿Qué debo hacer, Patronio?

—Señor conde Lucanor —respondió Patronio—, para ilustrar este caso, debes saber lo que le sucedió a un rey con un hombre que dijo que sabía hacer oro.

—¿Cómo fue eso? —preguntó el conde.

—Señor conde Lucanor —dijo Patronio—, había un pícaro° muy pobre quien supo que un rey, que no era muy inteligente, se dedicaba a la alquimia°[2] con la esperanza de hacer oro. El pícaro entonces consiguió cien doblas y las redujo a polvo. Mezcló con el polvo de oro varios ingredientes e hizo con ello cien bolitas.° Cada bolita tenía el oro de una dobla. Se fue entonces el pícaro a la ciudad donde vivía el rey. Se vistió con ropas de persona importante y vendió las bolitas a un especiero.° El especiero le preguntó para qué servían y qué substancia eran. El pícaro respondió que eran para hacer oro y otras cosas. Dijo que el nombre de la substancia era tabardíe.[3]

---

pícaro rogue   **bolitas** little balls   **especiero** spice merchant
alquimia alchemy

Source note: This story appeared in the *Libro del Caballero Cifar* (about 1300) and probably has Oriental origins. In all likelihood, Arabic sources were available to Don Juan Manuel.

[1] *dobla*: old Spanish gold coin worth twelve *reales*. There was also a Moorish coin called the *dobla zahen*, made of pure gold.

[2] Alchemy was a medieval chemical science and philosophy that, among other things, sought to convert base metals into gold.

[3] *tabardíe*: The *pícaro* seems to have made up this word. Note that the *especiero* had no idea of what *tabardíe* was. *Tabardíe* may, in fact, be a play on the word *tabaxir* (in Arabic, *tabashir*). *Tabaxir* is an opal-like secretion that forms in the joints of bamboo.

El pícaro pasó una temporada° en esta ciudad viviendo como persona recogida.° De cuando en cuando decía a alguna persona que él sabía hacer oro. Llegó la noticia al rey, quien mandó llamar al pícaro para verificar si sabía hacer oro. El pícaro lo negó° al principio, pero luego dijo que sí. Le dijo además el pícaro al rey que no debía decir palabra a nadie sobre este asunto.° Le dijo también que se lo probaría° y le enseñaría lo que había aprendido. El rey, convencido de lo que oía, le agradeció mucho. El pícaro entonces mandó traer las cosas que dijo que necesitaba, que eran muy comunes, excepto el tabardíe. Todo costó muy poco dinero. Fundieron° todas estas cosas delante del rey, y salió oro por valor de una dobla. El rey, al verlo, estuvo dichoso.° Le dijo al pícaro que hiciera más oro. El pícaro respondió:

—Señor, ya te mostré lo que sabía. De aquí en adelante, tú puedes hacerlo tan bien como yo. Sólo te advierto que si te falta uno de los ingredientes, no podrás hacer oro.

Dicho esto, se fue el pícaro a su casa. El rey duplicó° los ingredientes y sacó dos doblas de oro . . . luego sacó cuatro . . . y ocho . . . y dieciséis. Cuando vio que podía hacer todo el oro que quería, mandó preparar la mezcla para mil doblas. Todo encontraron, menos el tabardíe. Entonces el rey mandó buscar al pícaro. Le preguntó si sabía dónde había tabardíe. El pícaro dijo que sí. Entonces le dijo al rey que necesitaba una gran suma de dinero para traer una gran cantidad de tabardíe. Cuando el rey le dio el dinero, lo cogió el pícaro y se fue de allí para nunca más volver. Encontraron en la casa del pícaro un arca° que contenía un papel dirigido al rey que decía:

"*Puedes estar seguro de que no existe el tabardíe. Te he engañado. ¿Por qué no me preguntaste por qué no era rico yo?*"

El rey desde ese momento figuró° entre los tontos del reino. Dijo una vez que si el pícaro regresaba, ya no estaría el rey entre los tontos del reino.

---

temporada some time	**probaría** would prove	**duplicó** doubled
recogida secluded	**Fundieron** They melted	**arca** chest
negó denied	down	**figuró** was included
asunto matter	**dichoso** elated	

Le dijeron que eso era verdad. En ese caso le quitarían al rey de la lista de los tontos, y le pondrían en su lugar al pícaro.

Tú, conde Lucanor, si no quieres que te tengan por tonto, no arriesgues mucho dinero en cosas inciertas.

Al conde le agradó este consejo, lo puso en práctica y le fue muy bien. Don Juan vio que este cuento era bueno, y lo hizo poner en este libro con estos versos:

No arriesgues nunca tu riqueza
Por consejo del que vive en pobreza.[4]

* * *

Comprensión

1. ¿Qué promete darle al conde Lucanor un hombre?
2. ¿Qué quiere el hombre primero?
3. ¿Qué supo un pícaro?
4. ¿Cómo era el rey?
5. ¿Qué hizo el pícaro entonces?
6. ¿Qué noticia llegó al rey?
7. ¿Cómo reaccionó el pícaro? ¿Por qué?
8. ¿Qué debía hacer el rey? ¿Por qué?
9. ¿Cómo el pícaro demostró lo que sabía al rey?
10. ¿Qué hizo luego el rey?
11. Cuando el rey quiso hacer mil doblas, ¿qué le hacía falta? ¿Por qué?
12. ¿Qué le dio entonces el rey al pícaro?
13. ¿Qué hizo el pícaro?
14. ¿Qué decía el papel en el arca?

---

[4] "Risking wealth is badly done
    Advised by one possessed of none."

Cuento VII

Lo que le sucedió a un rey con los tres pícaros que hacían tela

Una vez, el conde Lucanor le dijo a Patronio, su consejero:

—Patronio, un hombre me hace una propuesta muy importante, pero me pide que la guarde en secreto. Si se lo digo a alguien, me asegura ese hombre que mis propiedades y hasta mi vida estarán en peligro. ¿Qué piensas de esto, Patronio?

—Señor conde Lucanor —respondió Patronio—, tres pícaros fueron donde un rey moro y le dijeron que sabían hacer telas muy hermosas. Pero lo especial de las telas era que sólo podían ser vistas por los hijos de sus padres. Los que no eran hijos de sus padres no podían verlas. Al rey le agradó mucho esto porque sabría quiénes no eran hijos de sus padres y podría entonces apoderarse de° la fortuna de éstos. Los moros no heredan si no son verdaderamente hijos de sus padres.[1] En tal caso, toda la herencia° iría al rey. El rey dio a los tres pícaros un salón en el palacio para que hicieran su tela.

Los tres pícaros, para mostrar que no había engaño, pidieron al rey que les encerrara° en el salón. Esto le agradó mucho al rey. Les encerró en el salón con mucho oro, seda y dinero que necesitaban para hacer la tela.

Pocos días después, los tres pícaros instalaron un taller,° y hacían como si° pasaran todo el tiempo tejiendo.° A los pocos días un pícaro fue a pedirle al rey que viera la hermosa tela que salía. Le preguntó qué diseños° quería. Debía, sin embargo, ir a ver la tela solo. Al rey le pareció muy bien todo ello.

Con cierta duda, el rey mandó primero a un vasallo suyo para que la viera. Cuando el vasallo habló con los pícaros y oyó contar las propiedades mar-

---

apoderarse de take possession of	**les encerrara** lock them up	**como si** as though, as if
herencia inheritance	**taller** workshop	**tejiendo** weaving
		diseños designs

[1] Very strict laws of the Islamic faith governed inheritance, legitimacy, and the rights of the first-born son. Today, many kingdoms in the Middle East maintain the same ancient laws. This *cuento* satirizes, among other things, the concern over being illegitimate, or born out of wedlock.

avillosas de la tela, no se atrevió° a decirle la verdad al rey. Después mandó el rey a otro vasallo, quien aseguró haber visto la tela. Finalmente el rey mismo fue a verla. Cuando entró en el salón, vio a los tres pícaros que se movían como si tejieran. Le dijeron ellos:

—¿Ve esa labor? . . . ¡Mire este diseño! . . . ¡Mire la variedad de colores!

El rey no vio nada y creyó que se moría. Pensó que no era hijo de su padre y que por eso perdería su reino. Inmediatamente comenzó a alabar la belleza de la tela.

El rey volvió a su cámara y describió a los cortesanos° la belleza de la tela. Después de unos días, mandó a un ministro para que viera la tela. De la misma manera le describió la excelencia de la tela. Fue entonces el ministro y les oyó decir a los pícaros que le gustaba mucho la tela al rey. Pensó entonces el ministro que no era hijo de su padre y comenzó a alabar la tela. Volvió donde el rey y ponderó mucho la belleza de dicha tela. El rey se confirmó en su desdicha.° Ya no dudaba el rey que no era hijo de su padre.

Al día siguiente mandó el rey a otro ministro y sucedió lo mismo. ¿Qué más te diré, conde Lucanor? De esta manera fueron engañados el rey y todos los habitantes de ese reino. Nadie se atrevió a decir nada. Llegó entonces la mayor fiesta del año, y los súbditos° pidieron a su rey que se hiciera un vestido especial para esa fiesta con aquella bella tela. Los tres pícaros le tomaron las medidas° e hicieron como si cortaran y cosieran la tela. El día de la fiesta, los tres pícaros le ayudaron a vestirse al rey, alisando° los pliegues.° De este modo creyó el rey que estaba vestido. Vestido así, es decir, desnudo,° montó a caballo y se paseó por toda la ciudad. Toda la gente que lo miraba no decía nada por temor de quedarse deshonrada. Todo el mundo creía que era su secreto personal, hasta que un palafrenero,[2] que no tenía honra por la cual preocuparse, le dijo al rey:

—¡O soy ciego, o va desnudo!

---

no se atrevió he did not dare	**súbditos** vassals, subjects	**pliegues** folds (*of a garment*)
cortesanos courtiers	**le . . . medidas** took his measurements	**desnudo** naked
desdicha misfortune	**alisando** smoothing out	

[2] *palafrenero*: a groom or servant who leads the horse of his master by the reins.

Vestido así, es decir, desnudo, montó a caballo
y se paseó por toda la ciudad.

El rey lo insultó, diciendo que no era hijo de su padre. Otro oyó al palafrenero y dijo lo mismo . . . y otro . . . y otro más, hasta que el rey y todos los demás perdieron el miedo de decir la verdad y entendieron el engaño de los tres pícaros. Cuando los fueron a buscar, ya habían puesto los pies en polvorosa,° con todo el oro, la plata, la seda y el dinero que les había dado el rey.

Tú, conde Lucanor, puedes estar seguro de que ese hombre que pide que ocultes lo que él te dice, te quiere engañar.

Al conde le gustó mucho este consejo y obró según él, y le fue muy bien. Don Juan vio que este cuento era bueno, y lo hizo poner en este libro con estos versos:

> Guárdate de quien te aconseja
> Ocultar secretos a tus amigos.[3]

Comprensión

1. ¿Cuál es el problema del conde Lucanor?
2. ¿Qué era lo especial de las telas?
3. ¿Por qué le agradó esto al rey?
4. ¿Qué les dio el rey a los tres pícaros? ¿Para qué?
5. ¿Qué hacían los tres pícaros?
6. A los pocos días, ¿qué le pidió un pícaro al rey? ¿Cómo debía ir?
7. ¿A quién mandó ver la tela primero el rey? ¿Por qué?
8. ¿Por qué no se atrevió decirle la verdad al rey?
9. ¿Qué vio el rey cuando fue a ver la tela?
10. ¿Qué creyó el rey? ¿Por qué?
11. ¿Qué le pidieron los súbditos al rey para la mayor fiesta del año?
12. ¿Qué hicieron los tres pícaros?
13. ¿Por qué no decía nada la gente?
14. ¿Qué dijo un palafrenero?

---

habían . . . polvorosa had
   left quickly

[3] "Who counsels thee to secrecy with friends
   Seeks to entrap thee for his own base ends."

Cuento VIII

Lo que le sucedió a un deán de Santiago con don Illán, el mago de Toledo

Otro día, el conde Lucanor le contaba a Patronio, su consejero, un caso:

—Patronio, un hombre me pidió que con mi influencia le favoreciera en un asunto. En cambio prometió ayudarme en todo lo que necesitara. Yo le ayudé cuanto pude y le pedí algo que me convenía mucho. Él se negó.° Después le pedí otra cosa y él se negó nuevamente. El asunto en que favorecía al hombre no está concluido y no lo concluirá sin mi ayuda. ¿Qué debo hacer, Patronio?

—Señor conde —respondió Patronio—, para clarificar tu problema, conviene que sepas lo que le pasó a un deán° de Santiago[1] con don Illán, el mago° de Toledo.[2]

Entonces, el conde le preguntó qué le había pasado.

—Señor conde Lucanor —dijo Patronio—, había un deán de Santiago quien quería aprender la magia. Fue a estudiarla donde don Illán de Toledo, el mejor mago de ese tiempo. El deán encontró a don Illán leyendo en un salón muy apartado.° Cuando don Illán vio al deán, lo recibió cortésmente y le pidió que no le explicara la razón de su visita sino hasta después del almuerzo. Don Illán lo alojó° en su casa[3] y le dijo al deán que se alegraba mucho tenerlo de huésped.°

---

se negó refused	**mago** magician	**lo alojó** lodged him
deán dean (*head of a church or district*)	**apartado** remote, out-of-the-way	**huésped** guest

[1] *Santiago:* Santiago de Compostela is a city in the northwestern corner of Spain in the autonomous region of Galicia. During the Middle Ages, Santiago de Compostela and Jerusalem were the two most important centers of Christian pilgrimage. It is thought that the remains of Saint James the Apostle (*San Iago*) are buried in the Cathedral there. For Islam, the most important center of pilgrimage was, and is, Mecca, in Saudi Arabia. Mecca was the birthplace of Mohammed and, hence, a holy city.

[2] Toledo is a city in central Spain, about 30 miles south-southwest of Madrid. The Spanish Court resided there until 1560. Today it is a beautiful medieval city-museum.

[3] The house of Don Illán is believed to have been located near the garden gate of El Greco's house in Toledo. Don Illán's family had lived in the town since the twelfth century.

Después de almorzar, le contó el deán el motivo de su visita. Le dijo a don Illán que quería aprender la magia a fondo.° Don Illán contestó que el deán era de posición muy importante en la iglesia, y que sería en el futuro obispo,° arzobispo° y aun papa.° Dijo además que los hombres que alcanzan grandes puestos, después de realizar° lo que quieren, olvidan a los que les ayudaron.

—Por esa razón —dijo don Illán—, temo enseñarte la magia. Temo que no me agradezcas ni hagas lo que prometes.

El deán entonces le aseguró que aunque fuera obispo, arzobispo, cardenal o hasta papa, haría lo que don Illán lo mandara.

Hablaron de esto desde la hora del almuerzo hasta la hora de cenar. Cogiendo° don Illán de la mano al deán, lo llevó a otra sala. Llamó entonces a una sirvienta y le mandó que preparara unas perdices para la cena, pero que no las asara° hasta que don Illán lo mandara.

Dicho esto, don Illán llevó al deán por una escalera de piedra, hasta muy abajo. Tal vez estaban debajo del río Tajo.⁴ Entonces don Illán le hizo entrar al deán en un laboratorio con muchos libros. Ése sería la sala de clase.

En cuanto se sentaron, entraron dos hombres con cartas y anunciaron que el tío del deán, el arzobispo de Santiago, moría. Quería el arzobispo que fuera el deán a Santiago para verlo. El deán se disgustó mucho porque tenía que dejar sus estudios con don Illán. Optó por no dejarlos y le mandó una carta al arzobispo contestando la suya. A los cuatro días llegaron otros hombres de Santiago con cartas que anunciaban la muerte del arzobispo. También le dijeron que el deán sería elegido arzobispo en el lugar de su tío.

---

a fondo in depth, perfectly	**papa** Pope	**Cogiendo** Taking
obispo bishop	**realizar** accomplishing	**asara** roast
arzobispo archbishop		

⁴ *río Tajo*: Tagus River. The *Tajo*, one of five main rivers that flows through Spain, originates in the east-central region, passes through Toledo, and empties into the Atlantic at Lisbon, Portugal.

Al cabo de ocho días llegaron a Toledo dos escuderos° y le besaron la mano al deán.[5] Le informaron que había sido elegido arzobispo de Santiago. Don Illán felicitó entonces al nuevo arzobispo, y le pidió que le diera el puesto vacante del deán para un hijo suyo. El arzobispo dijo que lo sentía mucho, pero haría deán a un hermano suyo. Le prometió entonces otro buen cargo° para su hijo, como compensación. Le pidió que lo acompañara a Santiago con su hijo. Fueron los tres a Santiago. Allí llegaron cartas del papa en las que le nombraba obispo de Tolosa[6] al arzobispo. También le concedía° la gracia de nombrar arzobispo de Santiago a quien quisiera. Don Illán le pidió entonces que le nombrara a su hijo, recordándole las promesas que le había hecho antes. El nuevo obispo de Tolosa dijo que lo sentía mucho, pero que nombraría arzobispo a un tío suyo, hermano de su padre. Don Illán pidió entonces que prometiera recompensarlo más adelante. El obispo prometió que así lo haría. También pidió a don Illán y a su hijo que fueran con él a Tolosa.

Dos años después, llegaron emisarios° del papa y le informaron al obispo que había sido hecho cardenal y que podía nombrar obispo de Tolosa a quien quisiera. Entonces don Illán le dijo que muchas veces había dejado sin cumplir sus promesas. Éste era el momento de dar a su hijo el obispado de Tolosa. El cardenal respondió que el obispado era para un tío, hermano de su madre, y le rogó que le disculpara.° Le prometió que en Roma le favorecería. Don Illán se lamentó mucho, pero fue a Roma con el cardenal.

Vivieron mucho tiempo en Roma. Don Illán rogaba cada día al cardenal que ayudara a su hijo. El cardenal se excusaba siempre.

Murió el papa, y los otros cardenales eligieron al cardenal como papa. Don Illán se presentó ante el nuevo papa y le dijo que ahora no había ningún pretexto para que no le favoreciera a su hijo. El papa le dijo a don Illán que no le insistiera tanto y que ya habría ocasión de favorecerle. Don Illán se lamentó mucho, recordándole al papa las promesas que le

---

escuderos squires
cargo job, appointment

concedía granted
emisarios representatives

disculpara forgive

[5] *. . . le besaron la mano al deán*: ". . . they kissed the hand of the dean." Kissing the hand of prelates and aristocrats was a sign of respect.

[6] *Tolosa*: Toulouse, a city in southern France. It was a Christian center of pilgrimage during the Middle Ages.

había hecho y no había cumplido. Dijo también que temió esto la primera vez que lo vio en Toledo. Dijo que había llegado a tan alto cargo y no cumplía lo prometido. Dijo además don Illán que no tenía ya nada que esperar del papa. El papa se molestó mucho y amenazó° meterle en la cár-cel° porque lo estaba molestando y sabía que don Illán era hereje° y encantador° y que en Toledo vivía del dinero que ganaba enseñando la nigromancia.[7]

Cuando don Illán vio el pago que le daba el papa, se despidió de él. El papa ni siquiera le dio comida para el camino. En ese momento don Illán le dijo al papa que tenía que volver con él a Toledo a comer las perdices que ordenó que preparara la sirvienta. La llamó entonces, y mandó que asara las perdices. Al decir esto, repentinamente° se halló° el papa en Toledo y como deán de Santiago, como lo era cuando llegó donde don Illán. El deán de Santiago sintió tanta vergüenza° de lo que había pasado que no supo qué decir. Don Illán le dijo que se fuera en paz porque ya sabía lo que se podía esperar de él, y que le parecía un gasto inútil invi-tarle a comer esas perdices.

Tú, señor conde Lucanor, no ayudes a la persona que le dará el mismo pago que dio el deán a don Illán.

El conde vio que este consejo era muy bueno y así lo hizo y salió muy bien. A don Juan Manuel le gustó mucho este cuento. Por eso lo puso en este libro con estos versos:

> Quien tu ayuda no agradece,
> Menos ayuda te dará mientras más crece.[8]

———————————•≻•◆•≺•———————————

---

amenazó threatened
cárcel jail, prison
hereje heretic

encantador sorcerer
repentinamente suddenly

se halló found himself
vergüenza shame

[7] *nigromancia*: necromancy, black magic. Practitioners of this occult art claimed to fore-tell the future by communicating with the dead.

[8] "If one you help is thankless now,
    He'll later keep no solemn vow."

Comprensión

1. ¿Qué quería el deán de Santiago?
2. ¿Quién era don Illán?
3. ¿Qué le pidió don Illán al deán?
4. ¿Qué dijo don Illán al saber lo que quería el deán?
5. ¿Qué le aseguró el deán a don Illán?
6. ¿Qué anunciaron los que llegaron?
7. ¿Qué hizo el deán?
8. ¿Qué anunciaron los que llegaron a los cuatro días?
9. ¿Qué le informaron al deán los dos escuderos?
10. ¿Qué decían las cartas que llegaron a Santiago?
11. ¿Qué pidió don Illán? ¿Qué respondió el nuevo obispo?
12. ¿Qué pasó dos años después? ¿Qué dijo don Illán al cardenal? ¿Cómo respondió el cardenal?
13. ¿Qué le pidió don Illán al nuevo papa? ¿Cómo respondió éste?
14. ¿Qué amenazó el papa? ¿Por qué?
15. ¿Por qué tenía que volver a Toledo don Illán?
16. ¿Cómo concluye el cuento?

La Celestina

Fernando de Rojas, 1499

Personajes° principales

Calisto es un joven noble y rico.
Melibea es una bella joven, noble y rica.
Celestina, el personaje central, es una alcahueta° vieja.
Sempronio es el sirviente principal de Calisto.
Pármeno es el joven sirviente de Calisto.
Pleberio es el padre de Melibea.
Alisa es la esposa de Pleberio y madre de Melibea.
Elicia es la enamorada° de Sempronio.
Areusa es la enamorada de Pármeno.
Lucrecia es la joven sirvienta de Melibea.
Tristán es un sirviente secundario de Calisto.
Sosia también es sirviente secundario de Calisto.

Argumento

Calisto,[1] un joven rico, noble y hermoso, se enamoró de Melibea.[2] Ella era la bella hija de Pleberio y Alisa, y la única heredera° a la gran fortuna de su padre. Pleberio era un constructor de navíos,° entre otras cosas.

Calisto, loco de pasión por Melibea, hizo tratos° con Celestina. La vieja Celestina era una alcahueta muy astuta, con mucha experiencia. Celestina prometió a Calisto que con sus poderes haría que Melibea lo amara.°

Sempronio y Pármeno, los sirvientes de Calisto, también lo ayudaron. Celestina explotó° la codicia° de Sempronio y Pármeno para que le fueran desleales° a Calisto. Los amantes, Calisto y Melibea, y todos los que los ayudaron encontraron un amargo° y desastroso fin.

Personajes Characters	**constructor de navíos**	**explotó** exploited
alcahueta go-between	shipbuilder	**codicia** greed
enamorada sweetheart	**tratos** deals, dealings	**desleales** disloyal
heredera heir	**haría . . . amara** would	**amargo** bitter
	make Melibea love him	

[1] In Greek, *Calisto* means "very handsome."
[2] *Melibea* means "voice of honey" in Greek.

Comprensión

1. ¿Quién es el personaje principal?
2. ¿Cómo se llaman los dos amantes? ¿Cómo son?
3. ¿Quiénes son Pleberio y Alisa?
4. ¿Cómo es Celestina?
5. ¿Quiénes eran desleales?

Calisto se enamora de Melibea

Un halcón de caza[1] de Calisto vuela y se extravía.° Calisto lo busca. Llega a las paredes que protegen la mansión de Pleberio. Escala° las paredes y encuentra en el jardín a la bella Melibea. Al verla, se enamora de ella.

CALISTO.   ¡Veo en esto la grandeza de Dios!

MELIBEA.   ¿En qué, Calisto?

CALISTO.   ¡En tu belleza! Gozo en verte más que los santos gozan el cielo.

MELIBEA.   ¿Verme es un gran premio?°

CALISTO.   Sí. Es tan gran premio que prefiero estar aquí contigo que con los santos en el cielo.

MELIBEA.   ¡Fuera° de aquí, torpe!° No tengo paciencia para tolerar torpezas.[2]

Al escuchar las palabras inoportunas de Calisto y al entender la situación, Melibea lo rechaza,° enfadada.° Calisto regresa a su casa muy enojado° y llama a Sempronio, su sirviente.

---

se extravía gets lost	**Fuera** Get out	**enfadada** angry
Escala He climbs	**torpe** fool	**enojado** angry
premio reward, prize	**rechaza** rejects	

[1] Falconry was a popular sport of the Spanish nobility during this period, and many practice this sport even today. This sport seems to have originated with the Arabs who invaded Spain in 711 and remained there until 1492, when they were expelled by the Catholic monarchs, Ferdinand and Isabella.

[2] Calisto breaks into the estate of Pleberio, the father of Melibea. This act alone startles Melibea. Calisto then talks to her about her beauty, comparing it to the Christian God and saints in heaven. Melibea doesn't understand fully what Calisto is saying; however, she notices that his words are inappropriate and strange. It seems that Calisto and Melibea knew of each other; nevertheless, this is the first time they have actually met.

CALISTO.	¡Sempronio! ¡Sempronio! ¿Dónde está este maldito?°³
SEMPRONIO.	Aquí, señor, cuidando° un halcón.
CALISTO.	Cierra la ventana de la alcoba y déjame en la oscuridad. ¡Quiero morir!
SEMPRONIO.	¿Qué dices?
CALISTO.	¡Fuera de aquí, Sempronio! ¡Fuera, o te mato con mis manos!
SEMPRONIO.	(*Aparte.*)⁴ ¿Qué será el mal° de Calisto?
CALISTO.	¡Sempronio! Toca en el laúd° la canción más triste que sepas.°
SEMPRONIO.	(*Aparte.*) ¡Mi amo.° está loco!
CALISTO.	El amor me quema.° Prefiero el amor que ir al cielo.
SEMPRONIO.	Tú contradices con tus herejías° la religión cristiana.
CALISTO.	Yo no soy cristiano, soy melibeo.⁵ A Melibea adoro.

Sempronio se da cuenta de° que Calisto está loco de amor por Melibea.

SEMPRONIO.	¿Entonces, Melibea no te corresponde?° ¡Tú eres hermoso, alto, fuerte, noble y rico!

---

maldito wretched one	**que sepas** that you know	**se da cuenta de** realizes
cuidando taking care of	**amo** master	**no te corresponde** does
el mal the affliction	**quema** burns	not return your love
laúd lute	**herejías** heresies	

³ Servants at the time belonged to the poorest social classes, and the indulgent, idle nobility treated them as subhumans. Servants, in turn, felt resentment and hatred toward their masters. European literature, from the earliest times, has examples of ill treatment of servants (the poor had to survive by intelligence and craftiness). In many instances, servants were smarter and, at times, more educated than their masters. Sempronio is certainly smarter than Calisto.

⁴ *Aparte*: an aside. The character speaks to his audience or to the reader in private, communicating inner thoughts that could not be shared with the other characters. This is a dramatic device, from the time of classical drama, and it was used for comic purposes, to expose someone's flaws, or to advance the plot. When the public was uneducated, writers had actors use the aside to make sure everything was understood in their plays.

⁵ At a time when there was intense religious persecution in Spain by the Catholic Church, this statement constituted heresy, punishable by torture or worse. Sempronio is very alarmed but less confused than Melibea. He is also amused at the excesses of Calisto. Calisto expresses himself in terms of courtly love, which flourished during the

CALISTO.　　　　Melibea no me corresponde. Ella me aventaja.° Es más noble, tiene mayor fortuna, tiene muchas virtudes. Es hermosa. Sus cabellos de oro llegan hasta sus pies. Sus ojos verdes son bellos, sus pestañas° son largas, sus dientes son blancos, su piel es de nieve y sus manos son lindas.[6] Creo que Melibea es más bella que Helena de Troya.[7]

Sempronio es un sirviente desleal y oportunista. Se aprovecha de la situación para tratar de sacar dinero a su amo. Le dice que será muy difícil que Melibea lo ame.° Pero le promete que le conseguirá una entrevista° con Melibea por medio de una vieja bruja barbuda° que se llama Celestina. Sempronio, entonces, muy contento con esta oportunidad, va a la casa de Celestina.

Comprensión

1. ¿Cómo entra Calisto en el jardín de Pleberio?
2. ¿Por qué le despide Melibea a Calisto?
3. ¿Por qué quiere morir Calisto?
4. ¿Para qué sirven los "apartes"?
5. ¿Por qué quiere escuchar Calisto una canción triste?
6. ¿Qué son herejías? ¿Y por qué las dice Calisto?
7. Según Calisto, ¿por qué no le corresponde Melibea?

Ella me aventaja. She is better than I.
pestañas eyelashes

que . . . ame for Melibea to love him
entrevista interview

vieja bruja barbuda old, bearded witch

Middle Ages in Europe. It was a code of conduct with a set of strict rules for lovers. To the modern reader, these rules seem ridiculous. The relationship had to be secret. Lovers could not be married to each other. The man had to be humble, devoted, loyal, and had to venerate his beloved. There were courts, made up of women, that tried cases and imposed sentences on unfit lovers. Courtly love was called the religion of love.

[6] The physical description of Melibea may have been inspired by *The Song of Solomon* (*Song of Songs*) (*Cantar de los cantares* in Spanish).

[7] Helen of Troy was a mythological Greek princess and was thought to be the most beautiful woman in the world. When the Trojan prince Paris carried her off to Troy, the Greek army followed and, in the Trojan War, defeated the city of Troy.

Celestina entra en acción

Sempronio, al ver a Celestina, le informa que Calisto está locamente enamorado de Melibea. Le dice también que sacarán gran provecho° de esta situación por la experiencia de Celestina como alcahueta. Celestina y Sempronio se dirigen entonces a° casa de Calisto. Mientras tanto, Pármeno, un joven sirviente leal a Calisto, le advierte° a su amo que Celestina es peligrosa. Le dice que no debe confiarse de ella. Pármeno describe los varios trabajos de Celestina: costurera,° perfumera, maestra de hacer cosméticos, alcahueta y hechicera.° Calisto no escucha a Pármeno. Abre la puerta y saluda a Celestina.

CALISTO.	¡Ya veo a Celestina! ¡Mira qué reverenda persona! ¡Por la cara se conoce su virtud interior!
CELESTINA.	(*Aparte*.) Sempronio, el tonto de tu amo es inoportuno. Dile que cierre la boca y abra la bolsa.
CALISTO.	¿Qué dijo Celestina? Me parece que quería un regalo. Trae las llaves, Sempronio. Voy a darle un buen regalo.

Calisto y Sempronio van por el regalo. Mientras tanto Celestina convence al leal Pármeno que se una° a ella y a Sempronio y que no proteja° a Calisto. En cambio, Celestina le presentará a una bella muchacha que se llama Areusa. Regresan entonces Calisto y Sempronio.

CALISTO.	Madre Celestina, recibe este pobre regalo y con él mi vida.
CELESTINA.	Tu generosidad es mejor que estas monedas de oro que me das.
CALISTO.	Ve y gástalas, Celestina, en cosas para tu casa. Luego, regresa y consuela mi casa.°

---

sacarán gran provecho
   they will reap great
   profit, benefit
se . . . a then head toward
advierte warns

costurera seamstress
hechicera witch
se una he should join
no proteja should not
   protect

consuela mi casa bring
   consolation to my
   house

| CELESTINA. | ¡Adiós! |
| CALISTO. | Dios te guarde. |

Celestina, muy contenta, sale a cumplir el encargo° de Calisto. Calisto quiere saber si hizo bien. Habla con los sirvientes como si fueran° sus hermanos.[1]

CALISTO.	Hermanos míos, di cien monedas de oro a Celestina. ¿Está bien?
SEMPRONIO.	Sí, hiciste bien. ¡Qué glorioso es dar! ¡Qué miserable es recibir!
CALISTO.	Sempronio, no está bien que ella vaya° sola. Ve con Celestina y apúrala.° Mi salud depende de su éxito.

Sempronio va a casa de Celestina. Pármeno trata otra vez de prevenir° a Calisto sobre los peligros de Celestina. Le dice que Celestina fue emplumada° tres veces.[2] Calisto, muy irritado, le acusa a Pármeno de envidia° y rivalidad hacia Sempronio. Para Pármeno, todo su esfuerzo es inútil.°

Comprensión

1. ¿Qué piensan obtener Celestina y Sempronio de Calisto?
2. ¿Qué advierte Pármeno a Calisto?
3. ¿Cuáles eran los trabajos de Celestina?
4. ¿Qué le promete Celestina a Pármeno?
5. ¿Qué le da Calisto a Celestina? ¿Para qué?
6. ¿Qué dice Sempronio sobre los regalos? ¿Le crees?
7. Según Pármeno, ¿cómo habían castigado a Celestina?

---

encargo assignment	**vaya** goes	**emplumada** feathered
como si fueran as if they were	**apúrala** hurry her	**envidia** envy
	prevenir to warn	**inútil** useless

[1] Calisto, hoping for loyalty and consumed by anxiety, steps out of his natural role as a nobleman. He treats his servants improperly, with excessive familiarity and as his equals (brothers).

[2] As a punishment for certain crimes, such as witchcraft, the accused would be tarred and feathered.

Celestina se prepara a cumplir su misión

En la casa de Celestina, Sempronio trata de apurarla para hacer los tratos con Melibea.

SEMPRONIO.   Calisto tiene prisa.

CELESTINA.   Los amantes sin experiencia son impacientes.

SEMPRONIO.   Saquemos provecho mientras esto dure.°

CELESTINA.   ¡Bien has dicho!

SEMPRONIO.   ¿Qué sucedió con Pármeno?

CELESTINA.   Lo convertiré a nuestro lado. Le presentaré a Areusa.

SEMPRONIO.   ¿Crees que podrás alcanzar algo de Melibea?

CELESTINA.   No hay cirujano[1] que cure en una sola visita. Iré a la casa de Pleberio, su padre. Aunque Melibea esté enojada con Calisto, la conquistaré.°

SEMPRONIO.   ¡Cuidado! Piensa que Pleberio es poderoso,° y Alisa, su esposa, es celosa y brava.° Y tú, Celestina, eres la misma sospecha.° Vas a ir por lana y venir trasquilada.[2]

CELESTINA.   ¿Trasquilada, hijo?

SEMPRONIO.   O emplumada, madre, que es peor.

Sempronio regresa a casa de Calisto. Celestina se queda sola. Llama a Elicia y le manda que traiga aceite de serpiente, un papel escrito con sangre

---

dure lasts	**poderoso** powerful	**la misma sospecha**
la conquistaré I will win her over	**brava** ill-tempered	suspicion itself

[1] *cirujano*: During the time of *La Celestina*, surgeons, physicians, druggists, and barbers all practiced medicine in some form. Celestina compares herself to the surgeons because of her professionalism. She is very self-confident.

[2] This is a saying that could be translated as "Go for wool and come back shorn." In other words, she could get burned by her actions.

de murciélago,° un ala de dragón, una piel de gato negro, ojos de loba° y barbas de cabra.° Al salir Elicia, Celestina conjura a Plutón[3] con todas estas cosas de brujería.° Le pide su ayuda con Melibea. Luego guarda todos los artefactos° y va a la casa de Melibea. Se habla° en el camino.

CELESTINA.	Hay peligro en hacer estas cosas. Así dice Sempronio. Pero soy osada° y me he visto en peores situaciones. ¡Adelante,° Celestina! Además, no he visto hoy malos agüeros.°

Celestina lleva consigo una cesta con hilos° de colores. Tratará de venderlos en la casa de Melibea.[4]

———◆◆◆———

Comprensión

1. ¿Qué cree Celestina de los amantes impacientes?
2. ¿Cómo convertirá Celestina a Pármeno?
3. ¿Qué advierte Sempronio a Celestina?
4. ¿Por qué dice Sempronio, "O emplumada, madre, que es peor"?
5. ¿A quién llama Celestina? ¿Qué le pide?
6. ¿Qué le pide Celestina a Plutón?
7. ¿Qué dice Celestina de sí misma?
8. ¿Qué lleva Celestina en la cesta? ¿Por qué?

---

murciélago bat	**brujería** witchcraft	**osada** daring
loba female wolf	**artefactos** devices	**Adelante** Onward
barbas de cabra goat's whiskers	**Se habla** She talks to herself	**agüeros** omens
		hilos threads

[3] *Plutón:* In mythology, Pluto (in Greek mythology, Hades) is the king of hell and god of the dead.

[4] Many people walked from house to house peddling their services: locksmiths, barbers, medicine men and women, seamstresses, and even religious people administering religious services. It wasn't unusual for Celestina to peddle her colored threads.

Celestina entra en la casa de Melibea

Cuando Celestina llega a la casa de Melibea, ve a Lucrecia en la puerta. Lucrecia es prima de Elicia y sirvienta de Melibea. Lucrecia se sorprende de ver a Celestina y supone° que ella tiene malas intenciones. Celestina le dice que quiere ver a Alisa y Melibea para venderles hilo. Lucrecia recuerda que su señora está tejiendo y necesita ese hilo.

Alisa, la madre de Melibea, llama a Lucrecia desde adentro y le pregunta con quién habla. Lucrecia dice que tiene vergüenza° de decir el nombre. Consiente ante la insistencia de Alisa y le dice: "Es Celestina". Se ríe Alisa[1] y pide que suba Celestina.

CELESTINA.　　Buena señora, la paz de Dios sea contigo.[2] No he venido antes de ahora por mis enfermedades. Necesito dinero y vengo a venderte este hilo que sé que necesitas.

ALISA.　　Mujer honrada,° siento compasión por ti. Te pagaré bien por tu hilo.

Alisa entonces le pide a Melibea que se quede con Celestina un momento. Alisa se despide de ellas porque tiene que ir a visitar a su hermana. Celestina se alegra de ver tan brillante ocasión° para su plan.

CELESTINA.　　(*Aparte.*) ¡Plutón ha creado esta oportunidad!

Una vez solas, Celestina le habla a Melibea de los placeres° de la juventud y los achaques° de la vejez. Le explica también que ha venido por otra razón.

---

supone supposes	**honrada** honest	**placeres** pleasures
tiene vergüenza is ashamed	**ocasión** chance, opportunity	**achaques** aches and pains

[1] Alisa shows her stupidity when she lets Celestina in her home, especially since Celestina's reputation is well known.

[2] The *tú* form, coming from the Latin *tú*, was standard usage at the time *La Celestina* was written. The pronoun *vos* was often used to express reverence at this time.

Quiero llevar una palabra tuya a un enfermo quien muere.

CELESTINA.	Quiero llevar una palabra tuya a un enfermo quien muere.
MELIBEA.	No temas. Dime, ¿quién es?
CELESTINA.	Su enfermedad es secreta.
MELIBEA.	¡No dilates° más! Dime.
CELESTINA.	Un joven gentil, de clara sangre,° que se llama Calisto.

Melibea reacciona indignada al oír el nombre de Calisto.

MELIBEA.	¡Debes ser quemada, alcahueta falsa y mentirosa!° ¡Lucrecia, quítala de aquí! ¡Estoy furiosa! El mal del saltaparedes° es la locura.
CELESTINA.	(Aparte.) ¡Plutón, ayúdame!
MELIBEA.	¿Sigues hablando para enojarme más?
CELESTINA.	(Aparte.) Más fuerte estaba Troya³ y a otras más enojadas he amansado.° Una tempestad no dura mucho tiempo.
MELIBEA.	¡Habla! ¿Tienes disculpas para tu osadía?°
CELESTINA.	La verdad es que necesito una oración° que tú sabes y tu cordón santo.⁴ Calisto tiene dolor de muelas,° y eso lo curará. Ésta es la verdadera razón por que vine.
MELIBEA.	Si eso querías, ¿por qué no lo expresaste?
CELESTINA.	Mi motivo era limpio. No pensé que sospecharías mal.

---

dilates stall, prolong	**saltaparedes** (literally)	**oración** prayer
clara sangre clear or pure blood	wall-jumper	**dolor de muelas** toothache
mentirosa lying	**amansado** tamed	
	osadía nerve	

³ Troy was held in siege by the Greeks for ten years. The story of this war was immortalized by Homer in the *Iliad*.

⁴ *cordón santo*: Some Catholics attribute curative powers to sacred relics. Celestina explains to Melibea that the *cordón* (which was probably a cord used to tie religious habits) was known for having touched all the relics in Rome and Jerusalem. In so doing, the cord supposedly acquired the power to cure pain.

Melibea se calma con las razones que le da Celestina. Celestina se aprovecha de esta oportunidad para decirle que Calisto es hermoso, gracioso, alegre y noble. Le dice también que es tan bello como un ángel. Le informa que tiene veintitrés años de edad y toca en el laúd canciones muy tristes. Melibea se interesa. Le da a Celestina el cordón y promete verla nuevamente. Celestina, muy contenta, se dirige ahora a casa de Calisto.

Comprensión

1. ¿Quiénes son Lucrecia, Alisa, Elicia y Melibea?
2. ¿Qué pregunta Alisa? ¿Qué responde Lucrecia?
3. Al principio, ¿de qué habla Celestina a Melibea?
4. ¿Cómo empieza a hablar Celestina de Calisto?
5. ¿Qué quiere decir saltaparedes? ¿A quién se refiere?
6. Según Celestina, ¿qué es la verdadera razón por su visita?
7. ¿Cómo describe Celestina a Calisto?

Celestina trae consuelo a la casa de Calisto

Celestina llega a la casa de Calisto con Sempronio. Al verla, Calisto la recibe con gran emoción. Pármeno, por su parte, sospecha que Celestina obtendrá más dinero aun de Calisto y no lo compartirá° ni con él ni con Sempronio. Sempronio, por otra parte, piensa que Celestina es mala y falsa, pero se consuela porque cree que le dará parte de los cien doblones* de oro. Calisto le habla a Celestina.

CALISTO.	Dime lo que pasó o mátame con esta espada.
CELESTINA.	Te quiero dar la vida con la esperanza.
CALISTO.	¿Qué pasó?
CELESTINA.	La ira° de Melibea se convirtió en miel. Te traigo su cordón santo.
CALISTO.	Es una joya y mi gloria. ¡Pármeno! Corre al sastre° y manda que corte un manto° y una saya° para Celestina.
CELESTINA.	Toma el cordón. Yo te daré a Melibea. Me voy. Regresaré mañana por mi manto. Distráete° en otras cosas, Calisto. No pienses en Melibea.
CALISTO.	Eso no. No puedo olvidar a Melibea ni por un instante.

Calisto manda a Sempronio y Pármeno que acompañen a Celestina a su casa. Mientras tanto dice que la fortuna le sigue adversa y que su vida es

---

no lo compartirá will not share it
ira rage, anger

sastre tailor
manto shawl
saya skirt

Distráete Amuse yourself

* In the sixteenth century, the Catholic monarchs, Ferdinand and Isabel, ordered a 23-karat gold doubloon minted. The coin had the face of Ferdinand on one side and Isabella on the other.

penosa° sin Melibea. Dice también que es herejía no pensar en Melibea. Celestina aconseja a Calisto que se temple° y que trate al cordón como cordón para que no se confunda° al ver a Melibea.

CELESTINA.   Debes saber la diferencia entre Melibea y su cordón.
                No puedes hablar igual a Melibea y al vestido.

Calisto se queda solo, lamentándose de su soledad.

———————◉◆◉———————

Comprensión

1. ¿Qué piensa Sempronio de Celestina?
2. ¿Cómo saluda Calisto a Celestina?
3. ¿Qué trae Celestina a Calisto?
4. ¿Qué va a recibir de regalo Celestina?
5. ¿Qué aconseja Celestina a Calisto?
6. ¿Qué manda hacer Calisto a sus sirvientes?
7. Según Calisto, ¿cómo es la vida sin Melibea?
8. ¿Qué dice Calisto que es herejía?

---

penosa sorrowful   **se temple** to control   **no se confunda** he doesn't
                                  himself   become confused

Celestina convence a Pármeno

Celestina tiene miedo de que Pármeno murmure° contra ella. No quiere que Calisto la despida.° Ya en su casa, Celestina le habla a Pármeno de su niñez y de Claudina, la madre de Pármeno. Le cuenta que Claudina era su gran amiga. También era bruja como Celestina. Le pide a Pármeno que le sea leal como lo fue Claudina. Pármeno, ya convencido, le pregunta a Celestina por la prometida Areusa. Celestina sube al cuarto de Areusa y ve que está allí otro enamorado. Celestina convence a Areusa que lo despache° y que vea a Pármeno. Areusa consiente y habla con Pármeno.

PÁRMENO.	Señora, ¡Dios salve tu graciosa presencia![1]
AREUSA.	¡Gentil hombre! ¡Bienvenido seas!
CELESTINA.	Ven aquí, Pármeno asno.° ¿Por qué te vas a sentar en ese rincón?[2]
PÁRMENO.	(*Aparte.*) Celestina, madre, Areusa es bella y me muero de amor por ella.
AREUSA.	Madre, ¿qué dice Pármeno?
CELESTINA.	Dice que quiere tu amistad. Dice también que desde este momento promete ser muy leal a Sempronio y estar contra Calisto. ¿Lo prometes, Pármeno?
PÁRMENO.	Sí, lo prometo sin duda.

Celestina está muy satisfecha porque Pármeno finalmente está a su lado.

---

murmure gossip, tell tales   despache send away, get   asno jackass
la despida to fire her   rid of

[1] Notice that the servants mimic the actions of their masters. They speak with the flowery flair of Calisto and Melibea. Pármeno seems to be the counterpart of Calisto; and Areusa, the counterpart of Melibea.
[2] Evidently, the young, shy, and inexperienced Pármeno sits terrified in a corner, on the floor, facing the wall. Celestina makes the situation comical.

Comprensión

1. ¿De qué tiene miedo Celestina?
2. ¿De qué le habla Celestina a Pármeno? ¿Qué le pide a él?
3. ¿Qué quiere Pármeno?
4. ¿Por qué no puede bajar inmediatamente Areusa?
5. ¿Por qué se hablan Pármeno y Areusa como si fueran nobles?
6. ¿Cómo sabes que Pármeno es tímido?
7. ¿Qué promete Pármeno?

El banquete de celebración de Celestina

Calisto, en su mansión, está melancólico. Ni duerme ni está despierto. Recita poesías. Sempronio y Pármeno lo escuchan y se ríen de él aparte. Calisto va a la iglesia de la Magdalena para rogar a Dios que Celestina consiga su deseo.*

Mientras tanto, los sirvientes van a un banquete de celebración en la casa de Celestina. Al verlos, Celestina les dice:

CELESTINA.	¡Oh, mis perlas de oro!
PÁRMENO.	¡Qué palabras tiene la noble Celestina!
SEMPRONIO.	*(Aparte.)* Ves, hermano, sus halagos° son fingidos.°
CELESTINA.	¡Elicia! ¡Areusa! Vengan. Aquí están dos señores. Es hora de comer.
	(Sempronio se sienta junto a Elicia, y Pármeno junto a Areusa.)
ELICIA.	¡Yo soy tan hermosa como Melibea! Lo único mejor que tiene ella es la ropa fina.
AREUSA.	Cuando se levanta Melibea por la mañana, tiene untada° en la cara hiel,° miel e higos pasados.° Sus riquezas la hacen bella, no las gracias de su cuerpo. ¿Por qué no busca Calisto una de nosotras? Somos más bellas.
SEMPRONIO.	Calisto y Melibea son nobles y se buscan los unos a los otros. Por eso, él quiere a ella y no quiere a una de ustedes.

---

halagos flattery, compliments   **untada** smeared   **higos pasados** overripe figs
fingidos pretended, false   **hiel** gall

* The prayer of Calisto is totally out of spirit. He is praying for his own personal gratification. In doing so, he makes the situation comical as well as sacrilegious.

ELICIA. ¿Oyes lo que dice Sempronio? ¡No quiero comer con este malvado!°

CELESTINA. No respondas, Sempronio. Está enojada porque has alabado° a Melibea.

Alguien toca a la puerta. Elicia sale para averiguar quién es.

ELICIA. ¡Celestina! Lucrecia ha venido.

(*Entra Lucrecia, apurada.*)

LUCRECIA. Celestina, mi señorita Melibea quiere su cordón santo. También quiere que vayas a verla. Además, tiene gran dolor del corazón. (*Aparte.*) Celestina es una hechicera traidora° y falsa.

CELESTINA. Vamos a Melibea. Aquí tengo su cordón santo.

Terminan todos el banquete y se despiden. Celestina y Lucrecia se dirigen a la mansión de Melibea.

———————————

Comprensión

1. ¿Qué hace Calisto en su mansión?
2. ¿Por qué se ríen de él Sempronio y Pármeno?
3. ¿Por qué va Calisto a una iglesia?
4. ¿Adónde van los sirvientes?
5. ¿Qué dice Elicia de Melibea?
6. ¿Qué dice Areusa de Melibea?
7. ¿Por qué Elicia se enoja con Sempronio?
8. ¿Por qué llega Lucrecia? ¿Qué quiere?

---

malvado wicked man   **has alabado** you have praised   **traidora** disloyal

Melibea sucumbe° al amor

Melibea espera a Celestina en su mansión. Está impaciente y quiere ver a Calisto. Llegan Celestina y Lucrecia. Melibea le dice a Celestina que siente que serpientes le comen el corazón. Celestina sabe que es el mal del amor y sabe también que ahora Melibea está bajo su poder.° Melibea se queja:

MELIBEA. El dolor del amor me priva el seso.°

CELESTINA. ¿Es el nombre Calisto veneno° para ti? Si me prometes silencio, verás cómo soluciono todo.

MELIBEA. Te doy mi fe.° Y te daré regalos si siento alivio.°

LUCRECIA. (*Aparte.*) ¡El seso ha perdido mi señorita!

CELESTINA. (*Aparte.*) ¡Plutón me libró° de Pármeno, y me topo° ahora con Lucrecia!

MELIBEA. ¿Qué dices, Celestina?

CELESTINA. Melibea, manda que salga Lucrecia porque tiene un corazón débil. ¿Me perdonas, Lucrecia, hija?

MELIBEA. ¡Sal, Lucrecia! ¡Pronto!

LUCRECIA. (*Aparte.*) Todo se ha perdido.

(*Sale Lucrecia. Melibea hace más preguntas.*)

MELIBEA. ¿Cómo se llama mi dolor?

CELESTINA. Se llama amor dulce, y es un fuego escondido.

MELIBEA. ¿Cuál es el remedio?

CELESTINA. Calisto. Pronto yo los juntaré, y los deseos de los dos serán cumplidos.°

---

sucumbe gives in, succumbs
bajo su poder under her control

me ... seso deprives me of my reason
veneno poison
Te ... fe. I give you my word.

alivio relief
me libró freed me
me topo I run up against
cumplidos fulfilled

MELIBEA.	¡Oh, mi Calisto y mi señor! Celestina, mi madre y señora, hazme verlo.
CELESTINA.	Lo verás y vas a hablar con él.
MELIBEA.	¿Cómo? ¡Es imposible!
CELESTINA.	Nada es imposible. Le hablarás por entre° las puertas de tu casa.
MELIBEA.	¿Cuándo?
CELESTINA.	Esta noche, a la medianoche . . . Ya viene tu madre Alisa. ¡Adiós!

Celestina se va y Melibea le pide a Lucrecia que guarde en secreto° lo que escuchó. Lucrecia promete hacerlo.

Alisa ve salir a Celestina y le pregunta por qué viene tan frecuentemente. Celestina dice que Melibea necesita más hilo.

Luego al ver a su hija, Alisa le pregunta qué quería Celestina. Melibea responde que quería venderle solimán.° Alisa nota la contradicción y advierte a Melibea que Celestina es peligrosa.* Dice también que la verdadera virtud es más temible° que la espada. Las advertencias de Alisa no tienen ahora ningún efecto en Melibea. Ella verá a Calisto.

————◆—————

Comprensión

1. ¿Qué problema tiene Melibea cuando llegan Lucrecia y Celestina?
2. ¿Por qué está Melibea bajo el poder de Celestina?
3. ¿Qué piensa Lucrecia? ¿Es Lucrecia leal a Melibea?
4. ¿Qué piensa Celestina de Lucrecia?
5. ¿Cómo despacha Celestina a Lucrecia?
6. ¿Qué es el dolor de Melibea? ¿Cuál es el remedio?
7. ¿Cuándo y cómo verá Melibea a Calisto?
8. ¿Qué mentira le dice Celestina a Alisa? ¿Y Melibea?

---

por entre through   **guarde en secreto** keep secret   **solimán** skin spot remover
     temible fearful

* Although Alisa warns Melibea against Celestina, her warning is weak and too late.

La dulce noticia

En la iglesia de la Magdalena, Calisto reza° y pide en sus oraciones que Melibea lo corresponda. Al volver a su casa ve a Celestina, Sempronio y Pármeno, quienes lo esperan. Calisto le llama a Celestina "joya del mundo". Celestina le trae muchas buenas noticias de Melibea. Le dice que Melibea es suya. Como premio, Calisto le da a Celestina una gran cadena de oro para que se la ponga al cuello. Entonces Celestina le dice:

CELESTINA.   Calisto, Melibea desea verte.

CALISTO.   ¡Estoy yo aquí? ¿Oigo esto? ¿Estoy despierto? ¡Di la verdad, Celestina!

CELESTINA.   Está prevenido° con ella que al dar las doce,° le hablarás por entre sus puertas.

CALISTO.   ¡No soy merecedor° de tanta merced!°

CELESTINA.   He cumplido mi encargo. Te dejo alegre. ¡Me voy muy contenta! ¡Adiós, Calisto!

PÁRMENO.   (Aparte.) ¡Ji, ji, ji!

SEMPRONIO.   (Aparte.) ¿De qué te ríes, Pármeno?

PÁRMENO.   (Aparte.) De la prisa que tiene Celestina en irse. Quiere despegar° la cadena de esta casa rápidamente. No se cree digna de ella, como Calisto no es digno de Melibea.

SEMPRONIO.   (Aparte.) Las alcahuetas no piensan sino en ponerse a salvo° cuando tienen oro. Ella no va a compartir la cadena con nosotros. Le sacaremos el alma° si no la comparte.

---

reza prays
prevenido arranged
al dar las doce at the
  stroke of midnight

merecedor worthy
merced mercy
despegar to remove

ponerse a salvo to be on
  safe ground
alma soul

CALISTO.   Son las diez de la noche. Dormiré un poco, y a las
                once iremos encubiertos° a la casa de Melibea.

Calisto se acuesta y duerme una hora.

Comprensión

1. ¿Qué le da Calisto a Celestina? ¿Por qué?
2. Melibea quiere ver a Calisto. ¿Cómo reacciona Calisto a las noticias?
3. ¿Cuándo hablarán los dos novios?
4. ¿Ha terminado todo su trabajo Celestina?
5. Para los sirvientes de Calisto, ¿cuál es el significado de esto?
6. Según Pármeno, ¿por qué tiene prisa de salir Celestina?
7. ¿Qué piensa Sempronio de las alcahuetas que tienen oro?
8. ¿Qué sospechan Sempronio y Pármeno?

---

encubiertos cloaked

El encuentro de Calisto y Melibea

A la medianoche, Calisto, Sempronio y Pármeno van a la casa de Melibea. Calisto, después de vacilar,° se acerca a la puerta y oye la voz de Lucrecia. Cree que ha sido engañado;° sin embargo, reconoce la voz de Melibea.

MELIBEA.	¿Quién te mandó venir? ¿Cómo te llamas?
CALISTO.	Yo soy tu siervo,° Calisto. ¡No temas mostrar tu belleza!
MELIBEA.	La osadía de tus mensajes me ha forzado a hablarte.
CALISTO.	¡Celestina me ha engañado! ¡Me dijo que me amabas!
MELIBEA.	Tú lloras de tristeza porque me juzgas° cruel. Yo lloro de placer porque te veo tan fiel.° Lo que te dijo Celestina es verdad.
CALISTO.	¡Oh, señora mía! ¿Qué lengua será bastante para agradecerte?° ¡No creo que soy Calisto!
MELIBEA.	Tú mucho mereces. Desde que supe de ti, has estado en mi corazón. Estas puertas nos impiden° estar juntos.
CALISTO.	Haré que mis sirvientes las derriben.°
MELIBEA.	No. ¿Quieres perderme a mí y dañar mi fama? Seremos descubiertos. Ven mañana a estas horas por las paredes de mi huerto.°
PÁRMENO.	(Aparte.) ¡Calisto está loco! Quiere derribar las puertas . . . ¡Oigo ruido de gente!
SEMPRONIO.	No temas, Pármeno, estamos a buena distancia. Podemos huir.°

---

vacilar hesitating
ha sido engañado has been deceived
siervo slave

me juzgas you consider me
fiel faithful
agradecerte to thank you
impiden hinder, prevent

las derriben knock them down
huerto garden
huir flee, run away

Desde que supe de ti, has estado en mi corazón.

CALISTO.	Melibea, vendré mañana por el huerto. ¡Adiós!
MELIBEA.	¡Adiós! Que Dios vaya contigo.

Pleberio, en su alcoba, oye el ruido en las habitaciones de su casa. Pregunta a su esposa:

PLEBERIO.	Alisa, ¿oyes ruidos por la alcoba de Melibea?
ALISA.	Sí, los oigo. ¡Melibea! ¡Melibea!
PLEBERIO.	Hija mía, ¿qué ruido es ese?
MELIBEA.	¡Señor! Es Lucrecia que fue a buscar un jarro de agua para mi sed.
PLEBERIO.	Duerme, hija, duerme.
MELIBEA.	(Aparte.) ¡Si mi padre lo supiera!°

Melibea, turbada° por lo que ha pasado, finalmente reposa.°

———◆◆◆———

Comprensión

1. ¿Qué oye Calisto en la puerta de Melibea?
2. ¿Por qué cree que Celestina lo ha engañado?
3. ¿Por qué lloran Calisto y Melibea?
4. ¿Es verdad lo que dijo Celestina a Calisto?
5. ¿Qué quiere hacer con las puertas Calisto? ¿Por qué?
6. ¿De qué se preocupa Melibea?
7. ¿Por qué entran Pleberio y Alisa en el cuarto de Melibea?
8. ¿Qué les dice Melibea?

---

supiera only knew **turbada** upset **reposa** rests

La codicia de los sirvientes y la muerte de Celestina

Sempronio y Pármeno sospechan que Celestina no compartirá con ellos el oro que le dio Calisto. Deciden ir a casa de Celestina para reclamarle° su parte de todo el oro. Pármeno piensa que deben espantarla.° Sempronio no quiere perder más tiempo.

Llegan a la casa, y Celestina se sorprende de verlos después de la medianoche. Los recibe de mala gana.° Sempronio está furioso. Celestina trata de distraerlo° hablando de Calisto y Melibea. Pero Sempronio habla de dinero. Dice que no tiene ni un maravedí,[1] y necesita dinero. Celestina sugiere que lo pida a Calisto. Sempronio le recuerda que Calisto les dio a los tres cien monedas y una gran cadena de oro. Celestina responde.

CELESTINA.   ¡Gracioso es el asno! ¿Qué tiene que ver° tu salario con los regalos que me dio Calisto? De todas maneras° di la pequeña cadenita de oro[2] a Elicia, y ella la ha perdido. Posiblemente unos hombres que entraron aquí la robaron. Yo hago mi trabajo como oficio° y me pagan como oficio. Para ustedes es pasatiempo. De todas maneras, si encuentro la cadena, les daré unos pantalones rojos que se ven bien en jóvenes como ustedes.

SEMPRONIO.   La riqueza hace a esta vieja avarienta.°

PÁRMENO.   ¡Celestina, danos lo prometido, o te quitaremos todo!

CELESTINA.   Les daré a ustedes diez muchachas mejores que Elicia y Areusa.

---

reclamarle demand of her
espantarla to surprise her
de mala gana unwillingly
distraerlo to distract him

¿Qué . . . ver What does
  it have to do
De todas maneras
  Anyway

oficio trade or business
avarienta very miserly,
  stingy

[1] *maravedí*: an old Spanish coin. During this period, 750 maravedís bought one doblón.
[2] Notice how Celestina belittles the gold chain, calling it *cadenita* ("tiny little chain").

Sempronio.	¡Danos nuestra parte del oro de Calisto!
Celestina.	Yo vivo de mi oficio limpiamente. Tú me viniste a buscar. Me viniste a sacar de mi casa. No me amenaces.° ¡Aunque soy vieja, gritaré y me oirán! ¡Elicia! ¡Elicia! Trae mi manto. Voy a la justicia.°
Sempronio.	¡Oh, vieja avarienta! ¿No te contenta la tercera parte del oro?
Celestina.	¿Qué tercera parte? ¡Fuera de mi casa o daré gritos a los vecinos!
Sempronio.	¡Grita, que cumplirás lo prometido o terminarás tu vida!

Entra Elicia en este momento. Ve la espada que tiene Sempronio.

Elicia.	¡Pármeno, deten° a Sempronio!
Celestina.	¡Justicia! ¡Justicia! ¡Me matan estos rufianes!
Sempronio.	¡Ahora vas al infierno, hechicera!
Celestina.	¡Confesión!³ ¡Confesión! ¡Muero!
Pármeno.	¡Mátala, Sempronio, mátala!
Elicia.	¡Mi madre ha muerto!
Sempronio.	¡Huye, Pármeno! Viene mucha gente.
Pármeno.	¡Pobre de mí! ¡No se puede salir de aquí! ¡Allí está el alguacil!°

El alguacil y mucha gente capturan a Sempronio y a Pármeno.

---

amenaces threaten deten stop
justicia police, authorities alguacil constable

³ It is important for Catholics to receive the last rites before death. *Confesión* means "Bring a priest so I can confess my sins and, therefore, go to heaven."

Comprensión

1. ¿Por qué van Sempronio y Pármeno a la casa de Celestina?
2. ¿Qué quiere hacer Pármeno?
3. ¿Por qué se sorprende Celestina al ver a los dos hombres?
4. ¿Cómo los recibe? ¿Cómo está Sempronio?
5. ¿Qué sugiere Celestina?
6. Según Celestina, ¿qué pasó a la cadenita de oro?
7. ¿Qué quiere Celestina antes de morirse?
8. ¿Quién mata a Celestina?
9. ¿Qué les ocurre a Sempronio y Pármeno?

El triste fin de Calisto y Melibea

En la mansión de Calisto dos sirvientes, Tristán y Sosia, informan a Calisto que el alguacil y los jueces han decapitado a Sempronio y Pármeno porque ellos mataron a Celestina. Calisto teme que su amor secreto con Melibea sea ahora público. Manda que Tristán y Sosia preparen las escaleras para que esa misma noche Calisto pueda escalar las paredes del jardín de Melibea.

Por la noche llegan a las altas paredes. Calisto las escala y baja al jardín. Al ver a Melibea, dice:

CALISTO.   ¡Oh, imagen de un ángel! ¡Te tengo en mis brazos!

MELIBEA.   Señor mío, confío en ti.

              (*Suenan tres campanadas.*)

CALISTO.   Ya es la madrugada. El reloj dio las tres.

MELIBEA.   Ven de día por mis puertas y de noche, como tú
              mandes.

Calisto manda a sus criados que pongan las escaleras para su salida. Oye ruidos afuera y sale apresurado.

CALISTO.   ¡Tristán! ¡Sosia! Pongan las escaleras.

TRISTÁN.   ¡Cuidado, señor! Agárrate° firme. ¡Cuidado! ¡Las
              manos, señor! ¡Sosia! ¡Se descalabró° Calisto!

Muere Calisto. Adentro Lucrecia se entera° de lo que ha pasado.

LUCRECIA.   ¡Escucha, Melibea! ¡Se descalabró Calisto!

MELIBEA.   ¿Qué oigo? ¡Amarga de mí!

LUCRECIA.   ¡Calisto está muerto! ¡Muerto sin confesión!

Agárrate Grab, Hold on   **Se descalabró** fractured   **se entera** finds out
                                 his skull

MELIBEA.　　　　¡Soy la más triste entre las tristes!

Melibea, abatida,° va a la torre de su mansión. Dice que quiere estar junto a Calisto. Pleberio la ve y le habla.

Pleberio.　　　　Hija querida, ¿qué haces allí sola?

Melibea.　　　　Padre mío . . . Ha llegado mi fin. Escúchame. El estrépito° que oyes, el clamor de campanas, el alarido° de la gente, el aullido° de los perros, y el estrépito de las armas . . . De todo soy yo la causa. Calisto murió. Yo tengo que morir. ¡Calisto! ¡Espérame! ¡Oh, padre mío muy amado, Dios quede contigo y con mi madre! ¡A Dios ofrezco mi alma!

Melibea se lanza de la torre y muere.*

PLEBERIO.　　　　¡Horror! Mi corazón se quiebra° de dolor sin mi amada hija. ¿Para quién edifiqué torres? ¿Para quién fabriqué barcos? Tierra, ¿por qué me sostienes? Melibea, ¿por qué me dejaste solo en este valle de lágrimas?

———————◦◆◦———————

Comprensión

1. ¿Qué le informan Tristán y Sosia a Calisto?
2. ¿Qué teme Calisto?
3. ¿Cómo entra Calisto al jardín de Melibea?
4. ¿Cómo le llama Calisto a Melibea?
5. ¿Cómo es el último encuentro entre los dos?
6. ¿Cómo muere Calisto?
7. ¿Cómo reacciona Melibea? ¿Adónde va?
8. ¿Con quién habla ella? ¿Qué hace después?

---

abatida dejected　　　　alarido scream　　　　se quiebra breaks
estrépito noise　　　　aullido howling

*In medieval literature the image of falling to one's death is moralistic in nature. Melibea and Calisto "fall from grace"—their death is punishment for their sins.

Lazarillo de Tormes

Anonymous, 1554

Prólogo

Yo pienso que aventuras famosas y tal vez nunca oídas° ni vistas,° deben llegar a oídos de mucha gente y no deben enterrarse en la sepultura del olvido. Puede ser que° el que las lea halle algo que le agrade. Y si no se busca el fondo,° tal vez estas aventuras lleguen a deleitar.° A este propósito Plinio° dijo que no hay libro, por malo que sea, que no tenga alguna cosa buena.[1]

Pocos escribirían libros si no se sacara fruto° de su lectura, porque la recompensa no es el dinero, sino su lectura, y, si merecen, su alabanza. Tulio° dijo: "La honra cría las artes".[2]

¿Tiene despecho° de vivir el primer soldado que escala° la muralla? No, tiene deseo de alabanza. Así en las artes y las letras es lo mismo. El escritor quiere alabanzas. Y no me pesará que haya lectores que lean con gusto mis fortunas, peligros y adversidades.

Le suplico a usted, mi lector, que reciba este pobre manuscrito, que sería más rico si yo tuviera más recursos.° Le relato extensamente para que se tenga la completa historia de mi persona. También relato para que los que heredaron° nobles estados se den cuenta° lo poco que se les debe. La fortuna fue parcial con ellos. Por otro lado, los que tuvieron la fortuna contraria, hicieron mucho más. Remaron° con fuerza y maña° y llegaron a buen puerto.°

---

oídas heard	**sacara fruto** would benefit	**recursos** resources
vistas seen	**Tulio** Marcus Tullius	**heredaron** inherited
Puede ser que Perhaps	Cicero (108–43 B.C.),	**se den cuenta** realize
fondo essence	Roman statesman,	**Remaron** They rowed
deleitar to delight	orator, and author	**maña** skill
Plinio Pliny the Younger	**despecho** dejection	**puerto** port
(61–113 A.D.), Roman	**escala** climbs	
author		

[1] Pliny the Younger, *Epistles*, Book 3, Epistle 5
[2] Cicero, *Tusculan Disputations*, Book 1, Disputation 2

Cuenta Lazarillo[1] su vida y quiénes fueron sus padres

Capítulo 1

Sus padres

Pues, sepa° usted mi lector[2] que mi nombre es Lázaro de Tormes, hijo de Tomé González y Antoña Pérez, nativos de Tejares, aldea° cerca de Salamanca.[3] Yo nací en el medio del río Tormes. Por esa razón me dieron ese sobrenombre, y fue de esta manera. Mi padre tenía a cargo un molino de harina en la ribera del río. Mi madre, estando una noche en la aceña,° me dio a luz° allí. Así es verdad cuando digo que nací en el río.[4]

Cuando yo tenía ocho años, mi padre hizo unas sangrías° mal hechas en los costales° de los clientes. Por eso lo pusieron preso y confesó, y no negó,[5] y fue encarcelado. En ese tiempo se hizo una armada contra los moros,[6] y mi padre fue como acemilero° de un caballero. Y con su señor, como leal criado,° perdió su vida.

Mi madre, viuda y sin abrigo,° me dio un padrastro° moreno° que se llamaba Zaide,[7] y un hermanito también negro, con quien yo jubaga y ayud-

---

sepa let it be known to you	**dio a luz** gave birth to	**leal criado** loyal servant
aldea village	**sangrías** gashes	**abrigo** protection
aceña flour mill	**costales** sacks	**padrastro** stepfather
	acemilero stable boy	**moreno** black

[1] After the publication of *Lazarillo de Tormes*, *lazarillo* became the Spanish word for a boy who guides a blind man. Even today, blind beggars in Latin America are led by young boys. *Lazarillo* is also a common term for a seeing-eye dog. cf. Luke 16:19–25

[2] In the picaresque novel, it is a common device for the protagonist to recount his or her life in the first person.

[3] Capital of the autonomous region of Salamanca in northwestern Spain.

[4] The flour mills, called *aceñas*, were located in the middle of rivers.

[5] *Y confesó, y no negó.* "And he confessed, and he did not deny." cf. John 1:20

[6] This refers to a 1510 naval expedition led by García de Toledo. Millers and *acemileros* were often of Moorish origin.

[7] *Zaide*: a common Moorish name coming from the Arabic, meaning "Lord." Lázaro's stepfather was a Moorish slave.

aba a calentar.° Zaide era curador de bestias.° Quiso nuestra mala fortuna que pesquisas° encontraran a Zaide culpable de robar cebada, leña, mantas, sábanas y otros utensilios que mi madre usaba, o me hacía vender, para criar a mi hermanito.

Todo lo que digo, probó la justicia. Yo, como era niño, decía todo lo que veía, porque tenía miedo. Al pobre padrastro mío azotaron° y pringaron.°[8] A mi madre dieron cien azotes y ordenaron que no acogiese en su casa nunca más a Zaide.

Mi triste madre se esforzó por cumplir la sentencia y se fue a servir en un mesón.° Allí padeció mil molestias° y acabó de criar° a mi hermanito hasta que supo andar y a mí hasta ser un buen mozuelo.°

Comprensión

1. ¿Dónde nació Lazarillo?
2. ¿Qué hacía su padre?
3. ¿Qué pasó cuando Lazarillo tenía ocho años?
4. ¿Adónde fue su padre? ¿Qué le pasó?
5. ¿Quién era Zaide?
6. ¿Qué le pasó a Zaide? ¿Por qué?
7. ¿Qué le hicieron a la madre de Lazarillo?
8. ¿Adónde fue su madre?
9. ¿Por qué cuenta Lazarillo la historia de su vida?

---

calentar warm up
curador de bestias animal keeper
pesquisas investigations

azotaron whipped
pringaron covered with grease
mesón inn

molestias annoyances
criar to rear
mozuelo lad

[8] In Salamanca, any Moor who committed a serious offense was to be whipped. He was then covered with boiling hot lard.

Capítulo 2

Las lecciones del ciego

En ese tiempo vino al mesón un ciego, y mi madre me encomendó° a él rogándole que me tratara bien y que me cuidara porque yo era huérfano.* El ciego respondió que así lo haría, y que me tendría no como mozo, sino como hijo.

Cuando mi amo determinó salir de Salamanca, yo me despedí de mi madre. Llorábamos ambos y ella dijo:

—Ya no te veré nunca más. Procura° ser bueno, y que Dios te guíe. Tienes un buen amo. Válete por ti.°

El ciego y yo salimos de Salamanca y en el puente donde está un gran toro de piedra, me dijo:

—Lázaro, pon la oreja contra ese toro y oirás un gran ruido.

Cuando sintió que yo lo había hecho, con su mano me dio una gran calabazada° contra el diablo del toro. El dolor del golpe me duró más de tres días. Entonces me dijo el ciego:

—Necio,° debes saber que el mozo del ciego debe ser más astuto que el diablo. —Se rió mucho de su truco.

En ese momento desperté de la simpleza de niño y me dije:

—Es verdad lo que dice el ciego, debo avivar° el ojo y ser astuto, porque soy solo.

---

me encomendó entrusted me	**Válete por ti** Take care of yourself	**Necio** Dunce
Procura Try	**calabazada** blow to the head	**avivar** sharpen

* In Spanish, the word *huérfano* (orphan) may refer to a child who has lost only one parent.

Comenzamos nuestro camino entonces, y el ciego me enseñó la jerigonza°
y me dijo:

—Ni oro ni plata te puedo dar, pero sí muchas enseñanzas para vivir.

Y así lo hizo. Siendo ciego me alumbró y adestró° en la carrera de vivir.°

Comprensión

1. ¿Quién vino al mesón?
2. ¿Qué le pidió la madre de Lazarillo al ciego?
3. ¿Cómo prometió tratarle el ciego a Lazarillo?
4. ¿Qué le dijo el ciego a Lazarillo en el puente?
5. ¿Qué le hizo el ciego luego?
6. ¿Qué aprendió Lazarillo de este incidente?
7. ¿Qué más le enseñó el ciego a Lazarillo?
8. ¿Qué le promete a Lazarillo el ciego?

Capítulo 3

Las mañas del ciego y su avaricia

Sepa usted, mi lector, que el ciego tenía mil formas de sacar dinero a la
gente. Era un águila en su oficio. Sabía cien oraciones° y las hacía retum-
bar° en las iglesias donde las rezaba con un tono bajo, reposado y muy
sonable.° Su rostro era devoto y humilde sin gestos, como otros ciegos
suelen hacer.° Vendía sus oraciones a mujeres para la fertilidad. Hacía
pronósticos a otras que estaban encinta.° Hacía oraciones para el dolor

---

jerigonza thieves' slang
adestró guided
carrera de vivir ways of
  life

oraciones prayers
retumbar echo
sonable sonorous

suelen hacer are
  accustomed to do
encinta pregnant

de muelas, desmayos y enfermedades; finalmente, sabía curas para los males de amor. Por todo esto, mucha gente andaba detrás de él, y el ciego ganaba más en un mes que cien ciegos en un año.

Además, quiero que sepa usted, mi lector, que el ciego era avaro. Su avaricia era tan grande que me mataba de hambre. Sólo por mi ingenio pude sobrevivir, robando de lo mejor que tenía el ciego. Para esto le hacía trucos endiablados.° Así fue el caso del fardel.° Ponía el ciego el pan y todas las otras cosas en un fardel de lienzo que cerraba con una argolla° de hierro y un candado. Cuando metía y sacaba las cosas del fardel, lo hacía con la mayor vigilancia del mundo. Después lo cerraba y se descuidaba. Yo descosía° un lado del fardel y lo volvía a coser, extrayendo grandes pedazos de pan, torreznos° y longaniza.° Así yo satisfacía mi hambre.

El dinero que yo robaba al ciego lo cambiaba a medias blancas.* Cuando daban una blanca por sus oraciones, yo la metía rápidamente en mi boca y la cambiaba por una media. Por ligero que el ciego la cogía, ya estaba cambiada a la mitad de su precio. El ciego se quejaba:

—¿Qué diablos es esto? Desde que estás tú conmigo sólo me dan medias blancas. Antes me daban blancas y hasta maravedís. En ti debe estar esta desdicha.

Este problema nunca fue resuelto por el ciego.

———•◆•———

Comprensión

1. ¿Qué hacía el ciego para ganar dinero? ¿Lo ganaba honestamente?
2. ¿Cómo logró engañar a la gente?
3. ¿Por qué pasaba tanta hambre Lazarillo?

---

endiablados devilish	**argolla** ring	**torreznos** bacon
fardel knapsack	**descosía** unstitched	**longaniza** sausage

* The *blanca* was a coin made of silver and copper. In 1497, by order of King Ferdinand and Queen Isabella, the value of the *blanca* was equal to one-half *maravedí*. The *maravedí* was a coin that was fixed at different values, depending on the reigning monarch of the time.

. . . yo la metía rápidamente en mi boca y la cambiaba por una media.

4. ¿Qué hizo Lazarillo con el fardel para engañar al ciego? ¿Cuál fue el motivo?
5. ¿Cómo engañó Lazarillo al ciego en cuanto a las blancas?
6. ¿Logró el ciego descubrir a Lazarillo en su trampa?

Capítulo 4

Los episodios del jarro de vino y las uvas

El ciego bebía vino en un jarro° cuando comíamos. Yo, muy presto,° le daba al jarro un par de besos callados° y lo devolvía a su lugar. El ciego notó que el vino desaparecía. Optó° luego por tenerlo en su mano cuando comía. Entonces usé una paja° larga de centeno° para chupar el vino. El astuto ciego me sintió. Desde entonces puso el jarro entre sus piernas cuando comíamos. Yo, como moría por° el vino y estaba tan acostumbrado a él, decidí hacer un agujero en el fondo del jarro. El agujero era muy pequeño y yo lo tapaba con cera.° A la hora de comer, fingiendo tener frío, me metía° entre las piernas del astuto ciego. La cera, con el calor de la lumbre, se derretía° y la fuentecilla° de vino me caía en la boca, sin perder una gota. El ciego maldecía° y daba al diablo el jarro y el vino, no sabiendo qué podía ser. Examinó y dio tantas vueltas al jarro que finalmente dio con° el hueco. Disimuló° como si no lo hubiera sentido y no dijo nada.

Pasó el tiempo, y un día cuando estaba yo tendido debajo de las piernas del ciego disfrutando° del vino, sin sospechar ningún peligro, con la cara al cielo y los ojos medio cerrados, el ciego descargó un golpe, con todo su poder, sobre mi cara. Recibí tal golpe con el jarro que se me hirió° la cara

---

jarro clay cup	**centeno** rye	**maldecía** cursed
presto quick	**moría por** loved	**dio con** found
besos callados silent kisses	**cera** wax	**Disimuló** Concealed his
(in other words, furtive	**me metía** I placed myself	intentions
sips)	**derretía** melted	**disfrutando** enjoying
Optó He chose	**fuentecilla** small fountain	**hirió** wounded
paja straw		

y se rompieron mis dientes. Luego el ciego, sonriendo, me lavó con vino las heridas y dijo:

—¿Qué te parece, Lázaro? Lo que te enfermó, te sana.

Desde ese momento quise mal° al ciego. El ciego contaba a la gente mis aventuras. Ellos respondían:

—¡Quién pensara que un chico pudiera ser tan ruin! ¡Castígale!° ¡Castígale!

Por esta razón, y como desquite,° yo le llevé al ciego por los peores caminos, por las piedras y por el lodo. Él se vengaba pegándome con su bastón. Así continuó nuestra vida hasta que salimos de Salamanca para Toledo.

Cuando llegamos a Almoroz,[1] cosechaban allí las uvas. Le dieron al ciego dos racimos de limosna. Dijo el ciego:

—Lázaro, quiero ser generoso contigo hoy. Compartiremos estas uvas igualmente. Tú picarás° una vez y yo otra, hasta que acabemos, y así no habrá engaño.°

Así concertado, comenzamos, mas el traidor ciego comenzó a picar de dos en dos. Yo piqué entonces de tres en tres hasta que acabamos. Dijo entonces el ciego:

—Lázaro, ¡tú me has engañado!

—¿Por qué sospechas eso? —le pregunté. Dijo entonces el astuto ciego:

—Porque yo picaba de dos en dos y tú callabas.

---

quise mal I hated   **desquite** retaliation   **engaño** deceit
Castígale Punish him   **picarás** will pick

[1] *Almoroz:* a village in the northwestern part of the autonomous region of Toledo. The town is famous for its grapes. The villages mentioned after Salamanca—Almoroz, Torrijos, Escalona, and Maqueda—were all on the road from Salamanca to Toledo.

Me reí entre mí notando la inteligencia del ciego. Salimos entonces hacia otro pueblito llamado Escalona.[2]

——•◆•——

Comprensión

1. ¿Qué hacía Lazarillo con el vino del ciego?
2. ¿Qué hizo Lazarillo al jarro?
3. ¿Cómo reaccionaba el ciego?
4. ¿Qué daños sufrió Lazarillo?
5. ¿Qué hacía Lazarillo como desquite?
6. ¿Qué dijo el ciego en Almoroz? ¿Qué hizo?
7. ¿Qué hizo entonces Lazarillo?
8. ¿Cómo mostró su inteligencia el ciego?

Capítulo 5

Mi venganza

En Escalona pasé malos ratos con el ciego. Yo le robaba alimentos para poder vivir, y el mal ciego me descalabraba° y arpaba° la cara. No contento con esto el ciego contaba a la gente mis hazañas en tal forma que, aunque yo estaba muy maltratado y llorando, no podía resistir reírme.

Debido a los malos tratos del ciego, decidí dejarlo. Llovió un día y una noche. Por eso el ciego y yo andábamos por unos portales° rezando y pidiendo limosna. Al anochecer dijo el ciego:

---

descalabraba broke my head   **arpaba** scratched   **portales** arcades

[2] *Escalona*: a town in the region of Toledo

—Lázaro, llueve mucho. Regresemos a la posada.

Para llegar a la posada debíamos cruzar un arroyo° que, con la lluvia, estaba muy grande. Yo le dije:

—Tío, el arroyo está muy ancho. Quiero buscar un lugar que esté estre-cho para no mojarnos.

Dijo el ciego:

—Eres discreto, por eso te quiero bien. Busca ese lugar angosto porque ahora es invierno y es malo llevar los pies mojados.

Vi en esto la oportunidad para mi desquite. Lo llevé entonces derecho a un poste de piedra que había en la plaza. Le dije entonces:

—Tío, éste es el paso más angosto que hay en el arroyo.

Como llovía mucho y nos mojábamos, teníamos mucha prisa. Esta vez Dios le cegó al ciego el entendimiento. Creyó lo que le dije y me dijo:

—Ponme bien derecho y salta tú en el arroyo.

Yo le puse bien derecho enfrente del pilar de piedra y di un salto y me puse detrás del pilar como quien espera tope° de toro, y le dije:

—¡Da un gran salto para que caigas en esta orilla del agua!

Apenas lo había dicho, cuando se abalanzó el pobre ciego como cabrón,° con toda su fuerza, dando con su cabeza en el poste. Sonó tan recio el golpe como si diera con una gran calabaza.° Cayó luego para atrás el ciego con la cabeza hendida y medio muerto. Le dejé al cuidado de mucha gente que vino a socorrerlo. Salí corriendo de Escalona y llegué a Torrijos. No supe más del ciego, ni traté de averiguarlo.

———◆◆◆———

---

arroyo stream   **cabrón** billy goat   **calabaza** pumpkin
tope charge

Comprensión

1. ¿Qué le hacía el ciego a Lazarillo?
2. ¿Por qué decidió dejarlo Lazarillo?
3. ¿Qué pasó cuando cruzaron el arroyo?

Lázaro sirve a un clérigo

Capítulo 6

El episodio de los ratones

De Torrijos[1] fui a un lugar que se llama Maqueda.[2] Allí un clérigo° que pedía limosna me preguntó si sabía ayudar a misa.° Dije que sí, porque el ciego me había enseñado esto además de muchas otras cosas. Me recibió el clérigo como sirviente suyo. Salí del trueno y di con el relámpago.[3] El ciego era en comparación con el clérigo un Alejandro Magno,[4] aunque los dos eran igualmente avaros.

El clérigo tenía una arca° vieja que cerraba con llave. Ponía en ella el pan que le daban en la iglesia y la cerraba con prisa. No había en su casa otra cosa que comer que una horca de cebollas° también cerrada con llave. Mi ración era una cebolla cada cuatro días. Yo me moría de hambre. El clérigo comía bien pero me daba muy pocas sobras.° Los sábados él cocía una cabeza de carnero°[5] y comía los ojos, la lengua, el cogote,° los sesos° y la carne de la quijada.° A mí me daba los huesos roídos° diciendo:

—Toma, come, triunfa, que para ti es el mundo. Tienes mejor vida que el papa.°

---

clérigo priest
ayudar a misa to serve as an altar boy
arca chest

horca de cebollas bunch of onions
sobras leftovers
carnero mutton
cogote nape of the neck

sesos brains
quijada jaw
roídos gnawed
el papa the Pope

[1] Torrijos is a town near Toledo.
[2] Maqueda is a town northwest of Toledo.
[3] *Salí del trueno y di con el relámpago*: a proverb that means "to jump from the frying pan into the fire."
[4] *Alejandro Magno*: Alexander the Great (356–323 B.C.) was King of Macedonia and one of the greatest military leaders of all time. He was known in medieval Spain and Europe for his bravery and generosity.
[5] *cabeza de carnero*: From the Middle Ages on, Spaniards abstained from eating meat on Saturdays, except in Castille, where the head, giblets, and feet of animals were eaten.

Después de tres semanas que estuve con él, me puse tan flaco que mis piernas ya no me sostenían por el hambre. Yo moría. Pensé dejar al mezquino° clérigo, pero no podía. Mis piernas me fallaban° y temía encontrar peor amo. Pero Dios quiso que un día, mientras el clérigo estaba fuera de la casa, llegara un calderero.° Me preguntó si necesitaba llaves. Alumbrado por el Espíritu Santo° le dije:

—Tío, he perdido la llave de esta arca y temo que mi señor me azote.

Probó el angélico calderero un gran sartal° de llaves y encontró una que abrió el arca. Como pago, tomó el mejor pan y se fue muy contento. Comí pan a mi gusto, pero vi al tercer día que el clérigo contaba y recontaba los panes. Entonces hice un agujero en el fondo del arca como si fuera de ratones. Comencé a desmigajar° el pan y comí las migas como un ratón. El clérigo creyó que eran ratones cuando miró el hueco en el arca. Tapó el agujero con tablas y clavos, y yo nuevamente hice un agujero, y él lo tapó, y otro, y otro, hasta que el arca estaba llena de agujeros y tablas y clavos. Puso entonces en el arca una ratonera.° Entonces yo comí pan con queso y pasé un tiempo muy contento. My vida era muy buena en ese tiempo.

————◆▸◆◂◆————

Comprensión

1. ¿Para qué contrató el clérigo a Lazarillo?
2. ¿Cómo compara Lazarillo a sus amos?
3. ¿Qué contenía el arca y cómo la cerraba el clérigo?
4. ¿Qué le daba a comer a Lazarillo?
5. ¿Qué comía el clérigo los sábados?
6. ¿Cuál fue el efecto del hambre en Lazarillo?
7. ¿Qué hizo el calderero?
8. ¿Qué hizo el clérigo cuando vio el hueco en el arca?
9. ¿Qué hizo después Lazarillo?
10. ¿Cómo se sentía Lazarillo?

---

mezquino stingy
fallaban failed
calderero coppersmith

Espíritu Santo Holy Ghost
sartal string

desmigajar to crumble
ratonera mousetrap

Capítulo 7

El episodio de la culebra

Mi buena vida, mi lector, no duró mucho. El clérigo preguntaba a los vecinos:

—¿Qué podrá ser? Come queso, come pan, entra en el arca cuando quiere y no cae en la ratonera.

Un vecino le contestó:

—Yo me acuerdo° que había en su casa una culebra.° Como es larga, entra en la trampa, toma el cebo° y sale aunque le coja° la trampa.

Mi amo creyó esto y se alteró mucho. De ahí en adelante no podía dormir. Lo excitaba° cualquier ruido en la madera de la casa durante la noche. Se ponía de pie y con un garrote° que tenía, daba golpes a la pecadora arca pensando que espantaba a la culebra. Con el estruendo° despertaba a los vecinos, y a mí no me dejaba dormir. Venía a las pajas° donde yo dormía y las trastornaba buscando a la culebra. En la mañana me decía:

—Mozo, ¿no sentiste nada anoche? Las culebras son muy frías, buscan calor.

Yo le contestaba:

—Ruegue a Dios que no me muerda porque mucho miedo tengo de culebras.

---

me acuerdo I remember   le coja catches it   estruendo clamor
culebra snake   excitaba upset   pajas bedding straw
cebo bait   garrote heavy club

La verdad es que yo tuve mucho miedo a las diligencias del clérigo y me pareció que debía esconder la llave que guardaba debajo de las pajas, en otro lugar. Me pareció que el lugar más seguro era mi boca. Ésta era como una bolsa porque desde que viví con el ciego podía poner en ella hasta doce maravedís sin que me estorbaran° al comer. Así lo hice desde entonces. Dormía sin recelo° hasta que una noche cambió mi fortuna. Seguramente dormía con la boca abierta, y la llave, que era de cañuto,° se tornó en mi boca. Debía haber estado en tal posición, que el aire que yo exhalaba producía un silbato° en el hueco de la llave. El recio° silbato fue oído por el sobresaltado clérigo quien creyó que era el silbo° de la culebra.

Se levantó muy presto el clérigo con su garrote en la mano y se llegó a mí en la oscuridad, muy quieto. Levantó el garrote cuando creyó que tenía la culebra debajo de sí y me descargó en la cabeza tan recio golpe que me descalabró y me dejó sin sentido.°

Cuando sintió que me había dado un fiero golpe,° trató de despertarme llamándome. Me tocó con sus manos y sintió mucha sangre. Con gran prisa fue a buscar luz. Cuando me vio, yo tenía aún la llave en mi boca. Me la quitó y fue a probarla en el arca. Dijo el cruel cazador:°

—He encontrado al ratón y a la culebra que me daban guerra.°

Quince días tardé en curarme. Muchos se rieron de mis penas. Finalmente me dijo el clérigo:

—Lázaro, de hoy en adelante eres tuyo y no mío.

Así me despidió el cruel sacerdote.

———◆◆◆———

---

estorbaran disturbing
recelo fear
cañuto reed
silbato whistle

recio loud
silbo hissing
sin sentido unconscious
fiero golpe fierce blow

cazador hunter
que . . . guerra who were
   waging war on me

Comprensión

1. ¿Qué preguntó el clérigo a los vecinos?
2. ¿Qué le contestó uno?
3. ¿De qué tenía miedo el clérigo?
4. ¿Cómo era la "cama" de Lazarillo?
5. ¿Por qué buscan calor las culebras?
6. ¿Dónde decidió Lazarillo esconder la llave?
7. ¿Cómo descubrió la llave el clérigo?
8. ¿Qué le hizo el clérigo a Lazarillo?

Lázaro sirve a un escudero

Capítulo 8

Lázaro pasa más hambres en Toledo

Con la ayuda de las buenas gentes llegué a esta insigne° ciudad de Toledo, donde en quince días se me cerró la herida causada por el cazador de culebras. Pedí entonces limosna y busqué a un nuevo amo a quien servir. Andando por la calle vi a un escudero[1] bien vestido, bien peinado, su paso y compás[2] en orden. Me miró y yo le miré, entonces dijo:

—Muchacho, ¿buscas amo?

Yo le dije: —Sí, señor.

—Pues ven conmigo —me respondió—. Dios te ha premiado en encontrarme.

Caminamos todo el día, pasando por plazas donde se vendía pan y otras provisiones y no compramos nada. Fue él a la iglesia mayor y oyó misa° muy devotamente. A la una fuimos a su casa, la cual era lóbrega° y desproveída.°[3] El escudero colgó su capa muy limpiamente. Se acomodó y me pidió detalles de mi persona. Todo le conté. Me moría de hambre y esperaba en este momento comer algo. El escudero debía tener todo previsto. Estando así me dijo:

—Tú, mozo, ¿has comido ya?

---

insigne illustrious **lóbrega** gloomy, mournful **desproveída** ill provided
oyó misa attended mass

[1] *escudero*: "squire," the lowest rank among the nobility
[2] *paso y compás*: a nobleman's dignified walk
[3] These descriptive words set the tone of the chapter.

—No, señor —dije yo—, no he comido bocado.

—Yo he almorzado muy temprano —dijo—. Generalmente como en la noche. Pasa como puedas y entonces cenaremos.

Cuando oí esto casi me morí, no de hambre sino de entender que en todo la fortuna me ha sido adversa. Lloré mi mala suerte y mi muerte venidera.° Pensé que el clérigo, aunque avaro y cruel, era mejor. Entonces me senté en el portal y saqué de mi seno° tres pedazos de pan que allí guardaba y comencé a comerlos.

—Ven aquí, mozo —me dijo—. ¿Qué comes?

Tomó entonces el pedazo más grande que yo tenía y se lo comió con tan fieros bocados como yo el otro. Me di cuenta de su hambre y rápidamente comí el restante y terminamos al mismo tiempo.

Pasamos la noche hablando. Dormí al pie de la sucia cama del escudero calentando sus pies. Dijo finalmente mi nuevo amo:

—Lázaro, tú vivirás más sano porque no hay tal cosa en el mundo para vivir mucho que comer poco.

Cuando el escudero salió de la casa en la mañana, miré al cielo y dije:

—¡Oh Señor, cuántos de éstos tienes derramados° en este mundo! ¡Ellos padecen por su negra honra lo que no sufren por su Dios!

———◆◆◆———

Comprensión

1. ¿Cómo es el escudero?
2. ¿Cómo era la casa del escudero?
3. ¿Qué le preguntó el escudero a Lazarillo?
4. ¿Qué sacó Lazarillo?
5. ¿Comió el pan el escudero? ¿Cómo lo hizo?

---

muerte venidera   **seno** chest, bosom   **derramados** scattered
  approaching death

6. ¿De qué se dio cuenta Lazarillo?
7. ¿Cómo pasaron la noche Lazarillo y su nuevo amo?
8. ¿Qué dijo el escudero con respecto a vivir mucho? ¿Estás de acuerdo?

Capítulo 9

El escudero requiebra° a dos rebozadas° damas

En la misma mañana, mientras estaba yo mirando y pensando, vi pasar por la calle a mi amo quien iba hacia el río. Tomé mi jarra° y fui al río donde vi a mi amo en una huerta requebrando a dos damas embozadas.° Muchas damas de éstas tienen la costumbre de ir en las mañanas de verano a refrescarse y a almorzar, sin llevar almuerzo por aquellas frescas riberas.° Tienen confianza que los hidalgos° del lugar las invitarán porque así es la costumbre allí.

Mi amo estaba entre ellas, hecho un Macías,[1] diciéndoles más dulzuras que Ovidio[2] escribió. Cuando sintieron tanta ternura en él, no les dio vergüenza pedirle el acostumbrado almuerzo.

El escudero, sintiéndose tan frío de bolsa° como tan caliente del estómago,° sufrió grandes escalofríos que le robaron el color° y el gesto. Comenzó a turbarse° en la conversación y dio excusas ridículas. Ellas, siendo damas de experiencia, se dieron cuenta de su enfermedad y lo dejaron solo.

---

requiebra woos
rebozadas veiled
jarra water jug
embozadas veiled
riberas riverbanks

hidalgos noblemen
frío de bolsa penniless
caliente del estómago hungry

le robaron el color made him pale
turbarse become confused

[1] *Macías*: fourteenth-century Galician troubadour and model of faithful lovers; he earned the title of *el Enamorado*.
[2] *Ovidio*: Ovid (43–17 B.C.), Latin poet who wrote *The Art of Love*

El pobre escudero no quitaba sus ojos del alimento.

Yo, sin ser visto, regresé a nuestra casa. Eran las dos y el escudero no regresaba. Moría yo de hambre. Entonces comencé a hacer lo que aprendí del gran maestro, el ciego. Con baja y enferma voz, e inclinadas mis manos en los senos, comencé a pedir pan por las puertas y casas más grandes. Antes que el reloj diera las cuatro, yo tenía libras de pan ensiladas° en el cuerpo y otras dos escondidas en mi ropa. Pasé por una tripería° y una mujer me dio una uña de vaca° y unas pocas tripas cocidas. Llegué a mi casa y encontré a mi amo paseándose por el patio. Le mostré el pan y las tripas, y con buen semblante° dijo:

—Te esperé para comer, pero como no viniste, comí. Haces muy bien en pedir qué comer en la calle. Es mejor que robar. Una cosa te pido: no se lo digas a nadie por lo que toca a mi honra.[3]

—De eso pierda cuidado —dije.

—Come pues ahora —me dijo—, pronto nos veremos sin necesidad. Esta casa me ha traído mala suerte. El próximo mes nos mudamos a otra casa.

Me senté y comencé a comer mis tripas y el pan. El pobre escudero no quitaba sus ojos del alimento. Sentí tanta lástima por él porque yo sabía lo que era tener hambre. Me dijo entonces:

—Lázaro, tú tienes tanta gracia en comer, que me has dado gana.°

—Este pan está sabrosísimo —dije yo—, esta uña de vaca está tan bien cocida y sazonada° que convida su sabor.°

—Te digo que es el mejor bocado del mundo, aun mejor que el faisán° —dijo el escudero.

---

ensiladas stored away	**semblante** face	**sazonada** seasoned
tripería meat market where tripe is sold	**me has dado gana** you have given me the desire	**convida su sabor** its flavor is inviting
uña de vaca hoof of a cow		**faisán** pheasant

[3] . . . *mi honra:* "my honor." The exaggerated pride of the nobility is satirized here. Lazarillo symbolizes the opposite.

Puse en sus uñas° la uña de vaca y cuatro raciones de pan. Él se sentó a mi lado y comió con mucha gana, royendo° limpio cada huesillo. Así pasamos ocho o diez días. El escudero salía en las mañanas y Lázaro pedía limosna todo el día para que ambos, amo y sirviente, pudieran mitigar° las entrañas° que roían con diente voraz.°⁴

Comprensión

1. ¿Con quién hablaba el escudero en la huerta?
2. ¿Qué le pidieron las damas al escudero?
3. ¿Cómo reaccionó el escudero?
4. ¿Qué hicieron las damas al verlo así?
5. ¿Cómo consiguió comida Lazarillo?
6. ¿Compartió la comida con su amo? ¿Por qué?
7. ¿Qué comieron los dos?
8. ¿Cómo resolvió Lazarillo el dilema de la comida a partir de entonces?

Capítulo 10

La vanidad del escudero¹

A pesar de su pobreza, me gustaba más servir al escudero que a los otros amos que tuve. Le tenía yo lástima por todo lo que le vi sufrir. Sólo me descontentaba una cosa. Él tenía mucha presunción.° Hubiera querido yo que bajara° un poco su fantasía con lo mucho que subía su necesidad.

---

uñas nails (*hands*)	**entrañas** entrails (*hunger pangs*)	**presunción** vanity
royendo gnawing		**bajara** would lower
mitigar appease	**diente voraz** ravenous tooth (*ravenously*)	

⁴ Note the irony of Lázaro, who looked for a master to maintain him, now having to maintain his master.

¹ Some critics have observed the proud *escudero* and the rogue Lázaro foreshadow the development of the nobleman Don Quijote and his wiley companion Sancho Panza.

Pues, estando las cosas así debido a la mala cosecha° ese año en Toledo, acordaron en el Ayuntamiento° y anunciaron con pregón° que todos los pobres extranjeros° debían salir de la ciudad o serían azotados. Yo sentí un gran espanto. Mi amo y yo quedamos entonces en abstinencia por tres días. No comimos bocado ni hablamos palabra. Algo comí yo después, pero mi amo pasó ocho días sin alimento. Yo sentía más lástima por él que por mí. Él salía todos los días y regresaba pretendiendo, por su honra, haber comido. Así se limpiaba los dientes con un palillo,° como quien ha terminado un banquete. El pobre parecía un perro galgo° con su estirado° cuerpo y su flaqueza.

Un buen día cambió nuestra mala suerte. Entró en poder de mi amo un real.[2] Dijo entonces:

—Toma, Lázaro. Dios está abriendo su mano. Ve a la plaza y compra pan, vino y carne. ¡Quebraremos el ojo al diablo![3] Además, he alquilado otra casa. Saldremos de ésta al cumplir el mes. Ve y ven presto, y comamos hoy como condes.

Así lo hicimos por varios días. Supe también que mi amo era de Castilla la Vieja. Había venido a Toledo por no quitarse el bonete° ante un vecino que era reacio a° quitarse el suyo para contestarle el saludo, aunque el vecino era más rico.

—Señor —dije yo—, si él tenía más dinero que tú, ¿era error que te quitaras el sombrero primero?

—Eres muy joven —me respondió—, y no sabes las cosas de la honra. Si topo° en la calle con un conde y no se quita bien quitado el bonete, la próxima vez que venga, fingiré° un negocio y entraré a una casa para no quitármelo. Un hidalgo no debe nada a nadie sino a Dios y al rey. Una

cosecha harvest	**palillo** toothpick	**reacio a** reluctant to
Ayuntamiento city hall	**perro galgo** greyhound	**topo** meet
pregón town crier	**estirado** long	**fingiré** I will pretend
extranjeros foreigners	**bonete** red cap	

[2] The *real* was worth 34 *maravedís*.

[3] ¡*Quebraremos el ojo al diablo!*: "We will break the devil's envious eye!" This expression was used traditionally to celebrate the beginning of a new activity or a new stage in one's life.

vez en mi patria un oficial me saludó diciendo: "Mantenga Dios a vuestra merced".[4] Le dije entonces: "Tú, villano ruin, ¿por qué no eres bien educado?° 'Manténgaos Dios', me dirás en adelante." Así lo hizo desde ese momento, quitándose el bonete.

—¿Y no es bien educado saludar a otro —dije yo— con decirle que le mantenga Dios?

—Sólo los hombres de poca arte saludan así —dijo el escudero—. A los más altos como yo han de decir: "Beso las manos de vuestra merced" o "Bésoos, señor, las manos".°

—Lázaro —dijo mi amo—, en mi tierra soy muy rico, tengo casas que valen más de doscientos mil maravedís, un palomar derribado° y otras cosas que me callo. Vine a Toledo pensando que encontraría buen asiento,° pero los señores de esta tierra son muy limitados. Pagan a largos plazos, o comido por servido.°

Mientras hablábamos, entró por la puerta un hombre y una vieja. El hombre pidió el alquiler de la casa y la vieja pidió el alquiler de la cama. Fueron doce o trece reales. Mi amo les dijo que iba a la plaza para cambiar dinero y que ellos volvieran en la tarde. Mas su salida fue sin vuelta. Los mozos suelen dejar a los amos; pero en mi caso fue el amo quien me dejó y huyó de mí.

---

bien educado well mannered
Bésoos . . . las manos I kiss your hands, sir

palomar derribado fallen-down rookery
buen asiento good establishment

comido por servido service for room and board

[4] *Mantenga Dios a vuestra merced*: This was a common way of greeting among the lower classes but offensive to a wellborn person. The wellborn used *Beso las manos de vuestra merced*.

Comprensión

1. ¿Por qué le gustaba a Lazarillo servir al escudero?
2. ¿Qué decidieron en el Ayuntamiento?
3. ¿Cómo cambió la suerte del escudero?
4. ¿Qué mandó hacer el escudero con el real?
5. ¿De dónde era el escudero? ¿Qué tenía allí?
6. ¿Por qué vino a Toledo?
7. Según el escudero, ¿cómo debe saludarse la gente educada?
8. ¿Quiénes entraron mientras Lazarillo y el escudero hablaban?
9. ¿Qué hizo el escudero?

Lázaro sirve a un fraile de la Merced

Capítulo 11

Lázaro encuentra a su nuevo amo

Busqué a mi cuarto amo y encontré al fraile de la Merced,[1] gracias a unas mujeres vecinas. Ellas lo llamaban su pariente.° Este fraile era gran amigo del coro de las monjas y de comer en el convento. Era amiguísimo de negocios seglares.° Le gustaba mucho salir y le encantaba hacer visitas. Él acababa° más zapatos que todo el convento de monjas junto. Este fraile me dio mi primer par de zapatos, los que no me duraron ni ocho días porque trotando[2] con él se acabaron muy pronto. Debido a° esto y por otras cosas que no digo, dejé a este amo.

***

Comprensión

1. ¿Cómo encontró Lazarillo al fraile?
2. ¿Qué le interesaba al fraile?
3. ¿Por qué crees que Lazarillo no dice más del fraile?

---

pariente relative   **acababa** wore out   **Debido a** Because of
seglares worldly

[1] *la Merced*: a religious order known at this time for its worldly ambitions. Its members were chiefly engaged in ransoming Christian captives held by the Moors.
[2] While *trotando* can mean *andando mucho o de prisa*, it also implies that Lázaro's new master was involved in adventures of an erotic nature.

Lázaro sirve a un bulero

Capítulo 12

El desvergonzado vendedor de indulgencias

Mi quinto amo fue un vendedor de indulgencias.° Era desenvuelto° y sinvergüenza.° Fue, sin duda, el bulero[1] más provechoso° que jamás yo vi y veré. Él se buscaba modos y maneras de engañar con muy ingeniosas invenciones.

Al entrar en un lugar donde iba a administrar las indulgencias, hacía primero pequeños regalos a los clérigos. Estos regalos eran una lechuga murciana,[2] un par de limas o naranjas, un melocotón,° un par de duraznos° o peras verdiñales.[3] Así conseguía la gratitud de los clérigos quienes llamaban a la congregación a tomar las indulgencias.

Se informaba luego de la erudición de estos clérigos. Si ellos hablaban latín, el bulero no hablaba palabra para no dar tropezón.° En cambio les hablaba en gentil y bien cortado° español. Si se enteraba que los clérigos eran ricos, reverendos, o sea que tenían más dinero que educación, el bulero se hacía un Santo Tomás[4] entre ellos, y hablaba dos horas en latín.

Cuando no le tomaban las indulgencias por las buenas les hacía tomarlas por las malas.[5] Para el efecto, hacía molestias al pueblo muchas veces

---

indulgencias pardon of sins	**sinvergüenza** shameless	**duraznos** peaches
desenvuelto unrestrained	**provechoso** profitable	**dar tropezón** to stumble
	melocotón peach	**bien cortado** well-spoken

[1] *bulero*: during the Holy Crusade, a "pardoner" who sold indulgences granting full remission of sins. The money went to finance campaigns against the Moors in North Africa. In 1524, Charles V issued a decree forbidding the forcible selling of indulgences.
[2] *murciana*: from the region of Murcia, famous for its vegetables
[3] *peras verdiñales*: a pear that remained green even after ripening
[4] *Santo Tomás*: Saint Thomas the Apostle, traditionally known for his preaching
[5] *por las buenas . . . por las malas*: "willy nilly," whether you want it or not

con mañosos artificios.° Si yo contara todos los trucos° que le vi hacer, sería muy largo. Mi favorito truco, empero, es el de la Sagra de Toledo,[6] que se relatará adelante.

———◦◆◦———

Comprensión

1. ¿Cómo era el vendedor de indulgencias?
2. ¿Cuándo hablaba a los clérigos en latín? ¿Por qué?
3. ¿Cuándo les hablaba español?
4. ¿Por qué no describe Lazarillo más trucos?
5. ¿Cuál es el truco favorito de Lazarillo?
6. ¿Qué era un bulero?

Capítulo 13

El engaño de la Sagra de Toledo

Una noche después de cenar, mi amo, el clérigo bulero y el alguacil[1] del lugar jugaron° y apostaron.° Riñeron° y se insultaron después. Mi amo tomó una lanza y el alguacil sacó su espada. Mi amo lo llamó ladrón y el alguacil lo acusó de farsante.° Debido al gran ruido, acudió mucha gente para separarlos. Los dos, muy enojados, trataron de matarse. Finalmente, sin poder ponerlos en paz,° los separaron, llevando al alguacil a otra parte.

---

mañosos artificios clever tricks	**jugaron** gambled	**farsante** charlatan
trucos tricks	**apostaron** bet	**ponerlos en paz** make peace between them
	Riñeron They squabbled	

[6] *la Sagra de Toledo*: a county near Toledo, not far from Madrid

[1] *alguacil*: Pardoners had with them a constable (*alguacil*) to collect valuable objects, such as gold rings and necklaces, from families who could not pay cash for their pardon. These personal possessions were returned when money was presented as payment.

A la mañana siguiente mi amo mandó tañer° las campanas de la iglesia durante la misa y el sermón para conferir las indulgencias. El pueblo se juntó murmurando que las bulas eran falsas porque el alguacil lo había descubierto al reñir con mi amo. Subió mi amo al púlpito y cuando estaba en lo mejor del sermón, entró en la iglesia el alguacil. Con voz alta y muy pausada dijo:

—Buena gente, permítanme decir una palabra y luego escuchen a quien quieran. Yo vine aquí con este estafador° que les predica.° Habíamos acordado partir las ganancias de la venta de indulgencias si yo lo ayudaba. Él me engañó. Ahora, al ver el daño que yo hacía a mi conciencia y al dinero de ustedes, me he arrepentido.° Confieso que sus bulas son falsas y que no deben creerle. Desde este momento dejo de ser alguacil y doy con mi vara en el suelo.² Si apresan° a este falso clérigo, sean ustedes testigos que no tengo relaciones con él —y acabó su discurso.

Los feligreses quisieron echar al alguacil fuera de la iglesia para evitar escándalo, pero mi amo les mandó que no lo hicieran, sobre pena de excomunión.°

Mi amo entonces se hincó° y puso los ojos en el cielo diciendo:

—Dios mío, tú sabes la verdad y sabes que soy injustamente acusado. Te pido, Señor, que hagas un milagro. Si yo soy falso, mándame con este púlpito al infierno. Si el alguacil es falso, te pido, Señor, que sea castigado porque quiere privar° a los presentes de la bula.

Al terminar mi devoto señor su oración, el alguacil cayó al suelo dando un gran golpe que resonó por toda iglesia. Comenzó a bramar° y a echar espuma° por la boca. Hizo gestos con la cara y movimientos con todo el cuerpo. Se revolvió en el suelo de una parte a otra. El estruendo y las

---

tañer to toll	**arrepentido** repented	**se hincó** knelt down
estafador swindler	**apresan** imprison	**privar** to deny
les predica preaches to	**excomunión** banishment	**bramar** to bellow
you	from church	**espuma** foam

² *doy con mi vara en el suelo:* "I throw my staff on the ground," meaning, "I resign as constable."

voces de la gente fueron muy grandes. Los feligreses ataron al alguacil y fueron donde mi amo y le pidieron que socorriera° al pobre alguacil que moría.

Mi señor bajó los ojos del cielo como quien despierta de un dulce sueño y dijo muy pausadamente:

—Dios manda que no volvamos mal por mal y manda que perdonemos las injurias. ¡Oremos!°

Puso la bula en la cabeza³ del alguacil y éste comenzó poco a poco a tornar en sí.° Luego, recuperado, se echó a los pies del clérigo y le pidió perdón. Todos los presentes tomaron la bula con gran prisa entonces.

Yo creí que todo esto era verdad y me espanté, pero después vi que mi amo y el alguacil se reían mucho, comentando su burla.° La noticia se divulgó° por todas partes. Así mi amo dio más de mil bulas ganando mucho dinero.

Cuatro meses pasé con mi quinto amo, en los cuales padecí muchas penas.

Comprensión

1. ¿Por qué se riñeron el bulero y el alguacil?
2. ¿De qué murmuraba la gente? ¿Por qué?
3. ¿Qué confesó el alguacil en la iglesia?
4. ¿Cómo respondió el bulero?
5. ¿Qué le pasó al alguacil? ¿Y al bulero?
6. ¿Quién ató al alguacil?
7. ¿Querían los feligreses que el bulero ayudara al alguacil? ¿Por qué?
8. ¿Le ayudó el bulero al alguacil? ¿Cómo?
9. ¿A quién le pidió perdón el alguacil?
10. ¿Cómo se enteró de la verdad Lazarillo?

---

socorriera to help
Oremos Let us pray

tornar en sí come to his senses

burla trick
se divulgó spread

³ *en la cabeza*: Papal indulgences were often placed on the head (God's temple) as a sign of respect for the sacredness of these pardons.

Lázaro sirve a un capellán

Capítulo 14

Lazarillo prospera

Después de servir al clérigo bulero, serví a un pintor de tambores.° Yo preparaba las pinturas para él. Sufrí con este amo mil males.

En esta época yo ya era adolescente y un día, cuando entraba en la iglesia mayor, un capellán° me contrató como sirviente suyo. Me dio un buen asno,° cuatro cántaros y un azote,° y comencé entonces a vender agua por la ciudad.[1] Éste fue el primer escalón° que yo subí para alcanzar la buena vida. Entonces yo ya no padecía de hambre. Ganaba para mi amo treinta mararvedís diarios, y los sábados ganaba para mí treinta también.

Me fue tan bien en el oficio que al cabo de cuatro años de ahorrar, pude vestirme muy honradamente de ropa vieja. Compré un jubón° de fustán° viejo, una blusa de mangas, una capa frisada° y una espada de las más viejas de Cuéllar.[2] Ya que me vi hombre de bien, le dije a mi amo que tomara su asno porque yo ya no quería seguir en aquel oficio. Dejé entonces al capellán.

---

tambores drums	**azote** whip	**fustán** fustian (*a cotton*
capellán chaplain	**escalón** step	*and linen fabric*)
asno donkey	**jubón** jacket	**frisada** with raised nap

[1] *vender agua por la ciudad*: Since there was no running water in the cities at this time, *aguadores*, or water peddlers, sold water from house to house.

[2] *Cuéllar*: a town in the region of Segovia and one of the oldest sword-making centers in Spain. Lazarillo is imitating one of his former masters, the squire.

Comprensión

1. ¿Cuándo contrató el capellán a Lazarillo?
2. ¿Qué le dio a Lazarillo?
3. ¿Cómo estaba entonces Lazarillo?
4. ¿Cuánto ganaba?
5. ¿Cómo se vestía?
6. ¿Por qué tenía Lazarillo una espada?
7. ¿Qué hizo Lazarillo luego? ¿Por qué?

Lazarillo sirve a un alguacil

Capítulo 15

Lázaro obtiene un oficio real

Al dejar al capellán comencé a servir de ayudante a un alguacil. Viví poco con él porque era un oficio peligroso. Una noche nos persiguieron unos fugitivos a mi amo y a mí con piedras y palos. Yo huí y supongo que trataron mal a mi amo. Con esto terminé mi contrato con el alguacil.

Dios me ayudó entonces, y con la ayuda de amigos y señores conseguí un oficio real,° el cual lo tengo hoy, al servicio de Dios y de usted, mi lector. Mi oficio es pregonar° los vinos que se venden en esta ciudad en los remates,° y las cosas perdidas. También acompaño a los presos y declaro en voz alta sus delitos.° Soy pregonero,[1] hablando en buen romance.

Me ha ido tan bien que casi todas las cosas que tienen que ver con lo dicho, pasan por mi mano. Así, el que quiere vender vino u otra cosa sabe que no sacará provecho si Lázaro de Tormes no anuncia.

En ese tiempo, viendo mi habilidad en pregonar sus vinos, el arcipreste° de San Salvador, mi señor y amigo suyo, mi lector, procuró casarme° con una sirvienta suya. Viendo que de tal persona sólo podían venir favores y buenas cosas,[2] decidí hacerlo.

---

real royal
pregonar to make public
   proclamations
remates auctions

delitos crimes
arcipreste archpriest
   (*priest of high rank*)

procuró casarme tried to
   marry me

[1] *pregonero*: town crier, one of the lowest city officials
[2] *venir favores y buenas cosas*: Notice Lazarillo's concept of honor. He has no idea of love, but only of material gain and self-advancement. This is consistent with his role as the novel's antihero.

Comprensión

1. ¿Qué es un oficio real?
2. ¿Qué hace un pregonero?
3. ¿Qué hace Lazarillo con los presos?
4. ¿Qué quiere decir ". . . hablando en buen romance"?
5. ¿Cómo se caracteriza Lazarillo profesionalmente?
6. ¿Quién notó la habilidad de Lazarillo?
7. ¿Por qué decidió Lazarillo casarse?

Capítulo 16

El matrimonio de Lazarillo

Me casé con la sirvienta del arcipreste y no me arrepiento.° Ella además de ser buena mujer, es diligente, servicial y sobre todo tengo la ayuda de mi señor arcipreste. Siempre le da a mi mujer una carga de trigo, carne en los días feriados y de vez en cuando ropa vieja. Nos hizo alquilar una casita cerca de la suya y los domingos y días de fiesta casi siempre comemos en su casa.

Las malas lenguas dicen que ven a mi mujer ir a hacerle la cama y prepararle la comida al arcipreste. Esto es verdad. Él me habló un día así delante de ella:

—Lázaro, tu mujer entra y sale de mi casa muy a tu honra.° No mires lo que la gente te puede decir sino tu provecho.

—Señor —le dije—, yo quise arrimarme° a los buenos° y ya supe, por medio de mis amigos, que anteriormente mi mujer era su mujer.° Le hablo con respeto a su reverencia porque ella está presente.

---

no me arrepiento I am not
  sorry

tu honra faithful to you
arrimarme approach

buenos powerful ones
mujer mistress

Entonces ella se maldijo,° lloró y luego maldijo a quien la había casado conmigo. Me arrepentí de lo que dije. Mas mi amo por un lado y yo por otro conseguimos calmarla, prometiéndole con juramento, que nunca más mencionaría yo lo dicho, y que en adelante ella podría entrar y salir, de día o noche, de la casa del arcipreste porque yo estaba seguro de su fidelidad.

Hasta hoy día, cuando alguno de mis amigos quiere decir algo de ella, le digo:

—Mira, eres mi amigo. No me digas cosas que me pesen porque no tengo por amigo a quien me da pesar. Y es peor si se dice algo de mi mujer a quien amo más en este mundo. Yo juro por la hostia consagrada° que es la mujer más buena que vive en Toledo. Yo le mataré a quien diga otra cosa. —De esta manera no me dicen nada y tengo paz en mi casa.

Esto ocurrió el mismo año en que nuestro victorioso emperador entró en Toledo e hizo Cortes.* Se hicieron también grandes fiestas, como usted, mi lector, habrá oído. En ese tiempo estaba yo en mi prosperidad y en la cumbre de toda buena fortuna.

Comprensión

1. ¿De qué no se arrepiente Lazarillo? ¿Por qué?
2. ¿Qué alquilaron Lazarillo y su mujer? ¿Por qué?
3. ¿Qué dicen las malas lenguas? ¿Es verdad?
4. ¿Qué le dice el arcipreste a Lazarillo?
5. ¿Cómo le contesta Lazarillo?
6. ¿Cómo responde la mujer de Lazarillo?
7. ¿Qué le prometen Lázaro y el arcipreste a la mujer?
8. ¿Qué amenaza hacer Lazarillo cuando hablan mal de su mujer?
9. ¿Cómo se encontraba entonces Lazarillo?

---

se maldijo cursed herself **hostia consagrada** consecrated bread for communion

* *entró en Toledo e hizo Cortes:* This apparently refers to the *Cortes* of 1525 held in Toledo. This parliament was convened shortly after the battle of Pavia, which was a great victory for Charles V.

Aventuras del ingenioso hidalgo don Quijote de la Mancha

Miguel de Cervantes, 1605

Capítulo 1

Don Quijote, sus circunstancias, su carácter y su condición

En un lugar de la Mancha, de cuyo° nombre no quiero acordarme,°¹ vivía no hace mucho tiempo, un hidalgo° de mediana condición, ni muy rico ni muy pobre. Tenía su lanza en astillero,° y conservaba la adarga° antigua de sus antepasados.² Tenía un rocín° flaco y un galgo corredor.°³ Era su costumbre cenar una olla más de vaca que carnero,° o salpicón,° la mayoría de las noches. Los sábados comía duelos y quebrantos.° De vez en cuando añadía un palomino° a su menú de los domingos.⁴

Esto consumía las tres partes de su hacienda.° El resto de ella concluían una casaca de paño,° unos pantalones de terciopelo° para las fiestas y unos pantuflos° también del mismo material. Los días de entresemana° se vestía de ropa hecha de un fino vellorí.° Tenía en su casa una ama de llaves° que pasaba de los cuarenta años, y una sobrina que no llegaba a los veinte. Tenía además un mozo de labranza° que hacía varios oficios.⁵

---

de cuyo whose	**salpicón** spiced chopped	**terciopelo** velvet
acordarme remember	beef (food for the poor)	**pantuflos** slippers
hidalgo lesser nobleman	**duelos y quebrantos** eggs	**días de entresemana**
astillero display case for	and bacon (food for	weekdays
lances	the poor)	**vellorí** wool fabric
adarga shield	**palomino** dove	**ama de llaves** housekeeper
rocín nag, old horse	**hacienda** belongings,	**mozo de labranza** chore
galgo corredor swift	worldly goods	boy, young farmhand
greyhound	**casaca de paño** long	
carnero mutton	woolen coat	

¹ By being vague, Cervantes makes his hero and his place universal; however, some investigators think that Argamasilla de Alba in the province of La Mancha was the intended home of Don Quijote. Argamasilla was indeed a place that Cervantes would like to forget because at one time he was jailed there.

² Don Quijote was a village nobleman, not a *caballero* (knight). To establish their status, village noblemen displayed their lances in showcases in the portico of their houses.

³ In La Mancha, it was essential for village noblemen to own a horse and a greyhound in order to hunt hares.

⁴ During Cervantes's time the Catholic Church required abstinence of red meat on Saturdays to celebrate the defeat of the Moors by Alfonso VII. Scraps of lamb, the head, giblets, and feet of animals were outside the scope of abstinence. The word *duelos* connotes the owner's mourning the death of the sheep and *quebrantos* refers to the broken bones put in a large pot for broth. *Salpicón* was salted, chopped meat fried in olive oil.

⁵ Cervantes forgets this *mozo* because he never is mentioned again.

Frisaba la edad° de nuestro hidalgo con los cincuenta años. Era de complexión recia,° seco de carnes,° enjuto de rostro,° gran madrugador° y
amigo de la caza.°⁶ Dicen los autores que escriben sobre este caso, que
tenía el sobrenombre° de Quijada, o Quesada, y aun Quejana, pero esto
importa poco a nuestro cuento, con tal de que no se aparte de la verdad.⁷

Comprensión

1. ¿Dónde vivía don Quijote?
2. ¿Por qué no quiere acordarse Cervantes del lugar de la Mancha?
3. ¿Cómo era la condición de don Quijote?
4. ¿Por qué tenía su lanza en astillero?
5. ¿Por qué tenía un galgo corredor?
6. ¿Qué comía don Quijote? ¿Por qué dice esto Cervantes?
7. ¿Quiénes vivían con don Quijote?
8. ¿Qué edad tenía don Quijote? ¿Qué indica esto?
9. ¿Cómo era don Quijote?
10. Según la teoría de humores, ¿cuáles eran las características de don
    Quijote?
11. ¿Por qué dice Cervantes que varios autores escriben sobre don
    Quijote? ¿Por qué crees que dice que es importante que el cuento no
    se aparte de la verdad?

Frisaba la edad The (hidalgo's) age was touching on	**seco de carnes** lean	**sobrenombre** nickname
complexión recia robust disposition	**enjuto de rostro** thin, lean face	
	madrugador early riser	
	caza hunting	

⁶ The physical description of Don Quijote is not arbitrary but based on the ancient theory of the four humors of the body: blood, yellow bile, lymph (phlegm), and black bile.
Don Quijote's dry face, thin figure, and withered skin were believed to be the outward
traits revealing his high intelligence and rich imagination associated with his choleric
and melancholic tendencies. Cervantes himself fits this description.

⁷ The name *Quijote* was perhaps inspired in the last name of Cervantes's wife's ancestors
(the Quijadas), who indeed were from La Mancha and the town of Esquivias. Cervantes
attempts to imbue historical credibility by pretending that Don Quijote's legend had
endured the passage of time, enticing a score of writers to do research in the trivial
details of the true name of Don Quijote.

Capítulo 2

De cómo se enloqueció° don Quijote

Se debe saber,° pues, que nuestro hidalgo pasaba sus ratos de ocio° (que eran los más del año), leyendo libros de aventuras caballerescas° con tanta afición y gusto, que se le olvidó casi todo.[1] Llegó a tanto° su curiosidad y desatino° en estos libros, que vendió muchas fanegas° de tierras de sembrío° para poder comprar todos los libros de aventuras caballerescas que pudo hallar.

Leía en éstos las muchas intricadas razones° que aparecen comunmente en ellos, y trataba de entenderlas y de desentrañar° su significado. Leía razones como ésta: "La razón de la sinrazón que a mi razón se hace, de tal manera mi razón enflaquece, que con razón me quejo de la vuestra fermosura."[2]

El pobre caballero se desvelaba° por entender estas razones que ni siquiera el mismo Aristóteles[3] pudiera entenderlas si resucitara sólo para ésto. El pobre caballero perdía el juicio.° Muchas veces discutía con el cura° de su lugar (que era un hombre docto, graduado de la Universidad de Sigüenza)[4] sobre cuál era el mejor caballero: Palmerín de Inglaterra,

---

se enloqueció lost his mind, went crazy	**Llegó a tanto** It went so far	**razones** arguments, reasoning
Se . . . saber one should know	**desatino** madness	**desentrañar** untangle
ocio idleness	**fanegas** 1.6 acres	**se desvelaba** stayed awake
libros . . . caballerescas books of chivalry	**tierras de sembrío** fertile fields for sowing	**juicio** soundness of mind
		cura parish priest

[1] Don Quijote becomes so engrossed in reading these absurd books that he forgets everything else.

[2] "The reason of the unreason that afflicts my reason, in such a manner weakens my reason that I, with reason, lament of your beauty." This type of intricate foolish "reason" was typical of many books of chivalry.

[3] *Aristóteles*: Aristotle, Greek philosopher (384–322 B.C.). He is possibly the most respected among all the Greek philosophers.

[4] The *Universidad de Sigüenza* was considered second rate and its degrees were laughed at by Spanish humorists. Cervantes depicts this priest as engrossed in matters of chivalry and suggests that he is neglecting his Christian ministry.

Amadís de Gaula, o el Caballero de Febo. Maese Nicolás, el barbero del pueblo, también participaba en estas discusiones.Como resultado de todo esto, Don Quijote se enfrascó° tanto en su lectura que se le pasaban las noches leyendo de claro en claro° y los días de turbio en turbio.° Por lo que, de tanto leer y de dormir tan poco, se le secó el cerebro° y perdió el juicio.[5]

Imaginaba que era verdad todo lo que había leído en los fantásticos libros: encantamientos, pendencias,° batallas, desafíos,° heridas, requiebros,° amores, tormentas° y disparates° imposibles. Decía que el Cid[6] había sido muy buen caballero; pero que el caballero de la Ardiente Espada[7] había sido mejor, porque de un revés° de espada había partido por medio a dos descomunales gigantes.° Decía también que mejor estaba Bernardo del Carpio[8] porque en Roncesvalles había muerto a Roldán[9] el Encantado valiéndose de° la industria de Hércules.[10] Decía también muchas cosas

---

se enfrascó was deeply absorbed	**pendencias** contests, disputes	**revés** backhand blow
de claro en claro from dawn to dawn	**desafíos** challenges, duels	**descomunales gigantes** enormous giants
de turbio en turbio from dusk to dusk	**requiebros** amorous remarks	**valiéndose de** utilizing, using
se . . . el cerebro his brain dried up	**tormentas** misfortunes	
	disparates absurdities, nonsense	

[5] The excessive mental activity and not enough of his usual exercise caused the moisture in Don Quijote's brain to dry up. Don Quijote was of a hot, dry temperament. It was common belief that such persons were prone to insanity.

[6] El Cid (1040–1099) is the hero of the first Spanish epic poem *Cantar de Mío Cid*. He exemplified the perfect medieval knight.

[7] *El Caballero de la Ardiente Espada*: the epithet of the hero of the book of chivalry *Amadís de Grecia*

[8] *Bernardo del Carpio*: a celebrated hero famous for the Battle of Roncesvalles, where he and his men defeated the armies of Charlemagne in the Pyrenees mountains. The French epic poem *Chanson de Roland* recounts his exploits.

[9] *Roldán*: According to the chronicles of Charlemagne, Roland died in 788 in Roncesvalles (in the Basque Pyrenees mountains), fighting the Basque Christians at the rear of Charlemagne's army. Legend transformed him into the nephew of Charlemagne, and the *Chanson de Roland* recounts his exploits.

[10] *Hércules*: Heracles Monacus (Hercules the Monk) was a great hero, the son of Zeus and Alcmene, called Hercules by the Romans. Hercules is the symbol of physical strength.

buenas del gigante Morgante[11] porque no era soberbio° y descomedido° como otros gigantes, sino era afable y bien criado.° Pero decía don Quijote que sobre todos estaba Reynaldos de Montalbán,[12] y más cuando robó el ídolo de Mahoma[13] que era todo de oro.

Comprensión

1. ¿Cómo pasaba los ratos de ocio don Quijote?
2. ¿Hasta dónde llegó su curiosidad?
3. ¿Cómo eran las intrincadas razones que leía don Quijote en estos libros?
4. ¿Quiénes eran los dos amigos de don Quijote? ¿Qué discutían?
5. ¿Qué intención tiene Cervantes cuando dice que el cura era docto, graduado de la Universidad de Sigüenza?
6. ¿Cómo se le pasaban las noches y los días a don Quijote?
7. ¿Cuál fue el efecto en don Quijote de dormir tan poco?
8. ¿Qué imaginaba don Quijote?
9. Al decir Cervantes que los libros contenían disparates imposibles, ¿qué nos indica?
10. Según don Quijote, ¿quién era el mejor héroe de todos?

---

soberbio arrogant   **descomedido** disrespectful, rude   **bien criado** well-mannered

[11]*Morgante*, Pasamonte, and Alabastro were fierce giants. The last two were killed by Roland, and Morgante was converted to Christianity. Ludovico Pulci (1432–1484) tells the story in his *Il Morgante*.

[12]*Reynaldos de Montalbán* was the hero of the French epic *Renaut de Montalban*. According to the legend, he was called "the bastard" because of rumors that he was Charlemagne's illegitimate son. Roland addressed Charlemagne as "uncle." His name appeared often in Spanish ballads. He was one of the Twelve Peers of France, or the best men of Charlemagne. Legends claim that these men were perfect Christian knights. Their names appeared in the *Poema de Fernán González*. Spanish tradition lists them as: Rolando, Oliveros, the Arzobispo de Turpin, Ogier de Dinamarca, Baldovinos, Reynaldos de Montalbán, Terrin, Gualdabuey, Arnaldo, Angelero, Estolt, and Rey Salomón.

[13]*el ídolo de Mahoma*: (the gold statue [idol] of Muhammad). The law of Moses forbade idol worship; Islam, based on this precept, also forbade this practice. The books of chivalry ignore this fact and mention in several instances the *ídolos de Mahoma*. This was most likely an effort to defame Islam in the eyes of Christians.

Capítulo 3

Don Quijote pone en efecto° el más extraño pensamiento que jamás° tuvo ningún loco en el mundo

Habiendo perdido su juicio, don Quijote pensó que era conveniente y necesario así para el aumento° de su honra,[1] como para el servicio de su patria, hacerse caballero andante e irse por todo el mundo, con sus armas y caballo, a buscar aventuras y hacer lo que hacían los caballeros andantes según los libros de aventuras caballerescas que había leido.[2]

Desharía° todo género° de agravios,° y se pondría en grandes peligros, lo cual le daría eterno renombre° y fama. El pobre caballero ya se imaginaba coronado° rey del imperio de Trapisonda,[3] por lo menos, por el valor de su brazo.°

Y así, con todos estos agradables pensamientos y llevado por el extraño gusto que sentía, se apresuró° a poner en efecto lo que deseaba. Y lo primero que hizo fue buscar unas armas que habían sido de sus bisabuelos° siglos atrás.°

Limpió entonces, lo mejor que pudo,° una vieja armadura° llena de orín° y moho° que estaba olvidada en un rincón.° Luego vio que la celada°

---

pone en efecto carries out	**valor de su brazo** the daring of his weapon hand (arm)	**lo . . . pudo** the best that he could
jamás ever		**armadura** suit of armor
aumento increase	**se apresuró** he hastened	**orín** rust
Desharía He would undo	**bisabuelos** great-grandparents	**moho** mold
género type		**rincón** corner
agravios harms, grievances	**siglos atrás** centuries earlier	**celada** helmet
renombre glory		
coronado crowned		

[1] The theme of madness is promptly introduced. Don Quijote will transform everything he has read into reality. The confusion between the real and the imaginary is a constant theme in this novel. Almost all of Cervantes's characters have varying degrees of insanity. The theme of "honor" is central to the writings of the Spanish Golden Age.

[2] Knights-errant were the heroic protagonists of the books of chivalry. This genre was in decline during the time of Cervantes.

[3] Trapisonda (Trebizond) was located on the south coast of the Black Sea. It was the capital of an ancient empire bearing its name.

tenía una gran falta. Era solamente media celada.[4] Pero el industrioso caballero no medró,° y con unos cartones construyó una visera° para cubrir su cara. Entonces para probar si era suficientemente fuerte y si podía resistir una cuchillada,° sacó su espada y le dio dos golpes.° Con el primer golpe deshizo° lo que había hecho en una semana. Luego, y por asegurarse de° este peligro, la rehizo° de nuevo, poniéndole unas barras de hierro por dentro, de tal manera que él quedó satisfecho de su fortaleza,° sin probarla° por segunda vez.[5]

Fue entonces a ver a su escuálido rocín que sólo era piel y huesos,° pero a nuestro caballero le pareció que ni el Bucéfalo de Alejandro Magno, ni el Babieca del Cid con él se igualaban.[6]

Tardó cuatro días en escoger un nombre para el rocín, porque no era razón° (según se decía a sí mismo) que el caballo de un caballero tan famoso estuviera sin nombre. Después de mucho pensar, borrar,° quitar, añadir,° deshacer y hacer de nuevo, al fin lo llamó Rocinante porque era nombre, a su parecer, alto, sonoro° y significativo del rocín que antes fue, y ahora era el primer rocín del mundo.

Una vez puesto el nombre, tan a su gusto, a su caballo, decidió ponerse un nombre adecuado° a sí mismo. Pasó en eso ocho días, y al fin vino a llamarse don Quijote.[7] Pero acordándose que Amadís puso el nombre de su patria, Gaula, después de su nombre, pensó que, como buen caballero,

---

no medró did not become discouraged	**asegurarse de** to ensure	**no era razón** it wasn't right
visera visor, face plate	**rehizo** he repaired	**borrar** crossing out; wiping clean
cuchillada slash with a knife	**fortaleza** strength	
golpes blows	**probarla** testing it	**añadir** adding
deshizo he undid	**piel y huesos** skin and bones	**sonoro** sonorous
		adecuado adequate, fitting

[4] *media celada*: an old-fashioned soldier's helmet with a brim, covering the top of the head, of the sort usually seen in pictures of the Spanish conquistadores shown today.

[5] Don Quijote is not insane all the time. Notice that he doesn't test the strength of the *celada* a second time.

[6] Great heroes gave their horses special names. *Bucéfalo* was Alexander the Great's horse and *Babieca* belonged to El Cid. However, *Rocinante* is derived from *rocín* or workhorse, and *ante*, or first; thus, the first nag of the world. This horse, in festive humor, seems to be the parody of his master.

[7] The *quijote* is the part of the armature of a knight that covered the thigh. Notice that Alonso Quijano spent the whole of eight days deciding on a name.

debía añadir el nombre de la suya y llamarse don Quijote de la Mancha,[8] nombre que a su parecer declaraba muy a vivo° su linaje y patria; además, la honraba con tomar su nombre.

Comprensión

1. Habiendo perdido su juicio, ¿qué decidió hacer don Quijote?
2. ¿Qué haría? ¿Qué se imaginaba?
3. ¿Cómo puso en efecto lo que deseaba?
4. ¿Qué hizo con la celada?
5. ¿Por qué no probó por segunda vez si era fuerte la celada?
6. ¿Cómo era el rocín de don Quijote?
7. ¿Por qué lo llamó Rocinante?
8. Explica cómo vino a ponerse un nombre adecuado a sí mismo.

Capítulo 4

Don Quijote decide encontrar una dama de quien enamorarse,° y a quien servir

Limpias ya sus armas, su rocín con nombre y confirmado ya su propio nombre, don Quijote pensó que le faltaba una cosa más. Tenía que encontrar una dama de quien enamorarse, porque el caballero andante sin amores era como un árbol sin hojas ni frutos, o como un cuerpo sin alma.° Entonces se dijo así: "Si yo, por mis malos pecados,° o por mi buena suerte° me encuentro por ahí° con algún gigante, como ocurre de cos-

---

a vivo vividly	**alma** soul	**suerte** luck
enamorarse to fall in love	**pecados** sins	**ahí** there

[8] It was common for the heroes of the books of chivalry to adopt the name of a country, that is, Gaul, Greece, Boecia, Iberia, Castile, Corinth, Arcadia, Croatia, Mauritania, Caledonia, Phoenicia, Mesopotamia, etc. Don Quijote adopts the name La Mancha (an arid, flat farm country, utterly different from the mysterious or exotic lands of the romances of chivalry) in comical contrast to the above names.

tumbre° a los caballeros andantes, y le derribo° en batalla, o le parto por la mitad,° o, finalmente, le venzo° y le rindo, ¿no sería bueno tener a quién enviarlo como regalo, para que se hinque de rodillas° ante mi dulce señora y diga con voz humilde: "Yo, señora, soy el gigante Caraculiambro,[1] señor de la isla Malindrania,[2] a quien venció en singular batalla el jamás como se debe alabado° don Quijote de la Mancha. Él me mandó que me presentara a vuestra merced,° para que vuestra grandeza disponga° de mí a su placer'."°

¡Oh, cómo gozó° nuestro buen caballero cuando terminó este discurso!° Pero gozó aún más cuando halló a quien dar el nombre de su dama. Y fue, según se cree, que en un lugar cercano al suyo había una moza labradora,° muy bonita, de quien don Quijote un tiempo estuvo enamorado, aunque, según se entiende, ella jamás lo supo. Se llamaba Aldonza Lorenzo.[3] Don Quijote pensó que a ella debía darle el título de señora de sus pensamientos.

Buscó un nombre que encaminara° al de princesa y gran señora. Decidió entonces llamarla Dulcinea° del Toboso,[4] porque ella era natural° de ese lugar. Este nombre le pareció a don Quijote músico, significativo y peregrino,° como los otros nombres que él ya había puesto.

---

de costumbre customarily	**vuestra merced** your grace, your honor	**encaminara** would go well with
derribo I knock him down	**disponga** order	**Dulcinea** sweet or somewhat sweet
le parto . . . mitad I cut him in half	**placer** pleasure	**natural** native
le venzo I defeat him	**cómo gozó** how happy was	**peregrino** singular, unique, exotic
se hinque de rodillas kneel down	**discurso** discourse, speech	
alabado praised	**moza labradora** young peasant woman	

[1] *Caraculiambro*: An evil giant, lord of the island of Malindrania. His name can be broken into three different words (try it), and it has an off-color comical implication.

[2] *Malindrania*: The comical name of this fictitious island is derived from the *malandrines* (rascals, scoundrels) who inhabit it.

[3] *Aldonza Lorenzo*: Because of its harsh combinations of consonants and vowels, the name is rustic (not poetic), belonging typically to a backwoods girl.

[4] *Dulcinea del Toboso*: Dulcinea and Dulcineo were two shepherds in the book *Los diez libros de la fortuna de amor* by Antonio de Lofraso, published in Barcelona in 1573. However, the name could have been inspired by the name Melibea from *La Celestina*. The name meant "voice of honey."

Comprensión

1. ¿Qué le faltaba a don Quijote? ¿Por qué?
2. ¿Qué haría con el gigante Caraculiambro?
3. Explica la frase " . . . el jamás como se debe alabado caballero don Quijote de la Mancha".
4. ¿Cómo era la labradora, y qué relación había entre don Quijote y ella?
5. ¿Qué indica el nombre Aldonza Lorenzo?

Capítulo 5

Don Quijote hace su primera salida

Habiendo hecho todas las preparaciones necesarias, don Quijote no quiso perder más tiempo. Pensó que era muy grande el daño que en el mundo hacía su tardanza,° porque habían tantos agravios, tuertos° sinrazones,° abusos y deudas° que solucionar.

Y así, sin avisar° a nadie, y sin que nadie lo viera, una madrugada,° antes del día, que era uno de los más calurosos° del mes de julio, se armó de todas sus armas, subió sobre Rocinante, se puso su mal compuesta° celada, embrazó° su adarga, tomó su su lanza y, por la puerta falsa° del corral salió al campo, con grandísimo contento y alborozo° de haber dado principio° a su buen deseo con tanta facilidad.

Mas° cuando apenas se vio en el campo, le asaltó° un pensamiento terrible que casi le hizo desistir de su empresa.° Le vino a la memoria° que

---

tardanza delay	**calurosos** hot	**principio** beginning
tuertos wrongs	**mal compuesta** poorly	**Mas** But
sinrazones outrages	assembled	**asaltó** struck
deudas debts	**embrazó** he clasped	**empresa** undertaking
avisar giving notice	**puerta falsa** back gate	**Le . . . memoria** He
madrugada dawn	**alborozo** merriment	remembered

aún no había sido armado caballero,° y que conforme a la ley de caballería ni debía, ni podía tomar las armas para luchar contra caballero alguno.

Estos pensamientos lo hicieron titubear,° pero pudo aún más su locura y decidió don Quijote hacerse armar caballero por el primero que encontrara, a imitación de muchos otros que así lo hicieron en los libros de caballerías. Así pues, se tranquilizó y continuó su camino, dejando que Rocinante lo llevara donde quisiera,° porque creía que en eso estaba la esencia de sus aventuras.*

Don Quijote y Rocinante anduvieron todo el día sin ningún percance,° lo que desesperaba° a don Quijote. Finalmente, al anochecer,° su rocín y él se hallaron cansados y muertos de hambre. Miró entonces don Quijote en su alrededor,° tratando de encontrar algún castillo o alguna majada de pastores° donde recogerse° y remediar sus grandes necesidades. Vio a lo lejos una venta,° que le pareció ser la estrella de Belén.° Espoleó° a Rocinante y se apresuró en llegar, porque anochecía.

Comprensión

1. ¿Por qué se dio prisa en salir don Quijote?
2. ¿Cuál será su misión?
3. ¿Por qué don Quijote no avisó a nadie de su salida?
4. ¿Qué efecto tendría en don Quijote salir en uno de los días más calurosos del año?
5. ¿Cuál fue el pensamiento terrible que le asaltó a don Quijote? ¿Cuál sería su consecuencia?

---

armado caballero dubbed
    knight
titubear to hesitate
donde quisiera wherever
    he wished
percance misfortune
desesperaba made him
    despair

anochecer dusk
en su alrededor around
    him
majada de pastores group
    (*literally*, flock) of
    shepherds

recogerse take shelter
venta inn
la estrella de Belén the
    star of Bethlehem
Espoléo He spurred

*The knights in many of the books of chivalry allowed their horses to guide them (as by the hand of God) in search of adventure.

6. ¿A quién selecciona don Quijote para que lo arme caballero?
7. ¿Quién decide adónde va don Quijote?
8. ¿Qué efecto tuvo en don Quijote el hecho de que en todo el día no encontrara a nadie?
9. ¿Qué buscaba don Quijote en su alrededor? ¿Por qué?
10. ¿Qué vio a lo lejos?

Capítulo 6

Don Quijote se encuentra con dos graciosas° damas

Estaban a la puerta dos mujeres mozas, de esas que les llaman del partido,° las que iban a Sevilla[1] con unos arrieros° que se hospedaban° esa noche en esa venta. Al ver la venta, don Quijote vio un castillo, como los de sus libros, con sus cuatro torres y chapiteles° de luciente plata,° sin faltarle un puente levadizo° y su honda cava.°

Al llegar a la venta que a él le parecía castillo, detuvo a Rocinante esperando que un enano anunciara,° entre las almenas° con una trompeta, la llegada de un caballero. Pero como vio que se tardaban y que Rocinante tenía prisa en llegar a la caballeriza,° se acercó a la puerta de la venta y vio a las dos distraídas mozas° que estaban allí. A don Quijote le parecieron dos hermosas doncellas° o dos graciosas damas que delante de la puerta del castillo se estaban solazando.°

---

graciosas elegant, attractive
mujeres . . . partido prostitutes
arrieros muleteers
se hospedaban were lodging
chapiteles steeples

luciente plata shining silver
puente levadizo drawbridge
honda cava deep moat
que un enano anunciara that a dwarf would announce

almenas merlons of a battlement
caballeriza stable
distraídas mozas inattentive young women
doncellas maidens
solazando relaxing

[1] *Sevilla*, having been the hub of trade with America during the fifteenth and sixteenth centuries, was in decline during the time of Cervantes. It was portrayed by some authors of the time as a city of prostitutes, rogues, and dissolute men.

En este momento sucedió° casualmente que un porquero° que estaba recogiendo° su manada° de puercos° tocó un cuerno,° a cuya señal° los puercos se recogieron. Al instante, se le representó a don Quijote lo que deseaba, o sea° que un enano anunciaba su llegada. Y así, con extraño contento llegó a la venta y a las damas. Ellas al ver venir una espantable° figura con armadura, lanza y adarga, llenas de gran miedo trataron de refugiarse° en la venta.[2] Pero don Quijote, alzándose° la visera de cartón y descubriendo° su seco y polvoroso rostro, con gentil talante° y voz reposada° les dijo:

—Non fuyan° las vuestras mercedes, ni teman desaguisado° alguno; ca° a la orden de caballería que profeso non toca ni atañe° facerle° mal a ninguno, cuanto más a tan altas doncellas como vuestras presencias demuestran.[3]

Las mozas no entendieron esas palabras, y lo miraban, buscando sus ojos que estaban cubiertos por la mala visera. Pero al oír que las llamaba doncellas, cosa tan fuera de° su profesión, no pudieron contener su risa.° Don Quijote se corrió,° y les dijo:

—Bien parece la mesura° en las fermosas,° y es mucha sandez,° además, la risa que de leve causa procede; pero non vos lo digo porque os

---

sucedió it happened	**alzándose** raising	**non toca ni atañe** it
porquero swineherd	**descubriendo** uncovering	doesn't pertain
recogiendo gathering	**gentil talante** gentle	**facerle** to do (*archaic*)
manada herd	manner	**fuera de** far from
puercos pigs	**voz reposada** peaceful	**risa** laughter
cuerno horn	voice	**se corrió** was embarrassed
señal signal	**Non fuyan** Don't flee	**mesura** moderation, calm
o sea that is	(*archaic*)	**fermosas** beautiful
espantable frightful	**desaguisado** insolence	maidens (*archaic*)
refugiarse take shelter,	**ca** because	**sandez** foolishness
refuge		

[2] The two young women were obviously frightened by the unusual figure of Don Quijote on horseback, in armor. This kind of sight had vanished perhaps two centuries earlier.

[3] Don Quijote speaks to the young women in the archaic Spanish of the fourteenth century. The girls, of course, didn't understand it: "Fear not, your ladyships, nor fear ye any harm, for it belongs not nor pertains to the order of knighthood, which I profess, to harm anyone, much less highborn maidens as your appearance proclaims you to be."

acuitedes° ni mostredes° mal talante°; que el mío non es de ál° que de
serviros.[4]

El lenguaje de don Quijote, no entendido por las señoras, y el mal talle°
de su figura acrecentaba° en ellas la risa y en él, el enojo.° Esto empeoró.°
Ellas no podían contener su risa, y don Quijote aumentaba en su enojo.
En este momento, por suerte, se presentó el ventero° interrumpiendo la
seria situación que se desarrollaba.°

Comprensión

1. En lugar de una venta, ¿qué veía don Quijote?
2. Al llegar al "castillo", ¿qué esperaba don Quijote que pasara?
3. ¿Por qué no esperó más tiempo?
4. ¿Qué vio don Quijote al llegar a la puerta?
5. ¿Qué hizo en ese momento un porquero? ¿Qué se le representó a
   don Quijote?
6. Al ver la figura de don Quijote, ¿cómo reaccionaron y qué hicieron
   las dos mozas?
7. ¿Cómo trató de tranquilizarlas don Quijote? ¿Tuvo éxito?
8. ¿Por qué no entendieron a don Quijote las mozas?
9. ¿Qué sucedió cuando don Quijote las llamó doncellas?
10. ¿Cómo reaccionó don Quijote?
11. ¿Cómo reaccionaron ellas?
12. ¿Cómo se resolvió esta situación?

---

acuitedes worry (*archaic*)	**talle** shape, form	**ventero** innkeeper
mostredes show (*archaic*)	**acrecentaba** increased	**se desarrollaba** was
mal talante a bad temper	**enojo** anger	unfolding
ál anything else (*archaic*)	**empeoró** worsened	

[4] "Modesty becomes the fair, and moreover laughter that has little cause is great folly.
This, however, I say not to pain or anger you, for my desire is none other than to serve
you."

Capítulo 7

Entra el ventero "alcalde"° de la fortaleza°

La situación entre don Quijote y las mozas hubiera empeorado° mucho si en ese momento no saliera de la venta el ventero, quien era un hombre gordo y como tal pacífico.[1] Al ver la figura armada de don Quijote, el ventero quiso también reírse de él; sin embargo, temiendo las consecuencias de su risa, decidió hablarle comedidamente:°

—Si vuestra merced, señor caballero, busca posada,° no tengo lecho disponible,° pero hallará en esta venta todo lo demás en abundancia.

Viendo don Quijote la humildad° del alcalde de la fortaleza, respondió:

—Para mí, señor castellano, cualquiera cosa basta porque, mis arreos son las armas, mi descanso es pelear . . . [2]

El ventero pensó que don Quijote creía que él era un "castellano"[3] y no lo que era en realidad, un andaluz no menos ladrón que Caco,[4] proveniente de° la playa de Sanlúcar. Respondió entonces el ventero:

—Según eso, . . . las camas de vuestra merced serán duras peñas, y su dormir, siempre velar;[5] y siendo así, bien se puede usted apear,° con

---

alcalde governor	**comedidamente** politely	**humildad** meekness
fortaleza fortress	**posada** lodging	**proveniente de** coming
hubiera empeorado might	**lecho disponible** vacant	from
have worsened	bed	**apear** dismount

[1] *gordo y como tal pacífico*: a reference, again, to the belief that body types correspond to personalities. (See Ch. 1, Note 5.)

[2] "My armor is my only wear,
My only rest the fray . . . "
These verses came from "*La constancia*," a well-known *romance* (ballad) of the time.

[3] *castellano*: This word had three meanings: a native from Castilla, a castle warden, and, in the jargon of the underworld (*sano de castilla*), a thief in disguise.

[4] *Caco*: In mythology, Cacus was a giant, son of Vulcan, who robbed the Italians of their cattle. His name is proverbial in Spanish for "thief."

[5] The innkeeper recites the verses of the poem in Note 2:
"Your bed will be the solid rock,
Your sleep: to watch all night."

seguridad de hallar en esta choza° ocasión y ocasiones para no dormir en todo un año, cuanto más en una noche.

Y diciendo esto, el ventero fue a tener el estribo° de don Quijote, el cual se apeó con mucha dificultad y sin fuerzas, como alguien quien no había comido en todo el día. Luego las mozas, que ya se habían reconciliado con don Quijote, le ayudaron a desarmarse,° le quitaron el peto° y el espaldar,° pero no le pudieron sacar la celada porque estaba atada° con unas cintas verdes,° y era preciso° cortarlas porque no se podían deshacer los nudos.° Don Quijote no les permitió cortarlas y se quedó toda la noche con la celada puesta, y fue la más graciosa° y extraña figura que uno se pudiera imaginar.

Don Quijote creía que le desarmaban las damas del castillo, y dijo con mucho donaire:°

—Nunca fuera caballero
   de damas tan bien servido
   como fuera don Quijote
   cuando de su aldea vino:
   doncellas curaban de él;
   princesas del su rocino.[6]

Las mozas, que no estaban acostumbradas a oír semejantes razones, no respondían palabra, sólo le preguntaron si quería algo de comer. — Cualquier cosa yantaría° yo —respondió don Quijote— porque tengo mucha hambre.[7]

---

choza humble abode, hut
tener el estribo hold the stirrup
desarmarse to take off his armor
peto breastplate

espaldar shoulder (back) piece
atada tied
cintas verdes green ribbons
preciso necessary

nudos knots
graciosa funny
donaire grace, elegance
yantaría would eat (*archaic*)

[6] "Never was knight so served
   By any noble dame
   As was Don Quijote
   When from his village came,
   With damsels to wait on his every need
   While princesses cared for his hack [horse] . . ."
[7] Don Quijote often makes claims that he disdains food because of his spirituality; however, as the reader will see, our hero often eats heartily.

Ese día acertó a ser° viernes y no había en la venta otra cosa que comer que bacalao.[8] Le preguntaron si lo comería. Don Quijote respondió que estaba bien, porque el trabajo y peso de las armas no se podía llevar sin el gobierno de las tripas.[9]

Le pusieron la mesa° a la puerta de la venta, por el fresco,° y el ventero le trajo una porción de un mal remojado° y peor cocido° bacalao y un pan tan negro y mugriento° como sus armas.

Era materia de gran risa verlo comer, porque, como tenía puesta la celada y alzada la visera, no podía poner nada en la boca sin ayuda. Para darle de beber, horadó° el ventero una caña.° Metió un cabo° en la boca y por el otro le iba echando° el vino. Don Quijote lo hacía todo con paciencia, con tal de que no le cortaran sus cintas verdes.

En esto vino a la venta un castrador° de puercos. Anunció su presencia con su silbato de cañas.° Don Quijote entonces acabó de confirmar° que estaba realmente en un famoso castillo y que le servían con música. Empero,° lo que más le fatigaba° era no verse armado caballero, por parecerle que no se podía poner legítimamente en aventura alguna sin recibir la orden de caballería.

Comprensión

1. ¿Cómo era el ventero? ¿Por qué? ¿Crees que hay correspondencia entre el cuerpo y la personalidad? ¿Por qué?
2. ¿Cómo reaccionó el ventero al ver la figura armada de don Quijote?

---

acertó a ser happened to be
pusieron la mesa they put the table
fresco fresh breeze, open air
mal remojado badly prepared

peor cocido poorly cooked
mugriento dirty, greasy
horadó pierced
caña straw, reed
cabo end
echando pouring
castrador castrater

silbato de cañas reed whistle
acabó de confirmar finally confirmed
Empero But, Nevertheless
fatigaba bothered, annoyed

[8] Catholics eat fish on Fridays. Bacalao or codfish has a very strong odor. Cervantes uses the odor of fish for comic effect.

[9] . . . for the burden and weight of the arms cannot be borne without support to the inside" (literally, "the governing of the intestines").

3. ¿Qué quiere decir "hablar comedidamente"?
4. ¿En qué sentido usa don Quijote la palabra *castellano*?
5. ¿De dónde era el ventero?
6. ¿Por qué crees que dijo el ventero que don Quijote encontrará en la venta ocasión de no dormir en un año?
7. ¿Qué hicieron luego las mozas?
8. ¿Por qué no le quitaron a don Quijote la celada? ¿Qué efecto tuvo esto?
9. ¿Por qué recitó los versos de poesía don Quijote?
10. ¿Qué aceptó a comer don Quijote? ¿Cómo es ese pescado?
11. Describe la comida de don Quijote.
12. ¿Por qué era materia de gran risa verlo comer?
13. ¿Quién llegó a la venta mientras comía don Quijote, y qué hizo?
14. ¿Cómo interpretó esto don Quijote?

Capítulo 8

La graciosa manera como don Quijote fue armado caballero

Don Quijote, ya fatigado de no verse armado caballero, se apresuró en terminar su venteril° y limitada cena, acabada la cual llamó al ventero y, encerrándose° con él en la caballeriza, se hincó de rodillas ante él y le dijo —No me levantaré jamás de donde estoy, valeroso caballero, hasta que la su cortesía° me arme caballero andante.

El ventero, cuando vio a su huésped° a sus pies y oyó semejante razón, lo miró sin saber qué hacer ni decir. Entonces le pidió a don Quijote que se levantara pero don Quijote se negó, hasta que finalmente el ventero prometió que le armaría caballero andante. Don Quijote dijo entonces:

---

venteril modest, appropriate for a poor inn

encerrándose locking himself up

la su cortesía your lordship
huésped guest

—No esperaba yo menos de la gran magnificencia suya, señor mío. Y así, mañana me armará caballero; mientras tanto esta noche velaré° las armas en la capilla° de su castillo. Y mañana se cumplirá° cuanto deseo, para poder, como se debe, ir por todas las cuatro partes del mundo buscando las aventuras en provecho° de los menesterosos.°

El ventero, que era un poco socarrón° y ya tenía algunos barruntos° de la locura de don Quijote, determinó seguirle el humor° para tener de qué reír° aquella noche. Le dijo que él, en sus años de mocedad,° también fue caballero andante y anduvo por muchas partes del mundo, como los Percheles de Málaga, las Islas de Riarán, el Compás de Sevilla, el Azogueo de Segovia, la Olivera de Valencia, y otros lugares fabulosos.¹ Dijo que él ejercitó° la ligereza de sus pies,° la sutileza de sus manos,° haciendo muchos tuertos, y finalmente dándose a conocer° a casi todos los tribunales° de España. Dijo que, al final, había venido a vivir en su castillo, donde recogía él a todos los caballeros andantes, por la gran afición que les tenía y porque compartieran° con él de sus posesiones, en pago de su buen deseo.

El ventero le dijo a don Quijote que su castillo no tenía capilla donde velar las armas porque estaba derribada° para hacerla de nuevo;° pero que en caso de necesidad, él sabía que las reglas de caballería permitían velar las armas dondequiera,° y que aquella noche las podía velar en el patio del castillo. Le dijo, además, que, Dios servido,° a la mañana se harían las debidas ceremonias, de manera que él quedara muy armado caballero. Luego el ventero le preguntó si traía dinero.

---

velaré I'll keep a vigil over	**seguirle el humor** to play along with him	**dándose a conocer** being acquainted with
capilla chapel	**tener . . . reír** to have something to laugh about	**tribunales** courts
se cumplirá will be fulfilled		**compartieran** they would share
provecho benefit	**mocedad** youth	**derribada** torn down
los menesterosos the needy	**ejercitó** practiced	**de nuevo** once again
socarrón teaser, jester	**la . . . pies** the nimbleness of feet	**dondequiera** wherever
barruntos ideas, indications	**la . . . manos** the sleight of hand	**Dios servido** God willing

¹ The inkeeper is a knave, the very opposite of the idealist Don Quijote. Cervantes gives here the picaresque geography of Spain based on his own knowledge from having served in prison more than once. The localities mentioned by the innkeeper were famous meeting places for delinquents, prostitutes, itinerant workers, and gamblers.

Don Quijote respondió que no traía blanca,° porque él nunca había leído en las historias de los caballeros andantes que ninguno lo hubiera traído. Le dijo entonces el ventero que se engañaba,° porque no se escribía en las historias cosas tan claras y necesarias como traer dinero, camisas limpias y una arqueta pequeña° llena de ungüento° para curar las heridas° recibidas. Finalmente dijo el ventero que casi todos los caballeros andantes tenían escuderos° que llevaban todas estas cosas en alforjas.°2 Don Quijote prometió al ventero que haría lo que le aconsejaba, y partió hacia el patio del castillo, para velar las armas.

Comprensión

1. ¿Qué le pidió don Quijote, hincado de rodillas, al ventero?
2. ¿Cómo reaccionó el ventero?
3. ¿Cuándo será armado caballero don Quijote? ¿Qué hará esa noche?
4. ¿Qué le gustaba hacer al ventero? ¿De qué se dio cuenta él?
5. ¿Qué le dijo el ventero a don Quijote para seguirle el humor?
6. Según la nota, ¿qué geografía da aquí Cervantes?
7. ¿Por qué sabía tanto Cervantes del mundo de los pícaros?
8. ¿Dónde armará caballero el ventero a don Quijote?
9. ¿Por qué le pregunta el ventero a don Quijote si traía dinero?
10. ¿Cómo interpretas los consejos del ventero a don Quijote?

---

no . . . blanca he didn't bring a coin
se engañaba he was mistaken

arqueta pequeña small trunk, chest
ungüento ointment
heridas wounds

escuderos squires
alforjas saddlebags

2 The advice of the *ventero* is utterly ridiculous. For the idealistic knights to consider details, such as clean shirts, saddlebags, and small containers of ointment to cure future wounds, was unthinkable and unbecoming.

. . . y comenzó a pasearse delante la pila, con gentil continente.

Capítulo 9

Don Quijote vela las armas

Para velar las armas, don Quijote entonces entró en un corral grande,° que estaba a un lado de la venta, donde había una pila° al lado de un pozo.° Recogió todas sus armas y las puso sobre la pila, y embrazando su adarga, asió° su lanza y comenzó a pasearse delante de° la pila, con gentil continente.° Ya entonces comenzaba a cerrar la noche.°

Con gran risa, el ventero contó a todos cuantos estaban en la venta la locura de su huésped, la vela de las armas y la armazón de caballería que tenía. Ellos, admirados° de tan extraña locura, fueron a mirarlo desde lejos.° Vieron, en la claridad de la luna, que, con sosegado ademán,° unas veces° se paseaba; otras, arrimado a° su lanza, ponía los ojos en las armas sin quitarlos, por largo tiempo.

Por la noche uno de los arrieros que estaban en la venta fue a dar agua a sus mulas. Para el efecto tuvo que quitar de la pila las armas de don Quijote. Enfurecido al ver esto, don Quijote le dijo amenazas° que el arriero no entendió. Cuando el arriero continuó su tarea,° don Quijote, alzando los ojos al cielo y poniendo su pensamiento en Dulcinea, le ofreció ésta, su primera afrenta.° Levantó su lanza con las dos manos y le dio con ella tan gran golpe° al arriero que lo derribó al suelo° casi muerto.[1] Hecho esto, don Quijote tomó nuevamente sus armas y comenzó nuevamente a pasearse con el mismo reposo que antes.°

---

corral grande large fenced-in grazing pasture
pila trough
pozo well
asió grabbed
pasearse . . . de to walk in front of
gentil continente handsome, elegant bearing

comenzaba . . . noche the night began to fall
admirados astonished
desde lojos from a distance
sosegado ademán calm manner
unas veces at times
arrimado a leaning on
amenazas threats

tarea task
afrenta dishonor
tan gran golpe such a great blow
lo derribó al suelo he knocked him to the ground
con . . . que antes with the same calm as before

[1] Notice that Don Quijote's choleric nature surfaces. He is impulsive and easily enraged, and he reacts instinctively to what he perceives. His lunacy has begun to cause pain to himself and those around him.

Poco después vino otro arriero, que sin enterarse de° lo que le pasó al primero, quiso también sacar agua para sus mulas. Don Quijote, esta vez sin decir palabra, alzó la lanza y derribó a otro arriero. Al escuchar el ruido,° acudió° toda la gente de la venta. Los compañeros de los arrieros heridos, cuando vieron lo ocurrido, comenzaron a llover piedras,° desde lejos, a don Quijote, el cual se protegía° con su adarga.² Todos daban voces,° y don Quijote daba mayores,° diciendo que el ventero era un fol- lón° y mal nacido° caballero, porque permitía ese trato a un caballero.

Comprensión

1. ¿Dónde veló las armas don Quijote?
2. ¿Qué hizo entonces? ¿Cómo lo hizo?
3. El ventero había decidido aceptar lo que don Quijote quería para tener de qué reírse. ¿Qué contó a todos los que estaban en la venta? ¿Qué hicieron ellos? ¿Por qué?
4. ¿Qué hizo entonces un arriero?
5. ¿Cómo reaccionó don Quijote?
6. ¿Qué hizo luego don Quijote?
7. ¿Quién llegó poco después?
8. ¿Qué hizo entonces don Quijote?
9. ¿Qué ocurrió luego?
10. ¿Qué hicieron los compañeros de los dos arrieros heridos?
11. ¿Qué hacían todos?
12. ¿Qué decía don Quijote? ¿Por qué?

---

sin enterarse de without finding out about
ruido noise
acudió came running

llover piedras to rain stones
se protegía protected himself
daban voces shouted

daba mayores shouted louder
follón rogue
mal nacido ill-bred

² This is the first time that Don Quijote is attacked.

Capítulo 10

Don Quijote es armado caballero[1]

No le parecieron bien al ventero las burlas° de su huésped, y determinó darle la negra orden de caballería[2] inmediatamente, antes de que sucediera° otra desgracia.° Le dijo entonces que para ser armado caballero sólo restaba de hacer° dos cosas, la pescozada° y el espaldazo.° Y eso se podía hacer en cualquier lugar. Don Quijote lo creyó todo y dijo que él estaba listo a obedecerle,° y que concluyera° lo más pronto posible, porque temía otra acometida,° y ya armado caballero, no dejaría persona viva en el castillo, excepto aquellas que el ventero mandara.°

El ventero advertido° y medroso,° trajo luego un libro donde escribía las cuentas° por la paja° y la cebada° que daba a los arrieros, y con una vela que traía un muchacho, y con las ya mencionadas doncellas, se acercó a don Quijote y lo mandó que se hincara. De seguido,° leyendo en su libro (como que decía° una oración° devota), alzó la mano y le dio sobre el cuello un golpe; y luego, con su misma espada le dio un gentil espaldazo, siempre murmurando entre dientes,° como si rezaba.°

Hecho esto, mandó a una de las doncellas que le ciñera° la espada. Ella lo hizo con mucha discreción, para no reventar de risa° a cada punto de la ceremonia. Pero las proezas° que ellas ya había visto del novel°

---

las burlas the tricks	**acometida** charge, attack	**murmurando . . . dientes**
sucediera occurred	**mandara** might order	mumbling
desgracia mishap	**advertido** warned	**como si rezaba** as if he
restaba de hacer there	**medroso** fearful	were praying
remained to do	**las cuentas** the bills	**ciñera** put on
pescozada blow on the	**paja** straw	**reventar de risa** burst
neck	**cebada** barley	from laughter
espaldazo blow on the	**De seguido** Next	**proezas** great deeds
back (with a sword)	**como que decía** as if he	**novel** rookie
obedecerle to obey him	were saying	
concluyera he should	**oración** prayer	
finish		

[1] This is a ridiculous farce and a parody of the solemn rituals of the dubbing of knighthood. Only rustics, fools, or mad people would believe that Don Quijote was a knight.

[2] *la negra orden de caballería*: "the accursed order of chivalry," because of the mischief Don Quijote had caused thus far.

caballero les tenía la risa a raya.° Al ceñirle la espada, le dijo la buena señora: —Dios haga a vuestra merced muy venturoso° caballero, y le dé ventura en lides.°

Don Quijote le preguntó cómo se llamaba. Ella respondió que se llamaba la Tolosa, porque era de Toledo. Don Quijote le replicó que de allí en adelante debería llamarse doña Tolosa. Ella se lo prometió.° La otra doncella le calzó la espuela,° y don Quijote le preguntó el nombre. Ella dijo que se llamaba la Molinera. Don Quijote le rogó° que se pusiera el nombre de doña Molinera.[3]

Una vez hechas, pues, a prisa de galope° las ceremonias hasta allí nunca vistas, don Quijote ensilló° a Rocinante, subió en él, abrazó° al ventero diciéndole cosas muy extrañas, y le agradeció° por haberlo armado caballero. El ventero, con no menos retóricas,° y por verlo ya fuera de la venta,° lo dejó ir sin pedirle el pago° de la posada.

Comprensión

1. ¿Por qué razón decidió el ventero darle la orden de caballería a don Quijote? ¿Por qué la llama la "negra orden"?
2. Según el ventero, ¿cuáles son las dos cosas necesarias para ser armado caballero? Favor de explicarlas según la nota.
3. ¿Qué amenaza don Quijote?

---

les . . . raya kept their laughter in check
venturoso successful
ventura en lides good luck in contests
se lo prometió promised him to do it

le calzó la espuela put on his spurs
le rogó begged her
a . . . galope at galloping speed
ensilló saddled
abrazó embraced

agradeció thanked
con . . . retóricas with speech not any less effusive
ya . . . venta already gone from the inn
el pago the payment

[3] Ironically, Don Quijote doesn't know that the title *doña* was also used for prostitutes. Tolosa, a nickname because she was from Toledo. Molinera, because she was a miller's daughter.

4. Según las reglas de caballería, el juramento del caballero debía hacerse sobre una biblia. ¿Sobre qué le hace jurar a don Quijote el ventero? ¿Qué efecto tiene esto?
5. ¿Quién y cómo le ciñe la espada a don Quijote?
6. ¿Por qué le llama Cervantes "buena señora" a la moza?
7. Según la nota, ¿cuál es lo cómico del título *doña*?
8. ¿Qué hizo luego don Quijote?
9. ¿Qué hizo al final el ventero?

Capítulo 11

Don Quijote consigue° un escudero

Era entonces ya necesario e indispensable para don Quijote conseguir un escudero. Para el efecto, le propuso a un vecino suyo, quien era un hombre de bien,° pobre, pero de muy poca sal en la mollera,°¹ que le sirviera como escudero. En resolución,° tanto le dijo, tanto le persuadió y prometió, que el pobre villano° se determinó salir con él. Don Quijote le decía, entre otras cosas, que tal vez podía ocurrir alguna aventura en la que ganara alguna ínsula,° y entonces lo haría su gobernador.° Con estas y otras promesas, Sancho Panza (que así se llamaba el labrador) dejó a su mujer e hijos para ser escudero de su vecino.²

Luego, don Quijote se dio° en buscar dineros. Vendió unas cosas, empeñó° otras, y malbarató° todas. Juntó así una cantidad razonable.

---

consigue obtains	**villano** common person	**empeñó** he pawned
hombre de bien good man	**ínsula** island	**malbarató** undersold
sal . . . mollera brains	**gobernador** governor	
En resolución Finally	**se dio** set out	

¹ *sal en la mollera*: A reference to the ritual, in Catholic baptism, of placing a pinch of salt on top of the head (*mollera*) or on the lips of the infant being baptized. Folk tradition coined sayings that asserted that a well-salted person at baptism would be smart. Likewise, one with not much salt on his crown would be dim-witted.
² Christ exhorts his disciples to leave their wives and children and follow him. (See Matthew 19:29.)

. . . continuaron su camino por los campos de La Mancha.

Asimismo,° obtuvo una rodela,° que pidió prestada° a un amigo. Compuso su celada rota lo mejor que pudo, y avisó a su escudero Sancho el día y la hora que pensaba ponerse en camino, para que Sancho se proveyera de° lo necesario; sobre todo, le encargó que llevara alforjas. Sancho le dijo que sí pensaba hacerlo.

Dijo además Sancho que llevaría un muy buen asno° que tenía, porque él no estaba ducho° a andar a pie. En lo del asno meditó un poco don Quijote, tratando de recordar si algún caballero andante había traído un escudero en asno. No recordó. Entonces prometió don Quijote a Sancho, quitar su caballo al primer descortés caballero que encontrara.

Don Quijote se proveyó de camisas y de las demás cosas que pudo, conforme al consejo que el ventero le había dado y se preparó a salir.

Una vez hechos los preparativos, sin despedirse° Sancho de su mujer y de sus hijos, ni don Quijote de su ama y de su sobrina, una noche se salieron del lugar sin que les viera persona alguna. Caminaron tanto que al amanecer se tuvieron por seguros de que no los hallarían aunque los buscaran.

Iba Sancho como un patriarca sobre su jumento,[3] con sus alforjas y bota,° con muchos deseos de verse gobernador de la ínsula que su amo le había prometido. Dijo Sancho:

—Mire vuestra merced, señor caballero andante, que no se le olvide lo de la ínsula que me tiene prometido. Yo la sabré gobernar, por grande que sea.

Don Quijote respondió: —Has de saber, amigo Sancho Panza, que fue costumbre muy usada de los caballeros andantes antiguos hacer gober-

---

Asimismo Likewise, In the same way
rodela shield
pidió prestada he borrowed

proveyera de to stock up on
asno ass, donkey
ducho good at

despedirse saying good-bye
bota wine bag

[3] *patriarca sobre su jumento*: Patriarchs in Biblical times indeed rode the comfortable and sure-footed donkey.

nadores a sus escuderos, de las ínsulas o reinos° que ganaban. Y yo tengo determinado que por mí no falte tan agradecida costumbre.°

Sancho replicó: —De esa manera, si yo fuera rey, Juana Gutiérrez,[4] mi mujer, sería reina, y mis hijos, infantes.°

Don Quijote respondió: —¿Quién lo duda?

Sancho aseguró: —Yo lo dudo, porque Mari Gutiérrez no vale dos maravedís para reina; le caerá mejor° el título de condesa.

Don Quijote le aconsejó: —Encomienda° esto a Dios, Sancho, porque Él le dará lo que más le convenga;° pero no apoques tu ánimo° tanto que te contentes con menos de ser gobernador.

Sancho comentó: —No lo haré, señor mío, y aún más teniendo un amo tan principal como usted, que me sabrá dar todo lo que sea bueno para mí.

En esta conversación continuaron su camino por los campos de la Mancha.

Comprensión

1. ¿A quién convenció don Quijote que fuera su escudero? ¿Cómo lo hizo?
2. ¿Cómo se preparó don Quijote para su segunda salida?
3. ¿De qué deberá proveerse Sancho?
4. ¿Por qué quería ir en asno Sancho? ¿Por qué no acepta inmediatamente esto don Quijote?
5. ¿Qué hicieron luego caballero y escudero? ¿Cuándo salieron?
6. ¿Cómo iba Sancho?

---

reinos kingdoms
tan . . . costumbre such a pleasant custom
infantes princes and princesses

le caerá mejor will suit her better
Encomienda Commend

convenga suits
no . . . ánimo don't lower your ambition

[4] Sancho calls his wife by several names: Juana Gutiérrez, Mari Gutiérrez, Juana Panza, and Teresa Panza.

7. ¿Qué dice sobre la ínsula don Quijote?
8. ¿Qué concluye Sancho?
9. ¿Qué duda tiene Sancho?
10. ¿Qué le aconseja don Quijote a Sancho?
11. ¿Dónde estaban los dos?

Capítulo 12

La espantable y jamás imaginada aventura de los molinos de viento°[1]

Don Quijote y Sancho conversaban cuando vieron a la distancia treinta o cuarenta molinos de viento. Dijo entonces don Quijote a su escudero:

—La aventura está guiando° nuestros pasos° mejor de lo que podamos desear; porque allí, Sancho amigo, se descubren treinta o más desaforados° gigantes, a quienes pienso dar batalla y quitarles a todos la vida. Comenzaremos a enriquecernos° con los despojos° suyos. Ésta es buena guerra y es gran servicio de Dios quitar de la faz de la tierra° tan mala simiente.°

Sancho respondió: —¿Qué gigantes?[2]

Don Quijote aseguró: —Aquellos que allí ves, los de los brazos largos. Algunos suelen tener brazos de casi dos leguas.[3]

---

molinos de viento windmills	**desaforados** enormous	**despojos** spoils
guiando guiding	**enriquecernos** to enrich ourselves; to become wealthy	**faz de la tierra** face of the earth
pasos steps		**mala simiente** bad seed

[1] Don Quijote's encounter with the windmills is perhaps one of the best-known episodes of Cervantes's novel. La Mancha is an arid windswept plateau. Windmills functioned very well in this area, and the trade of milling was lucrative.

[2] Sancho sees the reality of the situation. Later he will gradually become as crazy as Don Quijote. Critics speak of this character change as the *"quijotización de Sancho."* We will later see the *"sanchificación de don Quijote."*

[3] *legua*: A league was a measure of distance varying for different times and countries from about 2.4 to 4.6 miles (3.9 to 7.4 kilometers).

Sancho dijo entonces: —Mire, su merced, que aquellos no son gigantes, sino molinos de viento. Lo que parece ser brazos son las aspas° que, sopladas° por el viento, hacen rodar° la piedra del molino.°

Don Quijote respondió: —Bien se ve que no sabes de aventuras. Ellos son gigantes; y si tienes miedo, quítate de ahí° y comienza a rezar, porque yo voy a entrar en fiera y desigual° batalla contra ellos.

Diciendo esto espoleó a Rocinante, sin atender° a las voces de adverten-cia° que le daba Sancho: que eran molinos de viento y no gigantes. Pero don Quijote estaba tan convencido de que eran gigantes que ni oía las voces de Sancho, ni veía (aunque estaba muy cerca) que eran molinos. Por el contrario, estaba diciendo: —Non fuyades,° cobardes y viles criat-uras. Es solamente un caballero quien os acomete.°

En eso sopló un poco de viento y las grandes aspas comenzaron a moverse. Al verlo don Quijote dijo: —Aunque muevas más brazos que los del gigante Briareo,[4] tendrás que pagarme.

Y diciendo esto, y encomendándose° de todo corazón a su señora Dul-cinea, bien cubierto de su rodela, y la lanza al ristre,° arremetió° a todo galope de Rocinante y embistió° al primer molino que estaba delante. Le dio una lanzada° al aspa, la cual, violentamente movida por una ráfaga° de viento, hizo pedazos la lanza y se llevó consigo° al caballo y al caballero. Don Quijote fue rodando° por el campo muy maltrecho.° San-cho acudió a socorrerlo° a todo correr° de su asno. Cuando llegó a él, vio que no se podía mover.

---

aspas sails	**voces de advertencia** cries	**embistió** he charged
sopladas blown	of warning	**lanzada** thrust of a lance
hacen rodar turn	**fuyades** flee (*archaic*)	**ráfaga** gust
la . . . molino millstone	**acomete** to engage in a	**se . . . consigo** took with
quítate de ahí move out of	fight	it
the way	**encomendándose**	**fue rodando** tumbled
fiera y desigual fierce and	commending himself	**maltrecho** battered
uneven	**al ristre** at the ready	**socorrerlo** help him
atender paying attention	**arremetió** he attacked	**a todo correr** at full speed

[4] *Briareo*: A mythological giant who had one hundred arms and fifty stomachs.

Sancho dijo: —¡Válgame Dios!° ¿No le dije a su merced que mirara bien lo que hacía, y que no eran sino molinos de viento, y que no podía ignorarlo sino quien llevara otros tales° en su cabeza⁵?

Don Quijote respondió: —Calla, amigo Sancho. Las cosas de la guerra están sujetas a cambios continuos. Debes saber que Frestón,⁶ un brujo° enemigo mío, ha convertido a estos gigantes en molinos, para quitarme la gloria de la victoria. Pero al fin° podrá más mi espada que sus malas artes.°

Sancho lo ayudó entonces a levantarse y subir sobre Rocinante, el que estaba también medio despaldado.° Don Quijote dijo que deberían ir a Puerto Lápice,⁷ donde hallarían más aventuras.

——◄◆►——

Comprensión

1. ¿Qué cree don Quijote que son los treinta o cuarenta molinos de viento?
2. ¿Qué piensa hacer don Quijote con los gigantes?
3. ¿Cómo ve Sancho a los gigantes de don Quijote? ¿Qué explica?
4. ¿Qué hizo don Quijote?
5. ¿Qué sucedió luego?
6. ¿Cuál fue el resultado de esta arremetida de don Quijote?
7. ¿Qué hace y qué dice Sancho?
8. ¿A quién culpa don Quijote?
9. ¿Cómo termina el capítulo?

¡Válgame Dios! For heaven's sake!
otros tales others like them

brujo sorcerer, warlock
Pero al fin But in the end
malas artes bad sorcery

medio despaldado with his back nearly broken

⁵ Sancho states clearly that the wind is propelling don Quijote's head. In a roundabout way, Sancho calls his master crazy.

⁶ Frestón was a magician in the books of chivalry.

⁷ Puerto Lápice is a town on the main highway between Madrid and Córdoba. *Puertos secos*, or dry ports, were customhouses between kingdoms, where all merchandise was registered and duties or road tolls were paid.

Capítulo 13

Don Quijote ataca a dos encantadores quienes traían prisionera a alguna princesa

Don Quijote y Sancho iban, camino a° Puerto Lápice, cuando Sancho dijo que ya era la hora de comer. Su amo respondió que aún no tenía hambre, empero que° Sancho comiera cuando se le antojara.° Con esta licencia, se acomodó° Sancho lo mejor que pudo sobre su jumento, y sacando de las alforjas lo que en ellas había puesto, iba caminando y comiendo detrás de su amo muy a su gusto.° De cuando en cuando empinaba° la bota con tanto gusto que le pudiera envidiar el más regalado bodeguero° de Málaga.[1]

Aquella noche la pasaron entre unos árboles, y don Quijote desgajó° de uno de ellos una rama seca° que casi le podía servir de lanza. Puso entonces en ella el hierro° que quitó de la lanza que se le había quebrado.° Toda aquella noche durmió don Quijote pensando en su señora Dulcinea. No la pasó así° Sancho, porque como tenía el estómago lleno de vino, durmió toda la noche.

Al despuntar el alba° no lo podían desepertar ni los rayos del sol, ni el canto de las aves.° Finalmente, al levantarse dio un tiento° a su bota y la halló algo más flaca que la noche anterior[2] y se le afligió el corazón° porque no podría remediar pronto la falta del vino. Don Quijote no quiso desayunarse porque decía que se sustentaba° de sabrosas° memorias. Sigu-

---

camino a heading toward	**más . . . bodeguero** most	**aves** birds
empero que but that	comfortable wine	**dio un tiento** felt with his
se le antojara he might	dealer	hand
have a mind to	**desgajó** broke off	**afligió el corazón** his heart
se acomodó made himself	**rama seca** dry branch	was distressed
comfortable	**el hierro** the tip	**se sustentaba** he
muy . . . gusto much to	**quebrado** broken	nourished himself
his liking	**No . . . así** Didn't spend it	**sabrosas** tasty
empinaba he raised	the same way	
	Al despuntar el alba At	
	daybreak	

[1] . . . *bodeguero de Málaga*: In Cervantes's time Málaga was also called Villaviciosa or "the village of vice." The wines of Málaga were and are among Spain's best.
[2] Who drank Sancho's wine? Perhaps Don Quijote.

ieron su camino, y a las tres de la tarde pudieron ver ya el Puerto Lápice, y don Quijote dijo:

—Amigo Sancho, aquí podremos meter las manos hasta los codos° en aventuras; mas, advierte° que aunque yo me vea en los mayores peligros del mundo, no deberás sacar tu espada para defenderme si los que me atacan son caballeros. No es lícito° que lo hagas según las órdenes de caballería, sino hasta que seas armado caballero. Si me ataca gente baja,° sí podrás ayudarme.

Sancho respondió: —Señor, por cierto° será usted obedecido. Aunque yo soy pacífico y enemigo de meterme° en ruidos y pendencias. Sin embargo, en lo que toca a° defender a mi persona, no tendré mucha cuenta° a esas leyes, porque las leyes divinas y humanas permiten defenderse a cada uno.

Estando en esta conversación, se asomaron° por el camino dos frailes° de la orden de San Benito, los que iban sobre dos dromedarios,° porque las mulas en que venían no eran más pequeñas. Llevaban puestos anteojos de camino° y traían quitasoles.³ Venía detrás de ellos un coche, con cuatro o cinco personas a caballo que lo acompañaban, y dos mozos de mulas a pie. Venía en el coche, como después se supo, una señora vizcaína,°⁴ que iba a Sevilla, donde estaba su marido. Éste iba a América con un

---

meter . . . codos get in up to our necks (elbows)	**meterme** getting myself into	**dromedarios** camels
advierte be warned	**en . . . toca a** in that which pertains to	**anteojos de camino** road glasses (to protect from sun and dust)
No es lícito It isn't legal		
gente baja low-class people	**no . . . cuenta** I will not pay much attention	**vizcaína** from Vizcaya (the Basque country)
por cierto certainly	**se asomaron** appeared	
	frailes friars	

³ . . . *orden de San Benito:* This religious order was founded by Saint Benito of Nurcia (480–543). The order was based on virtue and work. In this episode, the two monks rode for comfort on very large mules (as big as *dromedarios,* or camels) and wore face masks with large, rounded eyeglasses. These masks guarded the wearer's face against the sun and dust. The sight of these two enormous figures, ten feet tall, in black, with two enormous gleaming eyes, must have indeed been frightening. Don Quijote, as expected, imagines the worst. He calls them *gente endiablada* ("satanic individuals"). This was the era of the Reformation (first half of the sixteenth century) and Counter-Reformation (second half of the sixteenth century).

⁴ *vizcaína:* A Basque or Biscayan, from the province of Biscay. The Basques and their language, Basque (which is not related to any known language), were frequently satirized in Cervantes's day.

cargo muy honroso.° Los frailes no viajaban con ella, aunque iban por el mismo camino. Apenas° los vio, don Quijote dijo:

—¡O yo me engaño, o ésta será la más famosa aventura que yo haya visto! Aquellos bultos negros° que allí están deben ser encantadores que llevan secuestrada° a alguna princesas[5] en aquel coche. Es menester que yo deshaga ese tuerto con todo mi poderío.°

Sancho musitó:° —Esto va a resultar peor que los molinos de viento. Mire, señor, esos son frailes Benedictinos, y el coche debe ser de alguna gente pasajera.° ¡Mire bien lo que hace! ¡El diablo puede engañarlo!°

Don Quijote respondió: —Sancho, ya te he dicho que sabes muy poco de los detalles de las aventuras. ¡Lo que te digo es verdad y ahora lo verás!

Y diciendo esto se adelantó° y se puso en medio del camino por donde los frailes venían. Se llegó entonces cerca de ellos y les dijo en voz alta: —¡Gente endiablada,° dejen libres al punto° a las altas° princesas que llevan secuestradas! ¡Si no, prepárense a recibir presta° muerte como castigo° por sus malas obras!

Los dos frailes detuvieron las riendas° y quedaron admirados, tanto de la figura de don Quijote como° de lo que decía. Entonces respondieron: — Señor caballero, nosotros no somos endiablados, sino dos religiosos Benedictinos que seguimos nuestro camino. No sabemos ni quién viene en ese coche, ni de ninguna princesa secuestrada.

---

un . . . honroso a very honored position	**poderío** might	**altas** noble
Apenas As soon as, Scarcely	**musitó** mused	**presta** quick
bultos negros black shadowy objects	**gente pasajera** travelers	**castigo** punishment
secuestrada as a hostage, kidnapped	**engañarlo** deceive you	**detuvieron las riendas** pulled on the reins (to stop the mules)
	se adelantó went ahead	
	endiablada possessed by the devil	**tanto . . . como . . .** as much by . . . as by . . .
	al punto right now	

[5] The kidnapping of fair maidens was a common theme in the books of chivalry (see, for example, Boyardo's *Orlando*).

Don Quijote dijo: —¡Para mí no hay palabras blandas!° ¡Yo ya los conozco, canallas!°

Y sin esperar respuesta, picó° a Rocinante y, con la lanza baja, arremetió contra el primer fraile, con tanta furia, que si el fraile no se deslizara° de la mula, don Quijote lo tumbara,° o lo matara.°

El segundo religioso, cuando vio como trataban a su compañero, metió espuelas° al castillo° de mula, y corrió por aquel campo más rápido que el viento.

Cuando Sancho Panza vio al fraile en el suelo, apeándose rápidamente de su asno, arremetió contra él y comenzó a desplumarlo° de su hábito.°⁶ Entonces llegaron dos mozos que viajaban con los curas y le preguntaron a Sancho por qué lo desnudaba.° Sancho respondió que eso le tocaba legítimamente° a él como despojo de la batalla de don Quijote.

Los mozos no entendieron ni de despojos ni de batallas. Entonces arremetieron contra Sancho pelándole° todas las barbas,⁷ y luego moliéndole a coces.° Sancho quedó en el suelo sin aliento° y sin sentido.°

El fraile, cuando vio esto, subió presto a su gran mula, todo temeroso,° acobardado,° sin color, y picó tras° su compañero, que a buen espacio de allí° lo estaba esperando. Una vez juntos, siguieron su camino, hacién-

---

blandas soft, gentle	**castillo** castle (the mule	**moliéndole a coces**
canallas dogs, riffraff	was as protective as a	mauling him with kicks
picó spurred	castle)	**aliento** breath
deslizara slid down	**desplumarlo** to pluck him	**sentido** consciousness
tumbara would have	**hábito** religious garments	**temeroso** fearful
knocked down	**desnudaba** was	**acobardado** intimidated,
matara would have killed	undresssing	cowed
metió espuelas spurred on	**le . . . legítimamente** was	**tras** after
	legally his	**a . . . allí** at a good
	pelándole plucking	distance

⁶ Sancho is becoming as crazy as his master (*quijotización de Sancho*). He understands that, according to the rules of chivalry, the spoils of war were his; nonetheless, he becomes aware that he has committed a sacrilege by physically abusing a holy man. He has also committed a second sacrilege by stealing religious property (the holy habit) of the priest.

⁷ This is hyperbole, of course. All of Sancho's beard was not plucked. Plucking the beard (*mesar la barba*) was a great insult at this time and an affront to one's manliness.

dose más cruces° que si llevaran el diablo a las espaldas. Don Quijote se volvió al coche de las dos señoras y muy cortésmente les mandó presentarse a su señora Dulcinea para que le dieran cuenta° del valor de su brazo. Un escudero de las señoras, que era vizcaíno, al ver detenido el coche, en mala lengua española, y peor vasca, le dijo a don Quijote: —Anda, caballero que mal andes. ¡Por el Dios que crióme, que si no dejas el coche, así matas, como estás ahí vizcaíno!⁸

Don Quijote lo entendió bien,⁹ y sacando su espada, arremetió contra el vizcaíno. Los dos se trabaron en sangrienta lucha.° Finalmente terminó la contienda con don Quijote el vencedor, pero menos media oreja. El vizcaíno cayó de su mula al suelo ensangrentado y medio muerto, ante la consternación de las dos señoras del coche.

Y aquí termina la historia de don Quijote, porque el autor no halló más escrito. El segundo autor¹⁰ no quiso que tan sabrosa historia fuera olvidada. Y se dedicó a hallar el fin de esta historia. Y siéndole el cielo favorable, la halló del modo que se contará en el siguiente episodio.

———— ·◆· ————

Comprensión

1. ¿Qué hizo Sancho a la hora de comer? ¿Cómo lo caracteriza Cervantes?
2. ¿Qué hizo aquella noche don Quijote? ¿En quién pensó?
3. ¿Cómo pasó esa noche Sancho?
4. Al despertar Sancho, ¿qué hizo? En cuanto al vino, ¿qué se implica?
5. Según las leyes de caballería, ¿qué advirtió don Quijote a Sancho?
6. ¿Quiénes se asomaron por el camino?
7. ¿Qué vio en los dos frailes don Quijote? ¿Quéhizo don Quijote?

---

cruces signs of the cross
le dieran cuenta might give her an account

se . . . lucha they went at each other in a bloody fight

⁸ "Go away; good riddance, gentleman. By the God that made me, if you no leave coach I kill you or I no Basque!"
⁹ Is Don Quijote so crazy that he can understand this garble?
¹⁰*El segundo autor* is Cervantes himself. Cervantes, here, alludes to another person (the Arab Cide Hamete Benengeli) who, he claims, was the original author of the novel. This is explained more fully in the next chapter.

8. ¿Qué pensó Sancho el realista? ¿Qué advirtió a su amo?
9. ¿Qué respondieron los admirados frailes?
10. ¿Aceptó sus razones don Quijote? ¿Qué hizo?
11. ¿Qué hizo el segundo fraile?
12. ¿Qué hizo luego Sancho?
13. ¿Qué hicieron los dos mozos de los curas?
14. ¿Qué hizo un escudero vizcaíno, al ver que don Quijote no permitía pasar al coche?
15. ¿Qué hizo entonces don Quijote?
16. ¿Qué herida sufrió don Quijote en esta batalla?
17. ¿Por qué termina aquí la historia de don Quijote?
18. ¿Quién fue el segundo autor?

Capítulo 14

El autor encuentra el resto de la historia de don Quijote

Estando yo un día en el Alcaná de Toledo,[1] llegó un muchacho a vender unos cartapacios° viejos a un sedero.° Como soy tan aficionado° a leer, aunque sean los papeles rotos° en las calles, tomé un cartapacio y vi que estaba escrito en árabe.°[2] Busqué entonces a un morisco aljamiado,[3] porque habían muchos allí, y diciéndole mi deseo le puse el libro en las manos. Él lo abrió por medio, leyó un poco, y comenzó a reírse.

Le pregunté yo por qué se reía, y me respondió que el libro tenía una nota escrita al margen. Le pedí que me la dijera, y él sin dejar de reírse me dijo:
—Está aquí en el margen esto: "Esta Dulcinea del Toboso, tantas veces

---

cartapacios portfolios, notebooks	**sedero** silk merchant **aficionado** fond of	**rotos** torn **árabe** Arabic

[1] *Alcaná de Toledo*: Alcaná, from the Arabic, means "shop of merchants."
[2] Cervantes enters the book and talks directly to the reader. He informs the reader that he loved to read everything.
[3] *morisco aljamiado*: a Moor who spoke Spanish. *Aljamía* was the Spanish spoken by the Moors. *Algarabía* was the Arabic spoken by Christians.

mencionada en esta historia, dicen que tenía mejor mano que cualquier otra mujer en toda la Mancha para salar puercos.°⁴

Cuando yo oí decir "Dulcinea del Toboso", quedé atónito° y suspenso,° porque me di cuenta° de que aquellos cartapacios contenían la historia de don Quijote. Le di prisa° entonces a que leyera el principio y lo leyó: *Historia de don Quijote de la Mancha, escrita por Cide Hamete Benengeli,*⁵ *historiador arábigo.*°

Me costó° mucho disimular° mi contento cuando llegó a mis oídos el título del libro. Le compré entonces todos los papeles y cartapacios al muchacho por medio real.⁶ Fui luego con el morisco por el claustro° de la iglesia mayor° y le rogué° que los tradujera al castellano, ofreciéndole el pago que quisiera. Él se contentó con dos arrobas° de pasas° y dos fanegas° de trigo.⁷ Yo lo llevé a mi casa y en poco más de mes y medio lo tradujo todo.

En el primer cartapacio estaba pintada°⁸ la batalla de don Quijote con el vizcaíno, puestos en la misma postura° que cuenta la historia, con las espadas levantadas, y el uno cubierto con la rodela y el otro con una almohada. A los pies del vizcaíno estaba escrito *Don Sancho de Azpetia,*

---

salar puercos to salt pork	**Me costó** It was difficult for me	**arroba** measure equal to 25 pounds
atónito astonished		
suspenso enthralled, in suspense	**disimular** to conceal	**pasas** raisins
	claustro cloister	**fanega** 1.5 bushels
me di cuenta I realized	**iglesia mayor** main church	**pintada** painted
Le di prisa I rushed him		**postura** position
arábigo Arabic	**le rogué** I begged him	

⁴ *. . . la mejor mano . . . para salar puercos*: Dulcinea is depicted as totally earthy. "She had the best hand . . . for salting pork." Sancho, the realist, saw her that way. But her talent should have been repulsive to the Moor because, under Islamic law, it was forbidden to eat pork.

⁵ *Cide Hamete Benengeli*: The name is a humorous take by Cervantes: *Cide* or *Cid* means "sir"; *Hamete* or *Hamil* is a common Arabic name. *Benengeli* means "like eggplant." One of the reasons Cervantes uses the Cide Hamete Benengeli device is to make the story more real.

⁶ *medio real*: a coin equivalent to 17 *maravedís*.

⁷ *dos arrobas de pasas*: (about 50 pounds) Islamic law forbade drinking wine; therefore, Moors compensated by consuming great quantities of grapes and raisins. Two *fanegas* were about three bushels.

⁸ It is interesting to note that one art (painting) enters in another art (literature).

que sin duda debía ser su nombre. A los pies de Rocinante estaba otro rótulo° que decía: *Don Quijote*. Rocinante estaba maravillosamente pintado, largo y flaco, con mucho espinazo,° y hético confirmado.° Junto a Rocinante estaba Sancho Panza, que tenía del cabestro° a su asno.

A sus pies estaba escrito *Sancho Zancas*, y debía ser porque, a lo que mostraba la pintura, tenía la barriga° grande, el talle corto,° y las zancas° largas. Sería por eso que se le puso el nombre de Panza y Zancas.[9] Había otras menudencias° en la pintura, pero son de poca importancia.[10]

Comprensión

1. ¿Cómo encontró Cervantes el resto de la historia de don Quijote?
2. ¿Qué pasó cuando un traductor árabe comenzó a leerle el manuscrito?
3. ¿Qué hizo luego Cervantes?
4. En este caso entra un arte en otro, la pintura en la literatura. Describe la pintura en el primer cartapacio.
5. Según la nota, ¿qué propósito podría tener Cervantes al introducir a Cide Hamete Benengeli en la novela?

---

rótulo title, label
con . . . espinazo with much of his backbone protruding

hético confirmado confirmed case of tuberculosis
cabestro halter

barriga belly
talle corto short waist
zancas long (stiltlike) legs
menudencias small details

[9] The description of Sancho must be taken seriously because it is made by Cervantes, his creator. Cervantes wanted Sancho to have long, thin legs and a paunch (pot belly). It is curious that artists have always depicted him as short and fat.

[10] Cervantes overlooked the fact that the graphic or architectural representation of human or animal figures is prohibited by Islamic law. It was therefore impossible that an Arabic historian could have illustrated the cover.

Fuenteovejuna

Lope de Vega, 1612

Personajes

Fernán Gómez de Guzmán, Comendador Mayor° de la Orden de
Calatrava[1]
Ortuño, criado del Comendador
Flores, criado del Comendador
Rodrigo Téllez Girón, Maestre° de la Orden de Calatrava[2]
Laurencia, hija de Esteban y enamorada de Frondoso
Pascuala, amiga de Laurencia
Frondoso, enamorado de Laurencia
Barrildo, amigo de Frondoso
Mengo, gracioso,[3] amigo de Frondoso y pariente de Jacinta
Alonso, uno de los alcaldes de Fuenteovejuna
Esteban, otro alcalde de Fuenteovejuna y padre de Laurencia
La reina **Isabel** de Castilla
El rey **Fernando** de Aragón
Don Manrique, Maestre de la Orden de Santiago
Regidores°
Leonelo, un licenciado°
Juan Rojo, labrador y tío de Laurencia
Cimbranos, un soldado
Jacinta, amiga de Laurencia y parienta de Mengo
Un juez
Un niño
Labradores, soldados y músicos

Comendador Mayor Chief (Knight) Commander	**Maestre** Master **Regidores** Aldermen	**licenciado** a scholar in a Spanish university

[1] Members of knightly orders, of which the Order of Calatrava was but one, demanded
privileges of both the clergy and the aristocracy. These leagues flourished in medieval
Spain, with the expulsion of the Moors as their common goal. The Masters of these
orders, however, had become rivals to the monarchs of Spain. Under the reign of Fernando and Isabel, the independence of these institutions was terminated in order to
secure a strong central government. Although many orders could be found in other
parts of Europe, three were purely Spanish in origin: those of Calatrava, Santiago, and
Alcántara. The oldest of these was the Order of Calatrava, founded in 1158 and chartered in 1164 by the Pope to celebrate the defeat of the Christians over the Moors in
the town of Calatrava.
[2] His position of *Maestre* within the same order makes Rodrigo the *Comendador's* superior.
[3] The *graciosos* in Spanish Golden Age drama lacked moral virtue. They were materialistic and loved physical pleasure. Mengo differs from this stereotype to some degree. He
exaggerates, lacks the courage of the others, and complains a great deal about physical
pain.

Datos esenciales°

Fernán Gómez de Guzmán, el Comendador, tiene su encomienda° en Fuenteovejuna.°³ Es un hombre de mediana edad, impaciente, arrogante y orgulloso.° Abusa de su autoridad, sobre todo con las mujeres del pueblo, que son villanas humildes.° Sus dos cómplices son los criados Flores y Ortuño.

La comedia° tiene lugar en el año 1476.⁴ Es el tiempo de las guerras civiles de Castilla. Enrique IV,⁵ el medio hermano de Isabel,⁶ para evitar mayores controversias, la nombró heredera de Castilla. Enrique la quería casar con Afonso V, el rey de Portugal,⁷ pero ella no quiso vivir bajo la dominación de su medio hermano. Entonces, Isabel se casó en secreto con el príncipe de Aragón, don Fernando.⁸ Como consecuencia de su matri-

Datos esenciales Background	**Fuenteovejuna** sheep's watering hole	**villanas humildes** humble villagers
encomienda district under Chief Commander's jurisdiction	**orgulloso** proud	**comedia** drama

[3] *Fuenteovejuna*, a town in the southern (Andalusian) province of Córdoba, Spain, was held in feudal title by the Order of Calatrava during the sixteenth century.

[4] Of the three unities of classical drama (time, place, and action), unity of action is the only one strictly observed in Golden Age drama. Unity of action was considered absolutely necessary to maintain the flow of the plot. Lope's *comedias* had three acts: the situation was expounded in the first, developed in the second, and brought to a conclusion in the third. The resolution was left to the last scene, so that the audience— who might guess the outcome—would stay for the play's conclusion.

[5] Enrique IV was king of Castile from 1454 to 1474. After his death, Castile was divided in two factions: those in favor of Enrique's daughter, Juana "*la Beltraneja*," and supporters of Fernando and Enrique's half-sister, Isabel.

[6] Isabel of Castile was described by the chroniclers of the time as a beautiful woman— with blond hair, blue-green eyes, and a serene face. She was intelligent, energetic, and just. She possessed dignity, determination, and both moral and physical courage. She also rode spirited horses and hunted. All these traits made her very popular throughout the kingdom. Spaniards often refer to her as the best "king" of Spain. She married Fernando of Aragon in 1469.

[7] Afonso V (1438–1481) wanted to annex Castile to Portugal through marriage with Juana la Beltraneja, who was also his niece. However, when Isabel inherited Castile— after the death of her half-brother—war broke out between the armies of Afonso and those of Fernando and Isabel. This war lasted five years, ending in a victory by the Catholic monarchs.

[8] Fernando's diplomacy was his strength, although it was marked by a tendency toward deceit. He was cosmopolitan, persistent, astute, and cautious. He and Isabel complemented each other. Of the two, he had the better sense of politics, although he was held in less esteem than the queen. He also was said to be handsome and an excellent swordsman. His marriage to Isabel unified Spain's two largest kingdoms, Castile and Aragon, in 1479.

monio, Enrique la desheredó,° y nombró a su hija Juana "la Beltraneja,"⁹ reina de Castilla.

Afonso V vio la oportunidad de anexar Castilla a Portugal y se casó con Juana. Enrique murió en 1474 y Castilla se dividió en dos bandos: los partidarios° de Juana, apoyados por un fuerte ejército del rey de Portugal, y los seguidores° de Fernando e Isabel.

Comprensión

1. ¿Cuándo tiene lugar la comedia?
2. ¿Con quién quería Enrique IV casar a Isabel?
3. ¿Cómo reaccionó Isabel?
4. ¿Quién era Juana "la Beltraneja"?
5. ¿Con quién se casó Afonso? ¿Por qué?
6. ¿Qué pasó cuando Enrique IV murió?

---

desheredó disinherited   **partidarios** followers   **seguidores** followers

⁹ Although Enrique IV recognized Juana as his daughter, rumor had it that she was really the child of one of the king's favorites, don Beltrán de la Cueva, who was (according to the gossip of the time) the queen's lover. Juana's possible illegitimacy was exploited by those who favored Isabel as Enrique's successor.

Escena I

Fernán Gómez de Guzmán instiga a batallar
a Rodrigo Téllez Girón

El Comendador, partidario de doña Juana, viene entonces a Almagro[1] para instigarle a Rodrigo a que vaya, con sus caballeros de Calatrava, a batallar en defensa de Ciudad Real,[2] la cual va a ser tomada por las fuerzas de Fernando e Isabel.

El Comendador entra en el castillo de Rodrigo. Está encolerizado° porque el joven Maestre no está presente para recibirlo.

COMENDADOR.	¿Dónde está Rodrigo? ¿No sabe que estoy aquí?
ORTUÑO.	Es aún muy joven y . . .
COMENDADOR.	¿No sabe que soy Fernán Gómez de Guzmán?
FLORES.	Tal vez no lo sabe. Si es sólo un mozo.°
COMENDADOR.	¿No sabe que soy su Comendador?
	(*Entran Rodrigo y su gente.*)
RODRIGO.	¡Perdóname, Fernán, si te he hecho esperar! Acaban de darme noticia° de que estás aquí en la villa. Dame tus brazos.[3]

---

encolerizado outraged   **mozo** young man   **darme noticia** given me
the news, informed me

[1] *Almagro* was the seat of the Order of Calatrava. This small town is located near Ciudad Real, south of Madrid.
[2] *Ciudad Real* was founded in 1225 by King Alfonso X, who was called "the Wise." It was located in the center of Calatrava's domain. In 1477, the inhabitants of this town fought against the king of Portugal and Rodrigo Téllez Girón.
[3] *Dame tus brazos:* Giving one's hand or arm was a show of friendship and respect. It was also a show of courtesy on the part of the person who made this request.

COMENDADOR.   Estaba yo muy justamente enojado.° Yo esperaba que
             estuvieras presente, ya que somos quienes somos, tú el
             Maestre de Calatrava, y yo tu Comendador.

RODRIGO.   No sabía que venías. Dame nuevamente tus brazos.

COMENDADOR.   Sí, mucho me debes, Rodrigo, porque yo he arriesgado
             mi vida° para sacarte de muchas dificultades.

RODRIGO.   Es verdad, y por la Sagrada Cruz que nos cruza el
             pecho, te honraré como a mi propio padre.

COMENDADOR.   Estoy satisfecho.

RODRIGO.   Gracias, Fernán. Dime, ¿cómo va la guerra?

COMENDADOR.   Escúchame y sabrás lo que tienes que hacer porque es
             tu obligación. ¡Saca tu blanca espada y hazla roja
             como la Cruz de Calatrava, con la sangre de batalla!
             No podré llamarte Maestre de la Cruz Roja si tu
             espada está aún blanca.

RODRIGO.   Fernán Gómez, verás como yo abraso,° como violento
             rayo, los muros de Ciudad Real. Dime, Fernán, ¿dónde
             vives? ¿Tienes soldados?

COMENDADOR.   Vivo en Fuenteovejuna. Allí no hay soldados sino
             gente humilde quien labra y cultiva los campos.

RODRIGO.   ¿Por qué vives en Fuenteovejuna?

COMENDADOR.   Porque durante estos tiempos difíciles escogí mi
             encomienda° allí en esa villa. Bien, Rodrigo, quiero
             que juntes° a todos tus hombres para que tengas
             suficientes soldados. No dejes escapar a ninguno.

RODRIGO.   Hoy me verás a caballo, con mi lanza al ristre.°

---

enojado upset, angry
arriesgado mi vida risked
    my life
abraso burn

encomienda district under
    (his) jurisdiction
juntes gather

lanza al ristre lance in the
    posture of attack

Rodrigo se prepara entonces para marchar contra Ciudad Real, y el Comendador regresa a su castillo en Fuenteovejuna.

————✦————

Comprensión

1. ¿Quiénes son Fernán, Rodrigo, Flores y Ortuño?
2. ¿Qué quiere hacer Fernán? ¿Cómo es él?
3. ¿Qué le aconseja Ortuño al Comendador?
4. Según Fernán, ¿qué le debe Rodrigo?
5. ¿Por qué tiene que luchar Rodrigo a favor de Afonso?
6. ¿Por qué vive en Fuenteovejuna el Comendador?
7. ¿Qué promete Rodrigo?

Escena II

Laurencia y Pascuala discuten su situación precaria

Laurencia, la protagonista, es una bella muchacha del lugar. Está encolerizada porque el Comendador la solicita° contra su voluntad. Discute su trance° con Pascuala en la plaza de Fuenteovejuna.

PASCUALA. Será un milagro si tú te escapas de las garras° del Comendador.

LAURENCIA. No será así, Pascuala, porque ya hace un mes que me sigue, y todo en vano.° Flores y Ortuño, sus alcahuetes,° me quisieron dar un jubón,° un collar° y una peineta.° Además me dijeron tantas cosas de Fernán para hacerme temer° . . . ¡pero no temo!

---

la solicita pursues her	**alcahuetes** go-betweens	**peineta** Spanish
trance bad situation	**jubón** blouse	ornamental comb
garras claws	**collar** necklace	**hacerme temer** to scare
en vano in vain		me

PASCUALA.	¿Dónde te hablaron?
LAURENCIA.	Allá en el arroyo,° hace seis días.
PASCUALA.	Yo sospecho que te engañarán al fin, Laurencia.
LAURENCIA.	¿A mí?
PASCUALA.	Si no a ti, le engañarán al cura[1] de Fuenteovejuna.
LAURENCIA.	Aunque soy aún polla,° soy muy dura° de convencer aun para el cura. Pascuala, lo que más me gusta en mi vida es poner un jamón al fuego para comerlo de madrugada,° con un pan que yo sé amasar.° Entonces hurto° de mi madre un vaso de vino, y lo disfruto todo. Luego, al mediodía, me gusta ver la vaca hacer mil caracoles° entre las coles.° Después, si estoy cansada, me gusta comer una berenjena° con tocino.° Más tarde me gusta saborear° las uvas de mi viña,° mientras se prepara la cena de salpicón con aceite y pimienta.° Finalmente me acuesto en mi cama contenta, y rezo el padrenuestro° para que no me deje caer en la tentación de todas las raposerías° de los bellacos° de aquí.
PASCUALA.	Tienes razón, Laurencia. Los hombres, cuando nos quieren, nos dicen que somos su vida, su ser, su alma y su corazón. Luego después de satisfechos nos llaman "mujeres de pascuas".[2]
LAURENCIA.	Tienes razón, Pascuala. No hay que confiarse° de ningún hombre.

---

arroyo brook	**coles** cabbages	fried in olive oil and
polla young chicken	**berenjena** eggplant	pepper
dura hard, difficult	**tocino** bacon, salt pork	**padrenuestro** the Lord's
de madrugada at dawn	**saborear** to taste, savor	prayer
amasar to knead	**viña** vineyard	**raposerías** wiles, sly tricks
hurto I steal	**salpicón con aceite y**	**bellacos** scoundrels
hacer mil caracoles to	**pimienta** chopped beef	**confiarse** trust
prance about		

[1] Priests (*curas*) had great influence on the common people through the confessional. Pascuala's remark implies that the priest might be the one to influence Laurencia on behalf of the *Comendador*.

[2] *Mujeres de pascuas*: easy women.

PASCUALA.   Lo mismo digo yo, Laurencia.

Después de hacer estas razones, Laurencia y Pascuala salen.

———•◆•———

Comprensión

1. ¿Cómo es Laurencia? ¿Por qué está tan enfadada?
2. ¿De qué se entera Laurencia? ¿Está contenta por eso?
3. ¿Por qué cree Pascuala que Laurencia no podrá escaparse del Comendador?
4. ¿Por cuánto tiempo persigue el Comendador a Laurencia? ¿Quiénes lo ayudan? ¿Qué le ofrecieron a la moza?
5. Si Flores y Ortuño engañan al cura de Fuenteovejuna, ¿qué le podría pasar a Laurencia?
6. Describe en tus propias palabras lo que le gusta a Laurencia.
7. ¿Cómo cree Pascuala que son los hombres?

Escena III

Vuelve el Comendador

Están presentes Frondoso, Laurencia, Pascuala, Mengo y Barrildo. Sale a escena Flores y les relata la batalla y captura de Ciudad Real por Rodrigo y su ejército.

FLORES.   ¡Buenos días, buena gente!

FRONDOSO.   (Aparte.)[1] Éste es el criado del Comendador.

---

[1] Aparte: An aside. The character speaks privately to the audience or reader, communicating inner thoughts that could not be shared with the other characters. This is a dramatic device going back to the time of classical drama. It might be used for comic purposes, to expose someone's secret flaws, or simply to advance the plot. When their audience was uneducated, dramatists used the aside to make sure everything was understood in their plays.

LAURENCIA.	(*Aparte*.) ¡Éste es un gran azor![2] ¿De dónde vienes, pariente?
FLORES.	¿No me ves en uniforme de soldado?
LAURENCIA.	¿Regresa ya el Comendador a Fuenteovejuna?
FLORES.	Sí, ya terminó la guerra. Muchos amigos perdieron su vida, pero salimos victoriosos.
Frondoso.	Cuéntanos lo que pasó.
Flores.	¡Yo fui testigo!° Rodrigo atacó a Ciudad Real con dos mil lucidos infantes° y sus vasallos° valientes. Trescientos frailes° y seglares° también cabalgaron,° todos con la cruz roja de Calatrava en su pecho.

Cabalgó a su lado Fernán Gómez, su Comendador. Llevaba en su brazo un fresno temible° como lanza. Ciudad Real se dispuso a defenderse. Decían sus habitantes que eran súbditos° de Fernando e Isabel. Muchos defendieron sus hogares.

Entró entonces Rodrigo con su ejército y mandó a decapitar° a los rebeldes nobles, y a la plebe° mandó a amordazar° y a azotar° en público. Rodrigo ganó muchas riquezas° en la ciudad y regaló mucho a Fernán y a todos[3] . . .

¡Ya oigo música! ¡Regresa el Comendador a Fuenteovejuna! Recíbanle con alegría, porque la buena voluntad es el laurel del triunfo.

---

testigo witness	**cabalgaron** rode on	**decapitar** to behead
infantes sons of kings or of the highest nobility	horseback	**plebe** common people
	fresno temible fearsome	**amordazar** to gag
vasallos subjects	ash tree	**azotar** to whip, flog
frailes friars	**súbditos** (*political*)	**riquezas** riches
seglares laymen	subjects	

[2] *azor*: Falcons were hawks used by the nobility to catch small game. This sport became known as "falconry" and was brought to Spain by the Arabs, although the Persians were the first to develop it more than 4,000 years ago. Figuratively, Flores is a bird of prey (*azor*) who hunts women for the *Comendador*.

[3] *Rodrigo regaló mucho . . . a todos*: The spoils of war were shared with officers and soldiers. The word *soldada* ("soldier's pay") comes from *soldado* ("soldier").

(Entran a escena el Comendador, Ortuño, los alcaldes Esteban [el padre de Laurencia] y Alonso, Juan Rojo y músicos.)

COMENDADOR. Gente de Fuenteovejuna, gracias. Agradezco° el amor que me han mostrado.

ALONSO. Te hemos mostrado sólo una pequeña parte de nuestro amor. Y es poco, para lo que mereces.°

ESTEBAN. Fuenteovejuna y sus regidores,° a quienes has honrado, te ruegan que recibas los humildes presentes que traen esas carretas.° Es una expresión de gratitud y no una muestra de riqueza. Lo primero que ves, son dos cestas° de ollas° bien pulidas.° La bandada de gansos° que sacan las cabezas por entre las redes° que los contienen, cantan tu valor guerrero.[4] Ahí están diez cerdos salados,° cien pares de capones y gallinas, de las aldeas vecinas.

Aquí no tenemos ni armas ni caballos ensillados con adornos de oro, sino el amor puro de tus vasallos, que es como el oro puro. Ahí tienes también doce cueros de vino.° Y si beben este vino tus soldados, sentirán más valor y calor en batalla. No menciono el queso y otras cosas para tu mesa. Recibe, pues, el tributo de nuestra buena voluntad, y a ti y a tu casa, ¡buen provecho!°

COMENDADOR. ¡Gracias, les doy las gracias! Vayan, pues, en buena hora.°

Agradezco I am grateful for
mereces you deserve
regidores aldermen
carretas oxcarts
cestas baskets

ollas pots
bien pulidas well polished
bandada de gansos flock of geese
redes nets
salados salted

cueros de vino wineskins
¡buen provecho! may you enjoy it!
en buena hora in good time

[4] For centuries, geese had been used by the military as "guards," because these birds honk and flap their wings when they sense the presence of strangers. Roman history recalls that, when the Gauls crept at night into the citadel of Rome, they managed to escape the notice of both humans and dogs. However, the geese exposed them with their raucous honking.

ALONSO.	Bienvenido seas, señor. Descansa ahora. Las coronas de espadaña y juncia⁵ que para celebrar tus triunfos pusimos en tus umbrales° debieran ser perlas orientales porque tú mereces mucho más.
COMENDADOR.	Así lo creo yo, señores.⁶ Vayan ustedes con Dios.

Se van todos; sin embargo, el Comendador no va a descansar. Tiene otros planes. Ordena a Laurencia y a Pascuala que se queden en su presencia.

————◆————

Comprensión

1. ¿Cómo describe Laurencia a Flores? ¿Cómo está vestido él?
2. ¿De qué guerra habla Flores? ¿Quién la ganó?
3. ¿Cómo castigó Rodrigo a los de Ciudad Real?
4. ¿Qué le regala la gente de Fuenteovejuna al Comendador?
5. ¿Qué pusieron los villanos en los umbrales del castillo del Comendador? ¿Por qué?
6. Explica por qué dice Fernán: "Así los creo yo, señores".
7. ¿Qué manda hacer luego Fernán?

<u>Escena IV</u>

La brutalidad del Comendador

El Comendador ordena entrar a Laurencia y Pascuala en su castillo.

COMENDADOR.	¡Esperen ustedes dos!

---

umbrales threshold

⁵ *espadaña y juncia*: Cattail reeds and sedge (a kind of marsh plant) were typically placed on the doors of returning heroes.
⁶ Fernán shows his conceit by agreeing with all the flattery.

LAURENCIA.	¿Qué manda su señoría?°
COMENDADOR.	Me desdeñaste° el otro día, ¿desdenes conmigo?[1]
LAURENCIA.	¿Te habla a ti, Pascuala?
PASCUALA.	Conmigo no, ¡corre, sal de aquí!
COMENDADOR.	Contigo hablo, hermosa fiera.° Entren, pasen por mi puerta. No teman, hay hombres dentro de mi mansión.
LAURENCIA.	Yo soy hija de un alcalde. Si los alcaldes entraran, estaría bien, entraría yo, pero si no . . .
	(El Comendador, impaciente, pide ayuda a su secuaz,° Flores.)
COMENDADOR.	Flores. ¿Por qué no hacen lo que les dije?
	(Flores da empellones° a Laurencia y a Pascuala, tratando de forzarlas a entrar al castillo.)
LAURENCIA.	¡Déjanos, no nos agarres!°
FLORES.	¡Adentro . . . ! ¡Qué necias son!
PASCUALA.	¡Arre!° ¡Después cerrarás el postigo!°
FLORES.	Entren, porque el Comendador quiere mostrarles muchas cosas que trajo de la guerra.
COMENDADOR.	*(Aparte a Ortuño.)* Si entran, Ortuño, cierra el postigo.
	(Entra el Comendador.)
LAURENCIA.	Flores, ¡déjanos pasar, no te interpongas!°

---

su señoría your lordship
Me desdeñaste You scorned me
fiera wild beast
secuaz underling, hireling

da empellones shoves, pushes
no nos agarres do not grab us
¡Arre! Be off!

postigo small door within a larger door
no te interpongas don't get in the way

[1] *¿desdenes conmigo?*: The Knight Commander does not believe that any woman would turn him down. His rhetorical question shows once again his tremendous conceit.

PASCUALA.	¡Por Dios, fuera del paso,° o . . . ! (*Forcejan*.°)
FLORES.	¡Basta, que son dos fieras!
LAURENCIA.	¿No es suficiente para el Comendador toda la carne que Fuenteovejuna le dio como presente? Que reviente° el tirano!
	(*Escapan Laurencia y Pascuala.*)
FLORES.	¡Mal reporte llevamos al Comendador!
ORTUÑO.	El sirviente se obliga a esto. Si quiere enriquecerse, tiene que pasar por estos trances . . . O hay que tener paciencia o hay que dejar rápidamente el empleo.[2]

(*Salen disgustados Flores y Ortuño.*)

———————•◆•———————

Comprensión

1. ¿Qué ordena el Comendador?
2. Según Pascuala, ¿qué quiere el Comendador?
3. ¿Por qué dice Laurencia que es hija del alcalde?
4. ¿Qué le manda hacer el Comendador a Flores? ¿Qué hace Flores luego? ¿Cómo reacciona Laurencia?
5. ¿Qué les dice Flores?
6. ¿Qué le manda hacer el Comendador a Ortuño?
7. ¿Qué les dice Ortuño a las mozas?
8. ¿Cómo reacciona Laurencia?
9. ¿Qué le dice Flores a Laurencia?
10. Según Ortuño, ¿cuáles son las responsabilidades del sirviente? ¿Cuál es un objetivo del sirviente en general?

---

fuera del paso out of the way   **Forcejan** They struggle   **Que reviente** Let (him) burst

[2] Ortuño explains the wretched duties of the servants of the time. Most servants in Golden Age dramas are rogues.

Escena V

Hablan los reyes

El rey Fernando, la reina Isabel y don Manrique están en la sala del palacio de Medina del Campo.[1] Hablan sobre la guerra civil actual.

ISABEL.	Señor, no debemos descuidarnos de Afonso porque tiene ya un gran ejército y quiere tomar Castilla por la fuerza.
FERNANDO.	Ya he juntado mis regimientos de Navarra[2] y de Aragón.
ISABEL.	Estoy segura de que esto tendrá buen fin.
MANRIQUE.	Con permiso. Piden audiencia° dos regidores de Ciudad Real.
FERNANDO.	Diles que entren.
	(Salen a escena los dos regidores.)
REGIDOR I.	Católico rey Fernando, enviado por el cielo, de Aragón a Castilla, para nuestro amparo.° Venimos en nombre de Ciudad Real para pedirte protección. Ciudad Real era tuya, nosotros teníamos gran orgullo de ser tus vasallos, pero Rodrigo Téllez Girón, el Maestre de Calatrava, nos derrotó, tomando Ciudad Real. Pero no nos hubiera atacado si el Comendador Fernán Gómez no lo hubiera azuzado° y ayudado.
FERNANDO.	¿Dónde está ahora Fernán Gómez?

Piden audiencia Ask for a hearing   **amparo** protection   **azuzado** provoked

[1] *Medina del Campo* is a Spanish city in the autonomous region of Valladolid. Isabel died there, in the castle of La Mota, on November 24, 1504.

[2] *Navarra* was a kingdom in the northeast of Spain that once extended into southern France. The capital was, and still is, Pamplona.

REGIDOR I.   Creo que está en Fuenteovejuna, porque es su villa.
              Allí él se toma libertades viles con sus súbditos,
              quienes viven desdichados.°

ISABEL.   Este caso debe ser remediado rápidamente porque si
              nos demoramos, Afonso de Portugal, viendo Ciudad
              Real en manos de ese insolente, aprovechará la
              oportunidad y entrará por Extremadura.[3]

FERNANDO.   Don Manrique, marcha tú luego a Ciudad Real como
              capitán, llevando dos compañías. Pon remedio a las
              demasías° de Rodrigo, sin darles ningún sosiego.°
              También puede ir contigo el conde de Cabra, quien es
              un gran guerrero.

MANRIQUE.   Pondré fin a los excesos de Fernán Gómez.

ISABEL.   El éxito de esta empresa° está asegurado.

              (*Salen todos.*)

Don Manrique prepara el ataque contra Ciudad Real.

———————•◆•———————

Comprensión

1. ¿Cuál es el problema actual de Fernando e Isabel?
2. ¿Qué piden a Fernando los regidores?
3. ¿Qué hizo Rodrigo? ¿Para qué? ¿Quién lo instigó?
4. ¿Qué dicen los regidores de los súbditos del Comendador?
5. ¿Por qué no tienen ningún capitán los de Ciudad Real?
6. ¿Qué quiere hacer inmediatamente Isabel? ¿Por qué?

---

desdichados unhappy,
   distressed

demasías excesses
sosiego calm, break

empresa enterprise,
   undertaking

[3] Isabel was certainly Fernando's equal. In fact, some historians note that she was more intelligent than the king. Of the two, she was certainly the more industrious, and often worked late into the night. Both monarchs presided jointly over state matters, and they signed all official documents with "*Yo el rey, Yo la reina.*" Coins minted at the time clearly showed the faces of both rulers. The motto of the royal couple further emphasized their equal authority: "*Tanto monta, monta tanto, Isabel como Fernando,*" meaning that both were equals. Today the expression *tanto monta* is used to mean "it amounts to the same" or "it's all the same."

Escena VI

Frondoso defiende el honor de Laurencia

En un arroyo cerca de Fuenteovejuna, Laurencia lava ropa. Luego va hacia unos matorrales° para colgarla.° Ese es el lugar secreto para una cita° con Frondoso. Él la enamora, pero ella le muestra desdén.

LAURENCIA.   Quiero decirte, atrevido° Frondoso, que tus cortejos° han hecho murmurar a todo el pueblo. Dicen que me miras y te miro. Ya que eres un zagal brioso° afirma toda la gente que ya somos uno. Estas afirmaciones me enojan.

FRONDOSO.   Tus desdenes, Laurencia, me hacen sentir que muero. Tú bien sabes que mi intención es ser tu esposo. ¿Es posible que no te duelas de mí,° sabiendo que ni duermo, ni bebo, ni como?

LAURENCIA.   Pues, toma alguna medicina, Frondoso.

FRONDOSO.   Tú eres mi medicina.

LAURENCIA.   Dilo a mi tío Juan Rojo, porque aunque todavía no te quiero bien, ya siento un poco.

    (*Se ve al Comendador cazando un venado.°*)

FRONDOSO.   ¡Ay de mí! ¡Ahí está el Comendador!

LAURENCIA.   ¡Tal vez él persigue a algún venado, trae su ballesta armada!° Escóndete, Frondoso, entre esas ramas.

FRONDOSO.   ¡Me esconderé, pero celoso!

    (*Se esconde Frondoso, y sale el Comendador.*)

---

matorrales thickets, underbrush
colgarla to hang it
cita rendezvous
atrevido bold, daring

cortejos courtship
brioso spirited, lively
te duelas de mí feel sorry for me

venado deer
ballesta armada cocked crossbow

COMENDADOR.	No está tan malo venir siguiendo a un venadillo y encontrarse con una bella gama.°
LAURENCIA.	Yo . . . descansaba un momento, después de lavar una ropa . . . Con su permiso, voy al arroyo.
COMENDADOR.	Tus desdenes toscos° me afrentan, bella Laurencia. Siendo tan bella, eres un monstruo. Otras veces pudiste huir de mi amor; pero hoy, en este campo, no serás soberbia, no huirás de tu señor a quien estimas tan poco. ¿No se me rindieron° tantas mujeres en Fuenteovejuna?
LAURENCIA.	Esas mujeres, señor, ya pertenecieron a muchos otros mozos . . . ¡Déjame en paz y sigue a tu venadillo!
COMENDADOR.	¡Tu estilo me es enfadoso!° (*Aparte.*) Pondré en el suelo la ballesta, y la forzaré con mis propias manos . . .
	(*Trata de forzarla.*)
LAURENCIA.	¿Estás loco? ¿Sabes lo que haces?
	(*Sale a escena Frondoso y toma la ballesta que está en el suelo.*)
COMENDADOR.	¡No te defiendas, Laurencia!
FRONDOSO.	(*Aparte.*) ¡Si pongo la ballesta al hombro, lo mato!
COMENDADOR.	¡Ríndete!
LAURENCIA.	¡Dios mío, ayúdame!
COMENDADOR.	Estamos solos. No tengas miedo.
FRONDOSO.	¡Por Dios deja, Comendador generoso, a esa moza! O tu pecho será blanco° de esta ballesta.
COMENDADOR.	¡Perro villano!

---

gama doe
toscos coarse, unpolished
No se me rindieron
   Didn't (they) surrender
   to me

estilo . . . enfadoso heavy, cumbersome style, manner

blanco target

FRONDOSO.	No hay aquí ningún perro . . . ¡Huye, Laurencia!
LAURENCIA.	¡Mira lo que haces, Frondoso!
FRONDOSO.	¡Huye, Laurencia! ¡Por Dios, señor, si toco el gatillo° morirás!
	(Escapa Laurencia.)
COMENDADOR.	Ya se fue Laurencia. ¡Suelta la ballesta, villano alevoso!°
FRONDOSO.	Si la suelto, me quitarás la vida. El amor es sordo, señor.
COMENDADOR.	¿Tú crees que yo me rendiré a un villano? Dispara° la ballesta, infame, y guárdate, porque voy a romper las leyes de caballería.*
FRONDOSO.	Debo proteger mi vida. Me voy y llevo conmigo tu ballesta.
	(Sale Frondoso.)
COMENDADOR.	¡Qué humillación! ¡Dios mío, qué vergüenza!

El Comendador, furioso, camina de vuelta a su castillo.

❖

Comprensión

1. ¿Dónde está Laurencia? ¿Qué hace?
2. Según Laurencia, ¿por qué habla el pueblo de ella y de Frondoso?
3. ¿Qué responde Frondoso? ¿Lo ama Laurencia?
4. ¿Qué está haciendo el Comendador? ¿Qué trae en la mano?
5. Explica la "doble" caza del Comendador. ¿Qué significa "encontrarse con una bella gama"?
6. Según el Comendador, ¿por qué debe rendirse Laurencia?
7. ¿Qué hace Frondoso para defender a Laurencia?
8. ¿Cómo termina el encuentro entre Frondoso y el Comendador?

---

gatillo trigger   **alevoso** treacherous   **Dispara** Fire, shoot

* The laws of chivalry forbade a nobleman to fight a peasant.

SEGUNDO ACTO

Escena I

Los villanos se cansan del Comendador

Esteban, el padre de Laurencia, habla con un regidor sobre la mala situación actual de Fuenteovejuna.

ESTEBAN.   Ojalá que Fernán Gómez no saque más del pósito.° Aunque está lleno, tendremos un mal año de cosechas.

REGIDOR.   Yo pienso así, porque me gusta gobernar en paz esta comarca.°

ESTEBAN.   Supliquemos° a Fernán Gómez que así lo haga.

(Salen a escena Juan Rojo y otro labrador.)

JUAN ROJO.   Por lo que veo, ¡no hay en Fuenteovejuna lo suficiente ni para un dote!° Por lo visto° la gente de esta comarca está confusa.

LABRADOR.   ¿Qué nuevas hay del Comendador . . . ? ¡No se exciten ustedes!

JUAN ROJO.   ¡Lo que trató de hacer a Laurencia en este mismo campo es increíble!

LABRADOR.   ¡Yo quisiera ver a ese bárbaro lascivo° ahorcado° en una rama de aquel olivo.°

Los habitantes de Fuenteovejuna se sienten vejados° por todos los abusos del Comendador, especialmente por su lujuria° hacia Laurencia.

---

pósito public granary
comarca district
Supliquemos Let's request
dote dowry

Por lo visto Apparently
lascivo lascivious, lustful
ahorcado hung
olivo olive tree

vejados vexed, humiliated
lujuria lust

Comprensión

1. ¿Cuál es el problema del pósito de Fuenteovejuna?
2. ¿Qué comenta Juan Rojo?
3. ¿Quién está causando estos estragos o daños?
4. ¿Cómo se sienten los habitantes de Fuenteovejuna?

Escena II

La arrogancia del Comendador

Están presentes Esteban, un regidor, Leonelo, Barrildo, Juan Rojo y otro
labrador. Entran en escena el Comendador, Flores y Ortuño. El Comendador está cazando liebres° con la ayuda de su perro galgo.°

COMENDADOR.	¡Les ordeno sentarse!
ESTEBAN.	El honor pueden dar sólo los que lo tienen. Nosotros no lo tenemos.[1]
COMENDADOR.	Siéntense, quiero hablarles de algo . . .
ESTEBAN.	Señor, ¿dónde está el galgo que te dimos?
COMENDADOR.	Alcalde, ¡mis criados están asombrados de su gran ligereza!°
ESTEBAN.	¡Es un galgo increíble! Apuesto que puede correr al lado de un delincuente o del cobarde en cuestión.[2]
COMENDADOR.	Yo quisiera en esta ocasión que ayuden ustedes a mi galgo a cazar a una liebre que se me está escapando . . .

---

liebres hares   **galgo** greyhound   **ligereza** speed, agility

[1] Esteban is saying that, because of Fernán Gómez, the people of Fuenteovejuna have lost their honor; however, the *Comendador* does not understand the mayor's accusation.
[2] The parallel between the greyhound hunting hares and the *Comendador's* pursuit of women is missed by Fernán Gómez, who does not even realize that he has been called *delincuente* and *cobarde*.

ESTEBAN.	¡Con gusto lo haré! ¿Dónde está?
COMENDADOR.	Está allá . . . Es tu hija . . .
ESTEBAN.	¡Mi hija!
COMENDADOR.	Sí.
ESTEBAN.	¿Es ella una mujer noble como para ti?
COMENDADOR.	Alcalde, ¡regáñala° por Dios!
ESTEBAN.	¿Cómo?
COMENDADOR.	Ella insiste en darme pena. Mira que las mujeres principales de Fuenteovejuna con gusto me ven.
ESTEBAN.	¡Hacen mal! Y tú, señor, no haces bien en hablar tan libremente.°
COMENDADOR.	¡Oh, qué villano tan elocuente! Flores, dale una copia de la Política de Aristóteles³ para que la lea . . .
ESTEBAN.	Señor, el pueblo sólo desea vivir bajo tu honor.
LEONELO.	(Aparte.) ¡Qué sinvergüenza° es este Comendador!
COMENDADOR.	Pues, ¿he dicho algo que te cause pesar, regidor?
REGIDOR.	¡Lo que tú dices es injusto, porque no es justo que nos quites el honor!
COMENDADOR.	¿Qué honor tienen ustedes, frailes santos de Calatrava?⁴
REGIDOR.	Alguien tal vez se alaba de la Cruz de Calatrava y no tiene sangre tan limpia.⁵

---

regáñala scold her
libremente loosely, freely

Qué sinvergüenza How
  shameless

³ Aristotle (384–322 B.C.) was a Greek philosopher, educator, and scientist, whose influence on Western civilization is still felt today. The *Politics* was one of his many works.
⁴ *frailes santos de Calatrava:* Fernán Gómez mocks the villagers' morals by calling them "holy friars of Calatrava."
⁵ The *regidor* seems to imply that the *Comendador* may not be a *cristiano viejo* (of ancient Christian stock), but that he may have had Moorish or Jewish ancestors. So-called "new Christians" were often Jews or Moslems who converted to Christianity to escape social discrimination or outright persecution. After converting, they were able to enter into previously restricted areas of social and business life. The new Christians were highly

COMENDADOR.	¡Fuera de aquí, villanos! ¡Todos, fuera de esta plaza!
ESTEBAN.	Ya nos vamos.
COMENDADOR.	(Lo amenaza.) ¡Pero no así!
FLORES.	¡Señor, te ruego que te reportes!°
COMENDADOR.	¡Estos villanos hicieron sus chismes en mi ausencia!
ORTUÑO.	Ten un poco de paciencia.
COMENDADOR.	Me sorprende mi paciencia. ¡Villanos, vayan a sus casas, cada uno de por sí,° no en grupos!⁶
LEONELO.	¡Cielos, por esto se pasa!
ESTEBAN.	Ya me voy yo por aquí . . .

Los habitantes de Fuenteovejuna se dispersan uno por uno, temerosos de las consecuencias del enojo del Comendador.

⟨━━━━━◆━◆◆◆⟩

Comprensión

1. ¿Por qué no quieren sentarse los presentes cuando entra Fernán?
2. ¿Por qué dice Esteban que ellos no tienen honor? ¿Comprende lo que dice Esteban el Comendador? ¿Por qué?
3. ¿Qué dice del galgo el Comendador? ¿Es el Comendador como un galgo?
4. ¿Comprende el Comendador lo que dice Esteban del galgo? ¿Por qué?

---

te reportes you control yourself   **de por sí** by himself

successful in their pursuits and, thus, became the object of envy. This led the Inquisition to examine the quality of their new faith. As a result, being a *cristiano viejo* was not just a source of pride, but was protection against persecution. The Holy Inquisition was a watchdog system first established by Pope Gregory IX in 1231 for the prosecution of heretics. During the reign of Fernando and Isabel, religious intolerance grew to the point that in 1492, Jews and Moors who would not convert to Christianity were expelled from Spain.

⁶ An angry Fernán Gómez orders all the villagers to go home, but to avoid conspiracy, he orders them to disperse individually, not in groups.

5. Según el Comendador, ¿qué hacen muchas mujeres de Fuenteovejuna? ¿Qué piensas de la actitud del Comendador cuando le pide al padre de Laurencia que le ayude en seducirla?
6. ¿Cómo responde Esteban?
7. ¿Habla en serio el Comendador cuando le ofrece una copia de la *Política* de Aristóteles a Esteban?
8. ¿Qué quiere el pueblo de Fuenteovejuna?

Escena III

El Comendador se burla de sus conquistas

El Comendador y sus dos secuaces, Flores y Ortuño, discuten los suce- sos° del día y las conquistas fáciles del Comendador.

COMENDADOR. ¿Qué es° del villano de la ballesta? ¿Se va a quedar con mi ballesta y sin castigo?

FLORES. Anoche creí que Frondoso estaba a la puerta de Laurencia. Y le di una gran cuchillada de oreja a oreja, pero era otro hombre, que mucho se le parecía.°

COMENDADOR. ¡Se atreve a esconderse por aquí el hombre que quiso matarme!

FLORES. Pronto lo capturaremos, como al ave con una red.

COMENDADOR. ¡Un labrador, un mozuelo° ha puesto una ballesta en mi pecho de gran capitán cuya espada hace temblar° desde Córdoba a Granada!¹

FLORES. El amor lo ha hecho todo.

---

sucesos events	**se le parecía** looked like	**mozuelo** young lad; (*fig.*)
Qué es What has	him	big, young oaf
happened		**temblar** tremble, shake

¹ *Córdoba* and *Granada* are cities in southern Spain, which were controlled by the Moors from the eighth to the fifteenth centuries. Granada was the last bastion of Moorish resistance to fall to the Catholic monarchs in 1492. Farnán Gómez evidently fought in the crusades against the Moors waged by the Order of Calatrava.

ORTUÑO.	Frondoso está vivo, y sospecho que tú lo permites para mantener la buena voluntad de esta gente.
COMENDADOR.	Por eso lo he disimulado. De otra manera hubiera pasado por la punta de mi espada a todos estos villanos. ¡Pero ya llegará la ocasión de mi venganza! . . . Y ahora, ¿qué es de Pascuala?
FLORES.	Dice que ya se casa . . .
COMENDADOR.	Entonces, ¿quiere que su marido la ampare?
FLORES.	¡Ya te pagará al contado!°
COMENDADOR.	¿Y qué es de Olalla?
ORTUÑO.	La respuesta es graciosa.°
COMENDADOR.	¡Esa moza es briosa! ¿Qué te dijo?
ORTUÑO.	Me dijo que su esposo estaba celoso por los recados que llevaban tus criados, y que bien sabía que pronto vendrías a visitarla. Dijo también que si él se descuida, entrarás tú primero.
COMENDADOR.	¡Qué bueno! Pero el villano es celoso.
ORTUÑO.	Cuídate tú, y pisa en el aire.°
COMENDADOR.	¿Qué es de Inés?
FLORES.	¿Cuál Inés?
COMENDADOR.	La mujer de Antonio.
FLORES.	Ella te ofrece sus donaires° el momento que tú quieras. Le hablé en su corral, y tú puedes entrar por allí el momento que quieras.

---

al contado in cash; at once
graciosa funny

pisa en el aire be
   extremely careful
donaires favors

COMENDADOR.   A las mujeres fáciles yo las quiero bien y les pago mal.

FLORES.   Los disgustos por los que se pasa valen la pena, si
piensas en sus favores. Hay mujeres como dice el
filósofo, que apetecen al hombre, como la forma
apetece a la materia.[2]

COMENDADOR.   Un hombre, loco de amores, goza de que se le rindan
fácilmente, pero después las estima en poco. Luego las
olvida presto.

Después de hablar de su manera de amar, el Comendador y sus secuaces
reciben malas noticias de Ciudad Real.

Comprensión

1. ¿Crees que Ortuño es prudente? ¿Por qué?
2. ¿Qué le hizo Flores a un hombre? ¿Por qué?
3. ¿Por qué ha permitido el Comendador que viva Frondoso hasta este
momento? ¿Por qué dice él que es el fin del mundo?
4. Nombra las mujeres de las que habla el Comendador. ¿Son casadas o
solteras?
5. ¿Por qué se casa Pascuala?
6. ¿Por qué le dice Ortuño al Comendador que pise en el aire?
7. ¿Qué piensa el Comendador de las mujeres fáciles?
8. ¿Qué piensas del Comendador?

---

[2] Aristotle spoke of matter seeking its form so that it might acquire meaning. Such an
abstract concept on the lips of a servant must have amused Lope's audiences.

Escena IV

El Comendador secuestra° a Jacinta

Están presentes el Comendador, Flores y Ortuño. Sale a escena el soldado Cimbranos quien viene de Ciudad Real para informarle al Comendador que don Manrique, el Maestre de Santiago, y el conde de Cabra han cercado la ciudad con su ejército. Cimbranos dice que Ciudad Real está en peligro de caer en manos de Fernando e Isabel.

CIMBRANOS.	¿Dónde está el Comendador?
ORTUÑO.	¿No lo ves en tu presencia?
CIMBRANOS.	¡Oh, valiente Fernán Gómez, toma las armas! El Maestre de Santiago y el conde de Cabra han cercado Ciudad Real. Rodrigo Girón está en peligro. ¡Los de Isabel ganan ya!
COMENDADOR.	¡Suficiente! Ya comprendo . . . Ortuño, haz que toquen la trompeta en la plaza para congregar a todos los soldados. ¿Cuántos tengo?
ORTUÑO.	Tal vez cincuenta.
COMENDADOR.	¡Que todos cabalguen!
CIMBRANOS.	¡Hay gran prisa, porque se pierde Castilla!
COMENDADOR.	¡Eso nunca, eso nunca!

(*Salen el Comendador, Cimbranos, Flores y Ortuño.*)

Fernán procede a juntar un ejército para volver a tomar Ciudad Real. Mientras tanto, Mengo, Laurencia y Pascuala huyen por el campo.

(*Salen a escena Pascuala, Laurencia y Mengo.*)

PASCUALA.	¡Mengo, no nos abandones!
MENGO.	¿Qué temen ustedes?

---

secuestra kidnaps

LAURENCIA.   Tememos al Comendador. Si vamos a la villa en grupos de mujeres, estaremos a salvo,° porque no hay hombres por ninguna parte.

MENGO.   El Comendador es un demonio cruel.

LAURENCIA.   Fernán es una fiera sangrienta° que envenena° e infecta toda la comarca.

MENGO.   Me han contado que Frondoso para protegerte, Laurencia, apuntó° una ballesta al corazón del Comendador, aquí en este mismo campo.

LAURENCIA.   Mengo, yo hasta entonces aborrecía a los hombres. Pero desde ese día los miro con otra cara.° ¡Frondoso es muy valiente! Pero temo que el Comendador lo mate.

MENGO.   Frondoso tendrá que huir de Fuenteovejuna.

LAURENCIA.   Eso mismo le digo yo, porque ya lo amo mucho.

PASCUALA.   ¡Que muera con difteria!°

MENGO.   Es mejor matarlo a pedradas.° Tengo aquí en mi bolsa una piedra que descalabrará° su cráneo dentro de su casco.° El Comendador es más perverso que Sábalo.*

LAURENCIA.   Tú quieres decir Heliogábalo, el soldado romano . . . una fiera . . . un inhumano . . .

MENGO.   Yo no sé historia. Pero, ¿hay hombre en el mundo como Fernán Gómez?

PASCUALA.   No, parece que lo amamantó° una tigresa.°

    (*Sale a escena Jacinta pidiendo auxilio a los presentes.*)

---

a salvo safe	**los miro con otra cara**	**descalabrará** will crack
sangrienta bloody	I have a different	**casco** helmet
envenena poisons	opinion	**amamantó** nursed
apuntó aimed	**difteria** diphtheria	**tigresa** female tiger
	pedradas blows with	
	stones	

* Sábalo was Mengo's garbled rendering of *Heliogábalo*, the Spanish name of a Roman emperor known for his great cruelty.

JACINTA.	¡Socorro, por Dios, amigas! Flores y Ortuño, armados, me quieren secuestrar y llevar con ellos a Ciudad Real para el placer del Comendador.
LAURENCIA.	¡Dios te ampare, Jacinta!
	(*Huye Laurencia.*)
PASCUALA.	Jacinta, ¡yo no soy hombre y no te puedo defender!
	(*Huye Pascuala.*)
MENGO.	Ven aquí, Jacinta. ¡Yo soy hombre fuerte y de renombre,° y te puedo defender!
JACINTA.	¿Qué armas tienes?
MENGO.	Piedras . . . las primeras armas del mundo.
	(*Salen a escena Flores y Ortuño.*)
FLORES.	¡Ya no puedes correr más, Jacinta!
MENGO.	Señores, ésta es una humilde labradora . . .
ORTUÑO.	Entonces, ¿tú la defiendes?
MENGO.	Yo soy su pariente, y tengo intención de protegerla . . .
FLORES.	¡Mátalo, Ortuño!
MENGO.	¡Por Dios, si la tocan, saco mi honda,° y ustedes lo pagarán caro!
	(*Salen a escena el Comendador y Cimbranos.*)
COMENDADOR.	¿Qué es esto? ¿Tengo que desmontar por estos viles?
FLORES.	¡Debes destruir a toda Fuenteovejuna! Este villano se atrevió a amenazarnos.
MENGO.	Señor, si una injusticia puede moverte a piedad,° castiga a estos soldados. Ellos dicen que tú les has mandado a robar a esta labradora cuyo esposo y padres son honrados. Dame, señor, permiso para llevarla a su casa.

---

renombre renown, fame   **honda** a sling for casting stones   **piedad** compassion, pity

¡Piedad, señor, piedad!

COMENDADOR.	Les doy permiso a estos soldados a que se venguen de ti. ¡Tira la honda al suelo, villano!
MENGO.	¡Señor . . . !
COMENDADOR.	Flores, Ortuño, Cimbranos, ¡átenlo° con su propia honda!
MENGO.	Señor, ¿cómo te he ofendido yo? ¿Cómo te ha ofendido Fuenteovejuna?
FLORES.	¿Lo mato?
COMENDADOR.	No ensucies tus armas.
ORTUÑO.	Entonces, ¿qué mandas, señor?
COMENDADOR.	Mando que lo aten a ese roble,° lo desnuden y lo azoten con las riendas° . . .

(*Flores y Ortuño azotan a Mengo.*)

MENGO.	¡Ten piedad, señor! ¡Tú eres noble!
COMENDADOR.	¡Azótenlo hasta que los remaches° salten de las riendas!
MENGO.	¡Dios mío! ¿Señor, piensas que Dios no te castigará por tus actos tan crueles?

(*Se van Cimbranos, Flores, Mengo y Ortuño. Se quedan el Comendador y Jacinta.*)

(*El Comendador trata de forzarla.*)

JACINTA.	¡Mira lo que haces . . . !
COMENDADOR.	¡Ya no serás para mí, sino para mis soldados!
JACINTA.	¡Piedad, señor, piedad!
COMENDADOR.	No hay piedad.

átenlo tie him   **riendas** reins   **remaches** rivets
roble oak tree

JACINTA.   ¡Dios mandará Su justicia divina!

El Comendador obliga a Jacinta a caminar delante de su caballo.

───────────◄═◆═►───────────

Comprensión

1. ¿Qué informa Cimbranos?
2. ¿Qué va a hacer Fernán Gómez? ¿Qué le manda hacer a Ortuño?
3. ¿Por qué huyen Mengo, Laurencia y Pascuala? ¿Qué temen las mujeres?
4. ¿Por qué mira ahora con otra cara Laurencia a Frondoso?
5. ¿Siguió Frondoso el consejo de Laurencia?
6. ¿Qué armas tiene Mengo?
7. ¿Cuál es la situación de Jacinta en ese momento? ¿La ayudan Laurencia y Pascuala? ¿Por qué?
8. ¿Qué quiere hacer Mengo? ¿Y Flores?
9. ¿Qué pide Mengo al Comendador?
10. ¿Qué manda hacer con Mengo el Comendador?
11. ¿Qué le pasa a Jacinta?

Escena V

Se concertan° las bodas de Laurencia y Frondoso

Laurencia y Frondoso se juntan° en la casa de Esteban. Laurencia y Frondoso son ahora fugitivos del Comendador.

> (Entran a escena Frondoso y Laurencia.)

LAURENCIA.   ¡Frondoso! ¿Cómo te atreves a venir aquí?

FRONDOSO.   ¡Esta es la prueba de mi amor por ti!

───────────────────────────

Se concertan Are
  arranged   **se juntan** meet

LAURENCIA.	No digas eso, porque suele ocurrir lo contrario.
FRONDOSO.	Laurencia, quiero saber si algo ha pasado[1] . . . si mi lealtad merece . . . En toda Fuenteovejuna ya nos consideran uno. Dime sí o no.
LAURENCIA.	Pues a Fuenteovejuna y a ti, respondo que sí.
FRONDOSO.	Déjame besar tus pies . . .
LAURENCIA.	Déjate de galanterías° y háblale a mi padre, quien viene allí con mi tío. Confía, Frondoso, en que seré tu mujer.
FRONDOSO.	En Dios confío.
	(Laurencia y Frondoso se esconden para escuchar todo . . .)
	(Entran a escena Esteban y el regidor.)
ESTEBAN.	El Comendador ha alborotado° a todos con su proceder° desvergonzado. Ahora es la pobre Jacinta su víctima . . .
REGIDOR.	En buena hora, ya dicen que pronto los Reyes Católicos, Fernando e Isabel, harán obedecer sus leyes a toda España.
ESTEBAN.	A Mengo también hizo azotar el tirano.
REGIDOR.	Sus carnes están amoratadas° como la tinta.°
ESTEBAN.	¡Calla! Ardo por dentro° viendo el mal proceder del Comendador. ¿De qué me sirve este báculo° de alcalde?
REGIDOR.	Flores y Ortuño lo azotaron. ¿Por qué te afliges así?

---

galanterías compliments
alborotado disturbed
proceder behavior
amoratadas bruised

tinta ink
Ardo por dentro I am
   burning inside

báculo staff (symbol of
   authority)

[1] *quiero saber si algo ha pasado:* Frondoso wants to know if Laurencia has changed her mind about him.

ESTEBAN.	Porque me contaron más infamias de Fernán . . .
REGIDOR.	¡Escucha! . . . Alguien está aquí presente. ¿Quién será?
	(*Frondoso sale de entre las cortinas donde estaba escondido.*)
FRONDOSO.	Con tu permiso, soy yo.
ESTEBAN.	Frondoso, en mi casa tú no necesitas permiso. Tú eres mi ahijado° y como hijo para mí.
FRONDOSO.	Señor, por el amor que me tienes, quiero una merced tuya.°
ESTEBAN.	Ya tuve una corazonada.°
FRONDOSO.	Pues, señor, amo a Laurencia y quiero ser su esposo. Perdóname si he sido osado.°
ESTEBAN.	Frondoso, vienes en el momento más oportuno. Salvarás a mi hija del Comendador, y así mismo salvarás mi honor. Debemos, sin embargo, comunicar esto a tu padre. En cuanto él lo acepte, yo sentiré dicha° de hacer este matrimonio.
REGIDOR.	Esteban, ¿no debes preguntar a Laurencia si lo acepta?
ESTEBAN.	Estoy seguro de que ya acordaron° entre ellos. Frondoso, si tú quieres, hablaremos del dote porque quiero darte algunos maravedís.²
FRONDOSO.	No es necesario que me des dote . . .
REGIDOR.	Agradece que no te pide en cueros de vino.
ESTEBAN.	Entonces le preguntaré a Laurencia lo que quiere hacer de su dote, y luego te lo diré.
FRONDOSO.	Esto está bien, porque hay que consultar a todos.
	(*Esteban llama a Laurencia quien está escondida detrás de una cortina.*)

---

ahijado godchild
merced tuya a favor from you

corazonada hunch
osado daring
dicha happiness

acordaron they agreed

² *maravedí*: a Spanish coin of fluctuating value

ESTEBAN.	¡Hija! ¡Laurencia!
LAURENCIA.	Sí, señor . . .
ESTEBAN.	¡No ves lo pronto que responde!³ Laurencia, ¿Amas a Frondoso?
LAURENCIA.	Sí lo amo, pero . . .
ESTEBAN.	Entonces, ¿quieres que le diga que sí?
LAURENCIA.	Dilo tú, señor, por mí.
ESTEBAN.	¡Hecho está!° Yo tengo las llaves. Vamos a la plaza, a ver al padre de Frondoso, mi compadre.°
REGIDOR.	Vamos.
ESTEBAN.	Frondoso, hijo, yo te daré cuatro mil maravedís.
FRONDOSO.	Señor, con respeto, eso no te lo permito.
ESTEBAN.	Hijo, esa actitud te pasará en un día. Aunque no lo necesites ahora, lo necesitarás algún día.
	(*Salen Esteban y el regidor y se quedan Frondoso y Laurencia.*)
LAURENCIA.	¿Estás contento, Frondoso?
FRONDOSO.	¡Casi estoy loco de gozo del bien que siento!

Los dos amantes están felices, a pesar de todos sus problemas.

Comprensión

1. ¿Cómo prueba Frondoso su amor por Laurencia?
2. ¿De qué duda Frondoso? ¿Por qué quiere besarle los pies a Laurencia?
3. ¿De qué hablan Esteban y el regidor? ¿Cómo está Mengo? ¿Por qué?

¡**Hecho está!** It's done!   **compadre** intimate friend

³ *¡No ves lo pronto que responde!*: Esteban is well aware that his daughter is present, hiding behind a curtain.

4. ¿Qué le pide Frondoso a Esteban?
5. Según Esteban, ¿por qué es éste un momento muy oportuno para el matrimonio?
6. ¿Por qué no quiere un dote Frondoso? ¿Crees que sería mejor unos cueros de vino?
7. ¿Por qué responde tan rápidamente Laurencia cuando la llama su padre? ¿Sabe Esteban que ella estaba escondida detrás de la cortina?
8. ¿A quién tendría que hablarle ahora Esteban?
9. ¿Cómo se siente Frondoso?

Escena VI

El Comendador regresa a Fuenteovejuna

En el campamento militar de Rodrigo Téllez Girón cerca de Ciudad Real, Fernán, Rodrigo, Flores y Ortuño se lamentan por la pérdida de Ciudad Real al ejército de Fernando e Isabel.

COMENDADOR.   ¡Huye, Rodrigo, huye, no hay más remedio!

RODRIGO.   Los muros° de la ciudad[1] no estuvieron bien defendidos, y el ejército de Fernando fue muy poderoso.

COMENDADOR.   Sin embargo, les costó muchas vidas.

RODRIGO.   Y no celebrarán su victoria con nuestro pendón° de Calatrava, porque aquí lo tenemos.

COMENDADOR.   ¡Se arruinaron tus planes, Rodrigo!

---

muros walls   **pendón** standard, banner

[1] *Los muros de la ciudad:* Medieval Spanish and other European cities were often surrounded by high reinforced walls for protection. Ciudad Real, Toledo, Valencia, and Ávila were thus protected. The walls surrounding Ávila still stand.

RODRIGO.	¿Qué puedo hacer si la fortuna ciega° me levantó un día para hundirme° al siguiente?

(Se escuchan voces.)

VOCES.	¡Vivan los victoriosos reyes de Castilla!
RODRIGO.	¡Mira cómo ponen luces en las almenas del castillo!
COMENDADOR.	¡Mucha sangre les costó! Esto es una tragedia, no una fiesta.
RODRIGO.	Fernán, yo regreso a Calatrava.
COMENDADOR.	Y yo regreso a Fuenteovejuna.
RODRIGO.	*(Aparte.)* Por mi juventud y falta de experiencia, he sido víctima del engaño de Fernán.

Rodrigo y su ejército regresan a Calatrava. El Comendador y los suyos regresan a Fuenteovejuna.

Mientras tanto, en un campo cerca de Fuenteovejuna, se celebra la boda de Frondoso y Laurencia. Entran en escena Frondoso, Laurencia, Esteban, Juan Rojo, Pascuala, Barrildo, Mengo y unos músicos.

MÚSICOS.	*(Cantan.) ¡Vivan muchos años los desposados!°* *¡Vivan muchos años!*
MENGO.	Fue fácil cantar . . .
BARRILDO.	Tú puedes hacer mejores rimas.
FRONDOSO.	Mengo sabe más de azotes que de versos.
MENGO.	¡A mí me azotaron cien soldados, y yo sólo tenía una honda! También debe haber sido horrible lo que le hicieron a ese pobre hombre, cuyo nombre no quiero decirlo. Le pusieron una lavativa° de tinta y hierbas.° ¿Cómo podría el pobre sufrirlo?

---

fortuna ciega blind fortune
hundirme sink me, destroy me

desposados newlyweds
lavativa enema

hierbas herbs

BARRILDO.	El Comendador lo haría para reírse a costa tuya.
MENGO.	No es un chiste eso de las lavativas. Son saludables. Pero yo preferiría morir a sufrir como ese hombre.
LAURENCIA.	Juan, señor, danos tu mano a Frondoso y a mí para besarla.
JUAN ROJO.	Besen primero la mano de Esteban.
ESTEBAN.	Juan, pido al cielo la bendición de la unión de Esteban con mi hija.
FRONDOSO.	Que nos bendigan° los dos padres.
JUAN ROJO.	¡Que tañan° las campanas, y que todos celebren el matrimonio de Laurencia con Frondoso!
	(*Salen el Comendador, ya furioso, con Flores, Ortuño y Cimbranos.*)
COMENDADOR.	¡Alto!° Paren la boda, y no salga nadie de aquí.
JUAN ROJO.	Señor, esto no es un juego. ¿Quieres juntarte con nosotros para celebrar estas bodas? ¿Por qué estás tan furioso? ¿Saliste victorioso en Ciudad Real?
FRONDOSO.	¡Ha llegado la hora de mi muerte!
LAURENCIA.	¡Huye, por aquí, Frondoso!
COMENDADOR.	¡Eso no! ¡Aprésenlo° y átenlo!
JUAN ROJO.	Ríndete, hijo.
FRONDOSO.	¿Quieres que me maten?
JUAN ROJO.	¿Por qué razón quieres apresarlo, señor?
COMENDADOR.	Porque yo no soy hombre quien castiga sin culpa. Ahora, que lo tomen prisionero, y que des la sentencia tú mismo, Juan Rojo.
PASCUALA.	Señor, perdónale, porque hoy es el día de su boda.

Que nos bendigan Let us
　be blessed by

tañan toll
¡Alto! Stop!

Aprésenlo Take him
　prisoner

COMENDADOR.	¿Qué me importa si es su boda? ¿No hay otros también en este pueblo?
PASCUALA.	Señor, por ser quien eres perdónale si te ha ofendido.
COMENDADOR.	Su caso, Pascuala, no es contra mí, es contra Rodrigo Téllez Girón. Frondoso actuó contra la Orden de Calatrava al amenazar mi pecho con la ballesta. Se hará un ejemplo de él.
ESTEBAN.	Ya que soy su suegro,° me toca hablar por Frondoso. Es justo que se defienda un hombre enamorado. Sí . . . tú quisiste quitarle su mujer.
COMENDADOR.	¡Eres necio, alcalde!
ESTEBAN.	¡Tu virtud me hizo necio!
COMENDADOR.	Laurencia no era entonces su esposa.
ESTEBAN.	¡Sí quisiste . . . ! ¡Y suficiente . . . ! Ahora tenemos reyes en Castilla, quienes sabrán hacer obedecer sus nuevas leyes, y sabrán también remediar estos desórdenes. Esa gran Cruz de Calatrava deberá ser para pechos reales° y nada más.
COMENDADOR.	¡Flores, Ortuño, . . . quítenle el báculo al alcalde!
ESTEBAN.	¡Toma la vara, señor!
COMENDADOR.	¡Con esa vara le daré golpes como a caballo brioso!
ESTEBAN.	¡Hazlo, señor, no me importa!
	(El Comendador rompe la vara en la cabeza de Esteban.)
PASCUALA.	¿Pegas° así a un viejo?
LAURENCIA.	Le pegas porque es mi padre. ¿Te vengas en él de mí?

---

suegro father-in-law   **pechos reales** royal chests   **Pegas** Do you strike

COMENDADOR.	¡Flores, Ortuño, . . . aprésenla y pongan diez soldados en su guardia!
	(*Salen el Comendador y sus soldados.*)
ESTEBAN.	¡Dios, mándanos justicia!
PASCUALA.	La boda se tornó en luto.°
BARRILDO.	¿No hay aquí un solo hombre que se le enfrente?°
MENGO.	Ya me dieron de azotes y aún se ven los cardenales.° Le toca a otro enojarle al Comendador.
JUAN ROJO.	Hablemos, entonces, todos.
MENGO.	Yo aconsejo que todos callen porque el Comendador me puso los atabales° como ruedas de salmón.

Los habitantes de Fuenteovejuna se quedan perplejos y confusos, sin saber qué hacer.

━━◆━━

Comprensión

1. ¿Quién ganó la batalla? ¿Qué quiere Fernán que haga Rodrigo?
2. ¿Adónde van Fernán y Rodrigo?
3. ¿Qué reconoce Rodrigo?
4. ¿Qué acontece en un campo cerca de Fuenteovejuna?
5. ¿Qué cuenta Mengo del Comendador?
6. ¿Quién interrumpe la boda? ¿Por qué razón?
7. ¿Cómo reaccionan Juan Rojo y Frondoso?
8. ¿Cómo justifica el Comendador el tomar prisionero a Frondoso? ¿Quién dará la sentencia?
9. ¿Qué hace con el báculo el Comendador? ¿Qué manda luego?
10. ¿Cómo reaccionan los habitantes de Fuenteovejuna?

---

luto funeral | **se le enfrente** would stand up to him | **cardenales** bruises
atabales buttocks (*fig.*)

TERCER ACTO

Escena I

Los labradores recuentan los abusos del Comendador

Los principales se juntan en la sala del concejo° de Fuenteovejuna. Ponderan las vilezas y los abusos del Comendador y quieren tomar alguna medida° para dar fin a su infamia.

(*Salen a escena Esteban, Alonso y Barrildo.*)

ESTEBAN. ¿Están todos presentes?

BARRILDO. No, no están todos.

ESTEBAN. Entonces las cosas están peores de lo que me imaginaba.

BARRILDO. Creo que está ya aquí la mayoría de la gente.

ESTEBAN. Mi hija Laurencia está en tanto peligro . . . y a Frondoso lo tienen prisionero en el castillo del Comendador. Si la piedad de Dios no los ayuda . . .

(*Salen a escena Juan Rojo y el regidor.*)

JUAN ROJO. ¿Por qué das grandes voces,° Esteban? ¿No sabes que lo más importante ahora es hacer todo en secreto?

ESTEBAN. ¡Me sorprendo por no gritar aun más fuerte!

(*Sale a escena Mengo.*)

MENGO. Yo también quiero participar en esta junta.

ESTEBAN. Un viejo, cuyas barbas están bañadas en lágrimas, les pregunta a ustedes, ¿qué honras fúnebres° debemos hacer a nuestro honor perdido?

JUAN ROJO. ¡Tenemos la peor fortuna del mundo! Pero ya se anuncia que los Reyes Católicos han firmado la paz,° y

---

concejo town hall
alguna medida some measure

das grandes voces do you shout loudly
honras fúnebres wake

firmado la paz signed the peace treaty

	regresan a Castilla. Deberemos mandar a dos regidores para que, echados a sus pies, les pidan justicia.
REGIDOR.	Yo doy por voto° que huyamos todos de Fuenteovejuna.
JUAN ROJO.	No es posible huir en un momento.
MENGO.	Si comprendo bien lo que está pasando aquí, creo que nos costará algunas vidas.
REGIDOR.	El mástil° de la paciencia se ha roto ya, y la nave° está frente a una tormenta de miedo. Brutalmente quitaron a su hija al alcalde, un hombre honrado. Quebraron sobre su cabeza su báculo de alcalde de Fuenteovejuna. ¿A qué esclavo trataron con más bajeza?°
JUAN ROJO.	Entonces, ¿qué crees que debemos hacer?
REGIDOR.	Debemos o morir o dar muerte a los tiranos. Nosotros somos muchos, y ellos poca gente.
BARRILDO.	¡Qué dices . . . ! ¿Alzar nuestras armas contra nuestro señor?
ESTEBAN.	Nuestro señor es sólo el rey después de Dios, no los bárbaros inhumanos. Si Dios nos ayuda, ¿qué más podemos perder?
MENGO.	Señores, hay que tener mucha prudencia. Yo hablo por los simples labradores, quienes son los que más sufren.
JUAN ROJO.	Nuestra fortuna adversa nos ha preparado para perder nuestras vidas. ¡Vamos a vengarnos, vamos!
	(Sale a escena Laurencia, desmelenada.°)
LAURENCIA.	¡Déjenme entrar! Si una mujer no tiene derecho a dar voto, sí puede dar voces en un consejo de hombres. ¿Me reconocen ustedes?
ESTEBAN.	¡Santo cielo! ¿Es mi hija?
JUAN ROJO.	¿No reconoces a Laurencia?

---

doy por voto I vote for
mástil mast (*of a ship*)

nave ship
bajeza lowliness, baseness

desmelenada with her hair disarranged, disheveled

LAURENCIA.   No me reconocen, ¿verdad?

ESTEBAN.   ¡Hija mía!

LAURENCIA.   ¡No me llames tu hija!

ESTEBAN.   ¿Por qué, mis ojos,° por qué?

LAURENCIA.   Por muchas razones. Éstas son las principales: porque dejaste, sin venganza, que me robaran el tirano que nos gobierna y sus secuaces. Mi boda con Frondoso fue truncada° y no soy su esposa. No le toca° a él vengarse porque no es mi esposo. No llegó la noche de la boda, entonces la obligación de la venganza es del padre.

   ¡Juro a Dios que las mujeres de Fuenteovejuna serán quienes se venguen del tirano, y luego ellas les apedrearán° a ustedes, hilanderas° cobardes! Mañana usen ustedes nuestras faldas, cosméticos y colores. El Comendador ya va a ahorcar a Frondoso en una almena, sin juicio y sin sentencia, ¡y hará lo mismo con ustedes, medio-hombres, y yo me reiré de ustedes! Entonces retornará el siglo de las amazonas,°1 para el asombro° del mundo entero.2

ESTEBAN.   Yo, hija, no tolero esos nombres. Iré ahora mismo aunque tenga que luchar contra todo el mundo.

JUAN ROJO.   Yo iré contigo.

REGIDOR.   ¡Juntos moriremos!

---

mis ojos apple of my eye
truncada cut short

No le toca It's not his place
apedrearán will stone

hilanderas spinsters
amazonas Amazon women
asombro astonishment

1 *las amazonas:* The Amazons were a mythical nation of female warriors who enslaved the men they captured. According to Greek legend, the Amazons lived in Asia Minor (now Turkey). They were fierce archers and, again according to legend, burned off their right breast in order to make better use of their bows and arrows.

   The Amazon River owes its name to these mythical warriors. During the first European exploration of the river in 1541, Francisco de Orellana and his men were attacked by what seemed to be the legendary Amazons, although they were probably female Indians.

2 Lope, like other playwrights of the Golden Age, wrote speeches that would allow certain actresses to "shine." This is obviously one such speech.

BARRILDO.	Pongamos un lienzo° en un palo° y, ¡que mueran los tiranos!
ESTEBAN.	¡Todos tomen espadas, ballestas, lanzas y palos!
MENGO.	¡Vivan los reyes, nuestros señores!
TODOS.	¡Vivan muchos años!
MENGO.	¡Mueran los tiranos!
TODOS.	¡Mueran los traidores tiranos todos!

Se juntan determinados los hombres de Fuenteovejuna y se preparan para atacar el castillo del Comendador.

Comprensión

1. ¿Qué hacen los de Fuenteovejuna?
2. ¿Qué dice Esteban sobre el honor?
3. ¿Qué cree Juan Rojo que deben hacer?
4. ¿Qué piensa Barrildo del plan de Juan Rojo?
5. ¿Qué sugiere entonces el regidor?
6. ¿Quién sugiere dar muerte a los tiranos?
7. ¿Cómo reaccionan Barrildo, Esteban y Mengo a la sugerencia?
8. Describe a Laurencia cuando sale a escena.
9. Describe cómo se siente emocionalmente Laurencia.
10. ¿Cuáles son los puntos salientes del discurso de Laurencia?
11. ¿Cómo reacciona Esteban?
12. ¿Qué harán todos?

---

lienzo cloth   **palo** pole

Escena II

¡Atacan los villanos!

Sale a escena Laurencia y convoca a todas las mujeres de Fuenteovejuna. Entran luego Pascuala, Jacinta y otras mujeres, alarmadas por la intrepidez° de Laurencia.

LAURENCIA. ¡Ah, mujeres de la villa! ¡Vengan todas a recobrar el honor perdido!

PASCUALA. ¿Qué es esto? ¿Por qué das voces?

LAURENCIA. ¿No ven cómo los hombres y los muchachos, furiosos, corren a matar a Fernán Gómez?

JACINTA. Di entonces, ¿qué quieres que hagamos?

LAURENCIA. Quiero que todas nosotras en orden marchemos y acometamos° al Comendador, de tal manera que asombre al mundo entero. Tu gran agravio, Jacinta, será nuestra causa.

JACINTA. Tus agravios no son menores.

LAURENCIA. Pascuala, tú serás la alférez.°

PASCUALA. Entonces, déjame que enarbole° una bandera en una asta° y verás si merezco el título.

LAURENCIA. No hay tiempo para eso. Llevaremos como banderas nuestras tocas.°

PASCUALA. Nombremos un capitán.

LAURENCIA. Eso no.

PASCUALA. ¿Por qué?

---

intrepidez daring
acometamos attack

alférez ensign, standard-bearer
enarbole to hoist

asta flagpole
tocas (women's) headdresses

No hay razón por qué no podamos entrar.

LAURENCIA.	Porque siento más ánimo que el Cid o Rodamontes.[1]

(Marchan hacia el castillo de Fernán todas las mujeres, decididas.)

(Sale a escena Frondoso, con las manos atadas; le acompañan Flores, Ortuño, Cimbranos y el Comendador. Están en una sala del castillo.)

COMENDADOR.	Cuelguen° a este villano del cordel sobrante° que ata sus manos, para que sufra más.
FRONDOSO.	¡Gran señor, nunca fue mi intención matarte!
FLORES.	¿Qué es ese gran ruido afuera?

(Se escuchan voces coléricas.°)

COMENDADOR.	¿Qué será ese ruido?
FLORES.	¡Interrumpen tu justicia!

(Se escuchan golpes en las puertas del castillo.)

ORTUÑO.	¡Están rompiendo las puertas del castillo!
COMENDADOR.	¿Rompen la puerta de mi castillo siendo éste la comandancia° de Calatrava?
FLORES.	Todo el pueblo está afuera.
JUAN ROJO.	*(Adentro.)* ¡Rompan, derriben,° hundan, quemen!°
ORTUÑO.	No hay cómo detener a un motín° como éste.
COMENDADOR.	¿El pueblo contra mí?
FLORES.	Su furia entra ya en el castillo. Han derribado sus puertas.

Cuelguen Hang	**comandancia**	**quemen** burn
sobrante leftover	headquarters	**motín** insurrection
coléricas angry	**derriben** demolish, knock	
	down	

[1] *El Cid* is the hero of *El cantar de Mío Cid*, which is Spain's most important epic poem. El Cid was a real knight who fought the Moors in Spain. Rodomonte (in text: *Rodamontes*) was an Arab leader in Ariosto's *Orlando Furioso*. He was the prototype of the boastful man.

COMENDADOR.	Desaten a Frondoso . . . ¡Frondoso, ve y calma al alcalde y a esa gente!
FRONDOSO.	Ya voy, señor. Esta acción la hacen por amor a mí.
	(*Sale Frondoso.*)
MENGO.	(*Adentro.*) ¡Vivan Fernando e Isabel, y mueran los traidores!
FLORES.	¡Por Dios, señor, huye!
COMENDADOR.	No. Esta sala es fuerte y bien protegida. ¡Ellos pronto volverán atrás!
FLORES.	Cuando se enfurecen los villanos, nunca vuelven atrás sin sangre o sin venganza.[2]
COMENDADOR.	¡No! Nos defenderemos con nuestras armas aquí en esta fuerte puerta.
FRONDOSO.	(*Adentro.*) ¡Viva Fuenteovejuna!
COMENDADOR.	¡Frondoso es su caudillo! Me pagará cara su traición.
FLORES.	Señor, me admira tu valentía.
	(*Sale a escena Esteban, seguido por la gente de Fuenteovejuna.*)
ESTEBAN.	¡Allí está el tirano y sus secuaces! ¡Viva Fuenteovejuna! ¡Mueran los tiranos!
COMENDADOR.	¡Esperen un momento, mi pueblo!
TODOS.	El agravio nunca espera.
COMENDADOR.	Díganme sus agravios, y juro por mi honor que enmendaré esos errores.
TODOS.	¡Viva Fuenteovejuna! ¡Viva el rey Fernando! ¡Mueran los malos cristianos y traidores!
COMENDADOR.	¿No me escuchan? Soy yo . . . quien les habla. Soy yo, el Comendador, el señor de ustedes.

---

[2] Flores expresses a common belief of the time.

TODOS.   Nuestros señores son los Reyes Católicos.

COMENDADOR.   ¡Esperen un momento!

TODOS.   ¡Viva Fuenteovejuna, y muera Fernán Gómez!

(Entran todos, llevándose al Comendador, y salen a escena las mujeres de Fuenteovejuna, armadas.)

LAURENCIA.   Deténganse, mujeres, mejor soldados valientes, en este lugar es seguro.

PASCUALA.   Sólo las mujeres sabemos cómo tomar venganza. Beberemos la sangre del enemigo.

JACINTA.   Atravesaremos el cuerpo del Comendador con nuestras lanzas.

PASCUALA.   De acuerdo.

(Todos los hombres están adentro, sólo se escuchan sus voces. Las mujeres están en el escenario protegiendo la puerta, tras la cual los hombres de Fuenteovejuna están dando muerte al Comendador.)

(Adentro.)

ESTEBAN.   ¡Muere, Comendador traidor, muere!

COMENDADOR.   ¡Muero . . . ! ¡Piedad, Señor, espero tu clemencia!

FRONDOSO.   ¡Sólo me consideraré vengado cuando le saque el alma a este desgraciado!

BARRILDO.   Aquí está Flores.

MENGO.   ¡Pégale a ese bellaco! Él es el que me dio mil azotes.

(En la escena.)

LAURENCIA.   No hay razón por qué no podamos entrar.

PASCUALA.   Cálmate, Laurencia. Es mejor que protejamos la puerta.

(Adentro.)

BARRILDO.   ¡No me mueven sus lágrimas, cobardes!

(Afuera.)

LAURENCIA.	Pascuala, yo entro ¡porque mi espada no deberá quedar envainada!°

(*Sale Laurencia adonde están los hombres.*)

BARRILDO.	¡Aquí está Ortuño!
FRONDOSO.	¡Córtale la cara!

(*Se abre la puerta de la sala.*)

(*Entra a escena Mengo, persiguiendo a Flores.*)

FLORES.	¡Piedad, Mengo, no soy el culpable!
MENGO.	¿No? ¿No es suficiente ser alcahuete y haberme azotado?
PASCUALA.	Dánoslo a las mujeres, Mengo . . . ¡Apresúrate!
MENGO.	Muy bien. Será el peor castigo . . .
PASCUALA.	Vengaré los azotes que te dio.
MENGO.	Hazlo.
JACINTA.	¡Ea, muera el traidor!
FLORES.	¿Morir a manos de mujeres? ¡Qué desgracia![3] ¡Piedad, señoras!

(*Sale a escena Ortuño, huyendo de Laurencia.*)

ORTUÑO.	Mira que no fui yo . . .
LAURENCIA.	¡Yo sé quién eres!
PASCUALA.	¡Yo moriré matando!
TODAS.	¡Viva Fuenteovejuna! ¡Viva el rey Fernando!

---

envainada sheathed

[3] Flores, the soldier, considers it a disgrace to die at the hands of women.

Los habitantes de Fuenteovejuna matan al Comendador, a Ortuño y a Cimbranos; sin embargo, Flores escapa y va a Toro,[4] donde están Fernando e Isabel.

Comprensión

1. ¿Qué hace Laurencia? ¿Qué deberán recobrar las mujeres?
2. ¿Qué hacen los hombres y los muchachos?
3. Según Laurencia, ¿por qué deben ir también las mujeres?
4. ¿Qué quiere hacer el Comendador con Frondoso?
5. ¿A qué se debe el ruido fuera del castillo?
6. ¿Por qué manda Fernán Gómez que desaten a Frondoso? ¿Qué piensas de esto?
7. ¿Por qué no huye el Comendador? ¿Qué te dice de su carácter?
8. ¿Qué concepto repite Flores con respecto al pueblo y la sangre?
9. ¿Qué jura Fernán Gómez cuando ve al pueblo? ¿Por qué les llama "mi pueblo"?
10. ¿Qué comentario hace Pascuala con respecto a las mujeres?
11. ¿Quiénes dan muerte al Comendador, los hombres o las mujeres?

Escena III

La decisión de los reyes

El rey Fernando, la reina Isabel y don Manrique están en un salón del castillo de los reyes en Toro, en Zamora. Don Manrique informa sobre la última batalla contra Rodrigo Téllez Girón y Fernán Gómez.

MANRIQUE. Ejecutamos tan bien nuestra invasión, sin ningún obstáculo. El duque de Cabra quedó al mando del ejército allí, en caso de un contraataque.

---

[4] The city of Toro (today in the autonomous region of Zamora) was the site of a battle between the forces of Alfonso of Portugal and those of Fernando and Isabel. The Catholic monarchs were the victors.

REY.   Fue una buena decisión. Es conveniente° que Cabra
        esté a cargo de esa operación. De esta manera
        estaremos seguros de que Afonso de Portugal, quien
        intenta tomarse aquel reino, no decida atacarnos.

        (*Sale a escena Flores, herido.*)

FLORES.   Católico rey Fernando, a quien el cielo le ha otorgado°
           la corona de Castilla, escucha la mayor crueldad que
           se ha hecho en el mundo, de oriente a occidente.

REY.   ¡Cálmate!

FLORES.   Señor supremo, la gravedad de mis heridas me impiden
           dilatar° mi reporte de un triste caso, porque ya muero.
           Vengo de Fuenteovejuna, donde con pecho inclemente
           los villanos dieron muerte a mi señor Fernán Gómez.

           Entonces, con impaciente furia atravesaron con sus
           lanzas la Cruz de Calatrava, y lo arrojaron desde las
           altas ventanas del castillo para que cayera en las
           puntas de las afiladas lanzas de las mujeres de la villa,
           quienes lo esperaban en el suelo. Entonces se lo
           llevaron a una casa, muerto. Mesaron su barba,[1]
           hirieron° su cara, le cortaron las orejas. Borraron° la
           Cruz de Calatrava de su pecho.

REY.   Puedes estar seguro de que no quedarán sin el castigo
        que merecen. Estoy admirado de este triste suceso. Es
        mi orden que vaya un juez, ahora mismo, y haga una
        pesquisa° y luego castigue a los culpables, para que el
        caso sirva como ejemplo. Y a ti, Flores, que curen tus
        heridas. ¡Esta gran ofensa merece un castigo ejemplar!

Mientras tanto, en Fuenteovejuna, celebran la muerte de Fernán Gómez
en una forma bárbara. Llevan la cabeza del Comendador sobre una lanza.

---

conveniente advisable   **dilatar** delay   **Borraron** They erased
otorgado granted   **hirieron** wounded   **pesquisa** investigation

[1] *mesar la barba:* To pluck the beard of a nobleman was a great insult in medieval times.
El Cid plucked the beard of García Ordóñez. In *El burlador de Sevilla*, Don Juan
plucked the beard of the statue of the *Comendador*.

ESTEBAN.	¡Llévense la cabeza del Comendador a otra parte!Gente de Fuenteovejuna, escuchen las palabras de un viejo, quien nunca dio mal consejo. Pronto, muy pronto, los reyes investigarán la muerte del Comendador. Todos debemos contestar lo mismo.
FRONDOSO.	¿Qué nos aconsejas decir?
ESTEBAN.	Debemos responder diciendo *Fuenteovejuna* y nada más, aunque nos torturen en el potro² y nos maten.
FRONDOSO.	¡Muy bien! Fuenteovejuna lo ha hecho.
ESTEBAN.	¿Quieren responder así?
TODOS.	Sí.
ESTEBAN.	Entonces, para ensayar° la respuesta, pretenderé ser el pesquisidor.° Mengo, serás tú quien estará en el puesto del tormento.
ESTEBAN.	Mengo, ¿quién mató al Comendador?
MENGO.	Fuenteovejuna lo hizo.
ESTEBAN.	¡Perro! ¿Y si te torturo?
MENGO.	Puedes matarme, señor.
ESTEBAN.	Pues, ¿quién fue?
MENGO.	Fuenteovejuna.
ESTEBAN.	Den otra vuelta a la rueda.°
MENGO.	Fue Fuenteovejuna.
ESTEBAN.	¡Entonces termina el proceso!
	(*Entra en escena Cuadrado, el regidor.*)
REGIDOR.	¿Qué hacen ustedes aquí?

---

ensayar to rehearse

pesquisidor a magistrate appointed to inquire into the circumstances of a violent death

rueda wheel of the torture rack

² *potro:* The rack was a device used for torture.

FRONDOSO.	¿Qué pasa, Cuadrado?
REGIDOR.	Ya llegó el pesquisidor.
ESTEBAN.	Hazle entrar.
REGIDOR.	Viene con él un capitán.
ESTEBAN.	Aunque venga el diablo mismo, ya saben todos qué responder.
REGIDOR.	¡Ya congregan a todo el pueblo, sin excepción!
ESTEBAN.	No hay nada que temer. Mengo, ¿quién mató al Comendador?
MENGO.	¿Quién? Fuenteovejuna, señor.

Todos se congregan en la plaza de Fuenteovejuna. El juez comienza su interrogación. Uno por uno los labradores son sometidos a la tortura.

Comprensión

1. ¿Sobre qué informa don Manrique? ¿Qué dice el rey?
2. ¿Qué cuenta Flores?
3. Describe la forma bárbara en que los de Fuenteovejuna celebran la muerte de Fernán Gómez.
4. ¿Cómo reacciona Esteban ante la brutalidad de los campesinos?
5. ¿Cuál es el consejo de Esteban?
6. ¿Qué ensayan? ¿Es esto como otra comedia dentro de la obra? ¿Es realista el ensayo?
7. ¿Qué va a hacer el pesquisidor?
8. ¿Por qué pregunta Esteban una vez más a Mengo quién mató al Comendador?

Escena IV

¿Quién mató al Comendador?

En su castillo en Almagro, Rodrigo Téllez Girón se entera de la muerte de Fernán Gómez. Le da la mala noticia un soldado mensajero.

RODRIGO. ¡Horrible fue su muerte! Su fin fue trágico. Mensajero, podría darte la muerte por el mensaje que me has traído.[1]

SOLDADO. Yo, señor, traigo un mensaje. No es mi intención ofenderte.

RODRIGO. ¡Es increíble que ese pueblo traicionero haya tenido tal atrevimiento! Iré con quinientos hombres y arrasaré° Fuenteovejuna.

SOLDADO. Señor, controla tu enojo, porque los de Fuenteovejuna se han puesto en manos del rey Fernando.

RODRIGO. ¿Cómo pueden ponerse en manos del rey si son de la encomienda?[2]

SOLDADO. Tú deberás discutir esto más tarde con el rey mismo.

RODRIGO. ¿Discutirlo? ¡No! El rey dio a Fernán la encomienda, pero al fin y al cabo° el rey es rey, y yo lo reconozco. Debo ir donde Fernando e Isabel, aunque yo soy el culpable del ataque a Ciudad Real. Fernando sabrá perdonarme debido a mi corta edad.

Rodrigo Téllez Girón se prepara para ir donde Fernando e Isabel y asegurar su perdón. Mientras tanto, en la plaza de Fuenteovejuna, cerca de una fuente, se ven Laurencia y Frondoso.

---

arrasaré demolish   **al fin y al cabo** after all

[1] *mensajero:* Messengers who brought good news were richly rewarded; those who brought bad news could have been punished by the loss of a hand, or even by death. Kings often got rid of their enemies by sending them as messengers with bad news.
[2] Rodrigo does not really understand the laws of the time. The king had jurisdiction over the *encomiendas*.

FRONDOSO.	¡Mi Laurencia!
LAURENCIA.	¡Mi esposo amado! ¿Cómo te atreves a estar aquí?
FRONDOSO.	¿Así te preocupa mi amor por ti?
LAURENCIA.	Mi amor, cuídate, porque temo que te ocurra algún daño.
FRONDOSO.	No quiera Dios, Laurencia, que yo haga algo que te disguste.
LAURENCIA.	¿No has visto lo que han hecho a tus amigos? ¿No temes esa furia feroz del juez? Huye y sálvate, Frondoso.
FRONDOSO.	¿Crees que soy cobarde?
	(*Se escuchan lamentos dentro. Frondoso y Laurencia miran dentro, escondidos.*)
FRONDOSO.	Laurencia, escucho voces . . . Si no me equivoco, son las voces de alguien a quien torturan . . . ¡Escucha!
	(*El juez hace su interrogación.*)
JUEZ.	Di la verdad, buen viejo.
FRONDOSO.	(*Aparte.*) Laurencia mía, ¡torturan a un viejo!
LAURENCIA.	(*Aparte.*) ¡Qué crueldad!
ESTEBAN.	Suéltenme° por un momento.
JUEZ.	Ya te suelto. Dime, ¿quién mató al Comendador?
ESTEBAN.	Fuenteovejuna lo hizo.
LAURENCIA.	(*Aparte.*) Padre mío, tu nombre eternizo.°
FRONDOSO.	(*Aparte.*) ¡Qué valentía!°

Suéltenme Let me go
eternizo I perpetuate

¡Qué valentía! What
courage!

JUEZ.	Aprieten° a ese muchacho. Perro, yo sé que lo sabes. Di quién mató a Fernán. ¿Callas? Aprieten más los tornillos.°³
NIÑO.	Fuenteovejuna, señor.
JUEZ.	¡Por la vida del rey, villanos, voy a ahorcarlos con mis propias manos! ¿Quién mató al Comendador?
FRONDOSO.	(*Aparte.*) Atormentan a un niño, y éste lo niega también . . .
LAURENCIA.	¡Pueblo valiente!
FRONDOSO.	Bravo y fuerte.
JUEZ.	Pongan a esa mujer en el potro. Aprieten ahora.
LAURENCIA.	(*Aparte.*) ¡El juez está ciego de cólera!
JUEZ.	¡Villanos, los mataré a todos en este potro, créanme! ¿Quién mató al Comendador?
PASCUALA.	Fuenteovejuna, señor.
JUEZ.	Aprieten más.
FRONDOSO.	(*Aparte.*) Nunca confesará.
LAURENCIA.	(*Aparte.*) Frondoso, Pascuala lo niega.
FRONDOSO.	(*Aparte.*) Si los niños niegan, ¿de qué te espantas?
JUEZ.	Parece que estos villanos gozan con el tormento. ¡Aprieta más!
PASCUALA.	¡Piedad, Dios mío!
JUEZ.	(*Al verdugo.*°) ¡Burro, infame, aprieta más! ¿Estás sordo?
PASCUALA.	Fuenteovejuna lo hizo.
JUEZ.	Tráiganme aquel gordo rollizo° medio desnudo.

Aprieten Tighten up   **verdugo** executioner   **rollizo** plump
tornillos screws

³ The rack had screws (*tornillos*) and wheels (*ruedas*) to tighten and stretch the limbs of those being tortured.

LAURENCIA.	(*Aparte.*) ¡Pobre Mengo!
FRONDOSO.	(*Aparte.*) Temo que vaya a confesar . . .
MENGO.	¡Ay, ay!
JUEZ.	Comienza a apretar, verdugo.
MENGO.	¡Ay!
JUEZ.	¿Necesitas ayuda?
MENGO.	¡Ay, ay!
JUEZ.	¿Quién mató, villano, al señor Comendador?
MENGO.	¡Ay, yo lo diré, señor!
JUEZ.	Verdugo, afloja su mano.
FRONDOSO.	(*Aparte.*) ¡Él confiesa!
JUEZ.	Verdugo, ahora dale un latigazo° en la espalda.
MENGO.	Un momento . . . y lo diré todo.
JUEZ.	¿Quién mató al Comendador?
MENGO.	Señor, fue Fuenteovejunica.°
JUEZ.	¿Se ha visto tantos bellacos? ¡Se burlan del dolor! Los que creí que confesaran, niegan más rotundamente.° Déjalos porque estoy agotado.°
FRONDOSO.	(*Aparte.*) ¡Dios te bendiga, Mengo! Temía que confesaras.
	(*Salen todos, pero se quedan Frondoso y Laurencia.*)
FRONDOSO.	Es justo que se le hagan honores. Pero dime, mi amor, ¿quién mató al Comendador?
LAURENCIA.	Fuenteovejunica, mi bien.°
FRONDOSO.	¿Quién lo mató?
LAURENCIA.	¡Me das espanto! Pues, fue Fuenteovejuna.

---

latigazo whipping
Fuenteovejunica good old
  Fuenteovejuna

rotundamente
  categorically, flatly
agotado exhausted

mi bien my darling

FRONDOSO.   Y yo, ¿con qué te maté?

LAURENCIA.   ¿Con qué? Con quererte tanto.

Todos los habitantes de Fuenteovejuna regresan a sus hogares. Su destino está en manos del juez, quien informará sus pesquisas a los Reyes Católicos.

<hr>

Comprensión

1. ¿De qué se entera Rodrigo? ¿Quién se lo dice?
2. ¿Qué piensa hacer Rodrigo?
3. ¿Para qué va a ir Rodrigo a ver a Fernando e Isabel?
4. ¿Por qué no huye Frondoso?
5. Cuando torturan a los de Fuenteovejuna, ¿a quién culpa Esteban? ¿A quién culpa el niño? ¿A quién culpa Pascuala?

Escena V

La justicia de los reyes

Isabel se encuentra en una habitación del castillo de los reyes en Torde-sillas.[1] Fernando está de paso° hacia Portugal.

ISABEL.   No esperaba hallarte aquí, Fernando. Ésta es mi buena
              suerte.

FERNANDO.   Es la gloria de mis ojos verte, Isabel.

ISABEL.   Su majestad es siempre sabio.

---

de paso passing through

[1] *Tordesillas* is a town in the autonomous region of Valladolid, Spain. In 1494, a treaty between Spain and Portugal was signed there. By the provisions of that treaty, the discovery of land in the New World (the Americas) was divided between those two countries.

FERNANDO.	¿Cómo dejaste a Castilla?
ISABEL.	Está tranquila.
FERNANDO.	No me maravillo porque eres tú quien la tranquiliza.
	(*Entra en escena don Manrique.*)
MANRIQUE.	Rodrigo, el Maestre de Calatrava, acaba de llegar y pide audiencia.
ISABEL.	Yo tenía mucho deseo de verlo.
MANRIQUE.	Juro, mi señora, que aunque es casi un niño es un valeroso soldado.
	(*Sale don Manrique, y entra en escena Rodrigo.*)
RODRIGO.	Rodrigo Téllez Girón, Maestre de Calatrava, quien siempre loa° a sus reyes, se hinca humildemente a sus pies y les pide perdón. Admito que fui engañado y mal aconsejado y excedí los límites de mi lealtad a mis reyes. Fernán Gómez de Guzmán me engañó con sus malos consejos. Y así, humildemente, les pido perdón.[2]
FERNANDO.	Levántate, Rodrigo. Es suficiente que hayas venido para que yo bien te reciba.
RODRIGO.	Tú consuelas mi alma afligida.
ISABEL.	Hablas con el mismo valor que tienes.
RODRIGO.	Tú eres una bella Éster, y tú un Jerjes[3] divino.
	(*Entra en escena don Manrique.*)
MANRIQUE.	Señor, el juez que enviaste a Fuenteovejuna pide audiencia.

---

loa praises

[2] Rodrigo proved to be a loyal follower of the monarchs. He distinguished himself while fighting at their side in Granada, the last Moorish stronghold in Spain.

[3] Esther was a beautiful Jewish orphan, raised by her cousin Mordecai. She married Xerxes, King of Persia, who did not know that she was Jewish. After an advisor persuaded the King to execute all Jews, she revealed her religion at the risk of her own life to save her people. Moved by his wife's plea, the King spared the Jews and executed his advisor.

FERNANDO.	(*A Rodrigo.*) Tú serás el juez de los infames de Fuenteovejuna.
RODRIGO.	Si no estuviera en tu presencia, señor, ¡les enseñaría cómo matar comendadores!
FERNANDO.	Rodrigo, eso ya no te toca a ti.°
ISABEL.	Si Dios permite, Fernando, el poder será tuyo.
	(*Entra el juez.*)
JUEZ.	Fui a Fuenteovejuna como me mandaste y con muy especial cuidado hice mi investigación del delito. Y no tengo ni siquiera una hoja escrita que compruebe mi pregunta: ¿quién mató al Comendador? Todos respondieron a una voz: Fuenteovejuna, señor.
	Torturé a trescientos sin resultado. Puse en el potro hasta a niños de diez años, y no he podido averiguarlo ni con halagos° ni engaños. Y ya que no hay esperanza de averiguar la verdad, tienes mi rey dos opciones: o los perdonas a todos o los matas sin excepción. Todos han venido ante ti, mi rey, para corroborar° lo que digo. Tú podrás informarte por ti mismo.
FERNANDO.	Diles que entren.
	(*Entran en escena los dos alcaldes, Frondoso, las mujeres y muchos villanos.*)
LAURENCIA.	¿Éstos son mis reyes?
FRONDOSO.	Sí, son los soberanos de Castilla.
LAURENCIA.	¡Por mi fe,° que son hermosos!⁴ ¡Que los bendiga San Antonio!⁵
ISABEL.	¿Y éstos son los agresores?

---

eso ya no te toca a ti that   **halagos** cajoling   **Por mi fe** Upon my faith
   doesn't concern you now   **corroborar** confirm

⁴ *¡Por mi fe, que son hermosos!*: Laurencia, in a spontaneous way typical of the peasants of the time, admires her rulers.
⁵ *San Antonio* (1195–1231) was a saint from Padua, Italy. He was renowned for his many miracles.

ESTEBAN.	Fuenteovejuna, sus majestades, llega humildemente dispuesta a servirles. La excesiva tiranía y el insufrible rigor de Fernán, el muerto Comendador quien mil insultos nos hacía, fue el autor de tanto daño. Él nos robaba nuestras propiedades y forzaba sin piedad a nuestras mujeres.
FRONDOSO.	Fue tan cruel que me quitó esta zagala después de habernos casado la noche de nuestra boda. Si ella no hubiera sabido protegerse, ya que es la virtud personificada, hubiera pagado caro la lujuria del Comendador.
MENGO.	¿Ya no es mi turno de hablar? Si mis reyes me permiten, se asombrarán de la manera cómo Fernán me trató. Porque quise defender a una moza de sus insolentes secuaces quienes iban a abusarla, ese perverso Nerón[6] dejó mi reverso° como rodaja° de salmón.
ESTEBAN.	Señor, queremos ser tus vasallos. Tú eres nuestro rey y en tu defensa hemos tomado las armas. Confiamos en tu clemencia y esperamos que creas nuestra inocencia.
FERNANDO.	A pesar de que el crimen es grave, me veo forzado a perdonarlos, porque no hay prueba del delito. Fuenteovejuna entonces quedará bajo mi jurisdicción hasta que la herede otro comendador.
FRONDOSO.	¡Su majestad habla con tanta sabiduría! Y aquí, discreto senado,[7] termina *Fuenteovejuna*.

---

reverso backside (*fig.*)   **rodaja** slice

[6] *Nerón*: The ancient Roman emperor Nero was known for his cruelty. He persecuted the Christians and killed his wife and mother.

[7] *discreto senado*: During the Spanish Golden Age, plays were very popular with all social classes. The higher classes sat on the balconies of houses located around a public square. In the front of the square was the stage. These theaters were called *corrales*. The poorer classes watched the plays standing up in front of the stage and were called the *honorable senado*. They were very demanding and, when displeased, would throw vegetables or eggs at the actors. Lope shows here that he is quite aware of this practice.

Comprensión

1. ¿Dónde están los Reyes Católicos? ¿Por qué paró allí Fernando?
2. ¿Quién pide audiencia a los reyes? ¿Por qué?
3. ¿Qué les promete Rodrigo a los soberanos? ¿Le perdonan?
4. ¿Quiénes salen en escena en ese momento? ¿Qué admira Laurencia?
5. ¿Cómo reacciona Isabel cuando ve a los villanos?
6. En tus propias palabras, ¿qué dice Esteban? ¿Frondoso? ¿Mengo?
7. ¿Por qué perdona Fernando a Fuenteovejuna?
8. ¿Quién era el discreto senado? ¿Cómo eran los teatros del tiempo de Lope?

La verdad sospechosa

Juan Ruiz de Alarcón, 1619

Personajes principales

Don García, protagonista
Jacinta, protagonista
Don Juan de Sosa, joven
Lucrecia, noble y rica
Don Felis, soltero
Isabel, criada de Jacinta
Don Beltrán, padre de García
Tristán, gracioso
Don Sancho, tío de Jacinta
Letrado,° tutor de García
Don Juan de Luna, padre de Lucrecia
Camino, escudero
Paje

PRIMER ACTO

Escena I

En la sala de la casa de don Beltrán. Entran en escena, por una puerta lateral, don García y el Letrado, el tutor de García. Por la otra puerta, don Beltrán y Tristán.

DON BELTRÁN.	¡García! ¡Bienvenido, hijo mío!
DON GARCÍA.	¡Padre! Permíteme besar tu mano.[1]
	(Besa su mano.)
DON BELTRÁN.	Ven° aquí y dime, ¿cómo estás?
DON GARCÍA.	Soportando° el polvo° del camino desde Salamanca,[2] por la anticipación de verte.
DON BELTRÁN.	Entra y descansa . . . ¡Estás ya hecho todo un hombre! ¿Tristán?
TRISTÁN.	¿Sí, señor?
DON BELTRÁN.	Sirve desde hoy a don García. Tú sabes mucho de la Corte,[3] y él no tiene experiencia todavía.
TRISTÁN.	Yo le guiaré° en lo importante.

Letrado lawyer, a learned man   **Ven** Come   **polvo** dust

soportando enduring   **guiaré** will guide

[1] *besar tu mano*: a demonstration of respect

[2] *Salamanca*: García was a student at the University of Salamanca and is returning to Madrid, at the request of his father, because of the death of his older brother Don Gabriel. The University of Salamanca was one of the two premier universities of Spain in the seventeenth century, with an enrollment of 14,000 students and 70 subjects taught. The other great university was the University of Alcalá de Henares.

[3] *Corte*: a reference to the nobility of Spain, which surrounded the king, and was the governing body of Spain

DON BELTRÁN.　　García, te doy un amigo y consejero,°⁴ no un criado.°

DON GARCÍA.　　Entonces, Tristán será mi amigo y mi consejero.

TRISTÁN.　　Estoy, desde ahora, a tu servicio.

(Se van° García y Tristán.)

Escena II

DON BELTRÁN.　　(Al Letrado.) ¡Venga a mis brazos, señor Letrado!⁵

Don Beltrán luego agradece al Letrado por su esmerada° educación a García en la Universidad de Salamanca y ofrece premiarlo con un buen trabajo en Madrid, usando su gran influencia. El Letrado agradece, pero su profesión es en Salamanca. Don Beltrán, de seguido se lamenta de la muerte prematura de Gabriel, su hijo primogénito.° Le dice al Letrado que la razón por la cual trae a su hijo García de Salamanca es para que, como único heredero,° tome a cargo la fortuna de la familia. Empero, antes de hacerlo, don Beltrán quiere un informe confidencial del Letrado sobre si García tiene algún vicio que lo pueda humillar, ya que García estará entre los poderosos de Madrid en la Corte. El Letrado responde que García es inteligente, sagaz,° valiente, pero tiene una falta incorregible, y es que miente. Don Beltrán reacciona diciendo que para él la mentira es el peor vicio en un hombre noble. El Letrado responde que los estudiantes en Salamanca hacen locuras y viven en el vicio, pero con la madurez todo eso cambia. Don Beltrán reacciona indignado, y dice que

---

consejero advisor　　　esmerada conscientious　　heredero heir
criado servant　　　　primogénito first-born　　　sagaz shrewd, clever
se van exit

⁴ Tristán is the *gracioso* in this play. The graciosos provided comic relief to the tension created by the drama. The *gracioso* evolved through the centuries, and Tristán represents a new breed of well-educated and noble servants. Notice that Don Beltrán gave a new responsibility to his employee Tristán as García's friend and advisor. In the past, the *gracioso* was a slapstick comic. Tristán, in this play, is a wise, loyal (but ironic) advisor to García. Frequently, Tristán reacts in disbelief upon hearing the lies of García (for the benefit of the audience), therefore, making García's lies comical and obvious to all.
⁵ *Letrado*: a learned man, a teacher, a tutor of García. Don Beltrán had hired him.

la mentira es una gran deshonra,[6] y que es muy tarde. Su solución será casarlo con una mujer que pueda corregirlo.

Escena III

En las Platerías.[7] Entran en escena don García (muy bien vestido)° y Tristán.

DON GARCÍA.   ¿Me luce bien° este traje?

TRISTÁN.   Sí, es un holandesco follaje.[8] ¿Qué fealdad° no cubre
un cuello apanalado? Yo conocí a una dama quien se
enamoró de un amigo mientras lo veía con el cuello
apanalado.° Una vez lo vio sin su cuello y perdió su
amor por él, porque tenía chupos,° manchas° y
cicatrices° de sarnas° que publicaban° la ruina de su
garganta.° Las narices le crecieron,° las orejas
midieron entonces un palmo,° las quijadas° se
juntaron° como si no tuviera dientes. Al fin el galán°

---

bien vestido elegantly dressed	**manchas** skin spots	**palmo** measure from the thumb to the little finger
Me luce bien Does it look good on me	**cicatrices** scars	
	sarna mange	**quijadas** jaws
fealdad ugliness	**publicaban** made public	**se juntaron** came together
apanalado honeycombed	**garganta** neck	**galán** young man, usually dashing
chupos boils	**crecieron** grew	

[6] Honor is the main theme of Spanish drama of the Golden Age. A transgression against one's dignity had to be resolved by an apology or by a duel.

[7] *Las Platerías*: jewelry stores behind the famed Puerta de Guadalajara. The *Platerías* are still in operation today.

[8] *holandesco follaje*: a plaited Dutch collar. Tristán is referring to the "dandy" dress of García as foliage, a comical metaphor. During the Baroque period (seventeenth century), antiheroic characters and themes became very popular. (See Cervantes's *Don Quijote*. See also *Lazarillo de Tormes*.)

Hay damas tan bellas como lucientes estrellas.

quedó tan cambiado, que ni su propia madre lo
hubiera reconocido.⁹

DON GARCÍA.   ¡Dejémonos° de estas cosas! ¿Qué hay de mujeres?

TRISTÁN.   ¿Eres romántico?°

DON GARCÍA.   ¡Soy joven!

TRISTÁN.   Hay damas tan bellas como lucientes estrellas. Hay
señoras que son ángeles por su virtud. Pero sólo te diré
de aquellas damas livianas,° que son divinas y
humanas. Verás bellas casadas que son discretas,° y yo
las llamo planetas. Hay otras que son estrellas fijas°
porque son jóvenes hijas y sus madres son errantes.°
Hay busconas° que son cometas. Advierte bien,° que
ciertas estrellas nacieron en el signo de Virgo, pero ése
un solo signo es. Los del cuerno son tres: Aries
Capricornio, y Toro.¹⁰

DON GARCÍA.   ¿Eres astrólogo?°¹¹

TRISTÁN.   Fui de oyente° en astrología en el Palacio.

Dejémonos Let's leave alone	**discretas** trustworthy not to tell	**Advierte bien** Be warned, Look well
romántico given to the love of women	**fijas** fixed	**astrólogo** astronomer
livianas light morals	**errantes** wandering	**oyente** auditor
	busconas prostitutes, hookers	

⁹ This was an age of barbaric treatment and intolerance of physical defects in humans.
People believed that outer appearance was the outward manifestation of an evil character. Juan Ruiz de Alarcón was himself hunchbacked, diminutive, humpchested, and
redheaded, in an age when red hair brought disgrace. Perhaps because of his own
defects, Alarcón portrayed his main male characters as handsome men. His favorite
name was his own, Juan. (We have two *Juanes* in this play.) Alarcón was the victim of
cruel jokes by other writers of the Golden Age. The performances of his plays were sab-
otaged with stink bombs. The abuse of Alarcón typified the age.

¹⁰The reference to *cuernos* (horns) as the symbol of cuckoldry (a husband whose wife
was unfaithful) was common during this time. (See *El burlador de Sevilla*.) The whole
paragraph has many double meanings.

¹¹García knows that Tristán is well educated. He wants to know if he has majored in
astrology. During this time *astrología judiciaria* was astrology, and *astrología mecánica*
was astronomy. Tristán sadly replies that he had studied as an auditor because he was
poor and could not afford the registration fees at the university. Servants during this
time attended classes and took notes in place of their noble young masters (who spent
their time partying and in other excesses). Servants, then, became better educated than
their own masters.

DON GARCÍA.	¿Trataste de emplearte° como astrólogo?
TRISTÁN.	Nunca conseguí sino mi mal.
DON GARCÍA.	¿Cómo has llegado a ser sirviente?
TRISTÁN.	Señor, porque me han faltado la buena suerte y el dinero.
DON GARCÍA.	¡Mira, Tristán! ¿Ves esa mano de marfíl?° ¿Ves el divino resplandor° de esos ojos? . . . ¿Ves esas flechas° de amor y muerte . . . ?[12]
TRISTÁN.	¿De quién, señor? ¿De aquella dama que va en ese coche?
DON GARCÍA.	Pues, ¿quién merece° alabanza° igual?
TRISTÁN.	El coche del sol emite rayos de fuego ardientes y un deslumbrante arrebol.°[13]
DON GARCÍA.	La primera dama que he visto en la Corte me ha encantado. ¡Qué divina es esa mujer!
TRISTÁN.	Bellas encontrarás y no sabrás a cuál escoger. Yo siempre por la que veo, olvido la que vi.
DON GARCÍA.	¿La conoces, Tristán?
TRISTÁN.	No, las altas señoras° no miran a los Tristanes.
DON GARCÍA.	Yo la quiero para mí. Síguela,° Tristán.
TRISTÁN.	¡Un momento! Ella se ha bajado del coche, y está entrando en la Platería.

---

emplearte to find yourself a job
marfil ivory
resplandor glow
flechas arrows

merece deserves
alabanza praise
deslumbrante arrebol dazzling red glow

altas señoras high-class ladies
Síguela Follow her

[12]García is referring to the eyes of Jacinta, which cast darts of love. Cupid (*Amor*) in mythology is the god of love. Cupid is represented as a chubby winged cherub, blindfolded, holding a bow and arrows. His arrows of love are shot at random.

[13]*el coche del sol*: a reference to the wondrous carriage of Apollo. It was pulled by steeds that not even Apollo could control. Female beauty is said to radiate like the rays of the sun. *Arrebol* (red glow, blush) refers to the makeup the ladies are wearing. García falls in love at first sight.

DON GARCÍA.	Voy a hablar con ella. ¿Es permitido en la Corte que yo hable con ella?
TRISTÁN.	Sí, y el dinero es el Polo Norte° de la brújula° de ellas. ¡Mira, don García! Otra señora sale del coche.
DON GARCÍA.	¡Hermosa es también! Quiero que preguntes al cochero° quiénes son.
TRISTÁN.	¿Me dirá quiénes son?
DON GARCÍA.	Si es cochero de verdad, lo dirá.

Escena IV

Entran en escena Jacinta, Lucrecia e Isabel. Llevan mantillas.° Jacinta se tropieza,° cae y se queda en el piso. Don García se apresura° en socorrerla.° Le da la mano.

JACINTA.	¡Ay . . . Dios!°
DON GARCÍA.	Toma mi mano, ¡Oh, cielo de mujer!
JACINTA.	¡Oh, . . . qué alto eres, casi llegas al cielo!
DON GARCÍA.	Una cosa es alcanzar° el cielo y otra es merecerlo.
JACINTA.	¿Qué quieres merecer?
DON GARCÍA.	El favor de alcanzar.
JACINTA.	Quieres llegar al fin sin pasar por el medio.[14]

Polo Norte North Pole	**se tropieza** stumbles	**¡Ay . . . Dios!** Oh . . .
brújula compass	**se apresura** hurries	Lord!
cochero coachman	**socorrerla** to help her	**alcanzar** to reach
mantillas Spanish veils		

[14]Jacinta seems to be referring to Horace's, *Odes*, Book II, "The Theory of the Golden Mean." It is better to follow a middle course than an extreme course. García is extreme in his feelings.

DON GARCÍA. Por tu mano, que toqué, no he sido favorecido porque no fue esa tu intención. Por eso vino tu mano sin alma y el favor sin tu voluntad.

JACINTA. Culpas° injustamente a mi mano.

Escena V

TRISTÁN. (Aparte.) El cochero me dijo quiénes son ellas.

DON GARCÍA. ¡Yo he estado prendado° de ti desde hace mucho tiempo!

JACINTA. ¿Cómo es que jamás° oí o supe de ti?

DON GARCÍA. ¡Ay, Dios, he estado loco por ti por más de un año!

TRISTÁN. (Aparte.) ¿Un año? Sólo ayer llegó a Madrid . . .

JACINTA. ¿Más de un año? Juro que nunca en mi vida te he visto.

DON GARCÍA. Cuando llegué de las Indias,[15] fuiste tú el primer cielo que vi.

JACINTA. ¿Eres indiano?

DON GARCÍA. ¡Y mis riquezas son tan grandes . . . ! Pero cuando te vi, le quitaste el lustre a Potosí.[16]

TRISTÁN. (Aparte.) ¿García es indiano?

JACINTA. ¿Y eres tacaño° como son los indianos?

Culpas You blame | **he estado prendado** I have been captivated | **jamás** never |
| | **tacaño** tightfisted |

[15]*Indias*: a reference to America. When Columbus arrived at the Bahamas (Watling's Island), he thought he was in India. In Spain the name *indiano* was given to Spaniards who made their fortunes in the newly "discovered" Americas. These Spanish Americans were usually very rich. They were also reputed to be miserly.

[16]*Potosí*: city in Bolivia that had the largest and richest silver mine in the world. Potosí became the metaphor for great wealth.

Don García.	Al más tacaño hace el amor generoso.
Jacinta.	Si eso es verdad, espero regalos preciosos.
Don García.	Para mostrarte que te adoro, te he de dar un mundo de oro. Y que esta joyería a la que entramos, te dé señal° de mi deseo.
Jacinta.	(*Aparte.*) Lucrecia, nunca he visto en Madrid a hombre tan generoso. ¿Qué te parece el indiano dadivoso?°
Lucrecia.	No me parece mal.
Don García.	Toma de esa vitrina° las joyas que quieras.
Tristán.	(*Aparte.*) Señor, te arriesgas° demasiado.
Don García.	(*Aparte a Tristán.*) ¡Estoy perdido,° Tristán!
Isabel.	(*Aparte a las dos damas.*) ¡Cuidado, viene por la calle don Juan!
Jacinta.	(*A García.*) Yo te agradezco, caballero, mas yo no puedo aceptar tus regalos. Sólo acepto tus ofrecimientos.°
Don García.	Entonces, ¿qué ha alcanzado mi corazón que te he dado?
Jacinta.	Ha alcanzado que yo te escuche. ¡Adiós!
Don García.	Adiós. ¿Me das permiso para amarte?
Jacinta.	Para amar, no pienso que sea necesario mi permiso.

(*Se van las mujeres.*)

---

señal a signal
dadivoso generous, lavish
  with gifts

vitrina showcase
te arriesgas you're risking

Estoy perdido I am madly
  in love
ofrecimientos offers

Escena VI

Don García y Tristán.

Don García manda a Tristán que las siga° para averiguar dónde viven.
Tristán responde que ya se enteró° dónde vive doña Lucrecia, la más
bella, y la otra. Ésta es la opinión de Tristán. Don García asume que
Tristán se refiere a la dama que don García cree que es la más bella (Jacinta). Aquí comienza el error de don García.

Escena VII

Entra don Juan y, por otra puerta, don Felis.

Don Juan.	Me cuentan que anoche hubo una gran cena y música. ¡Mi Jacinta fue festejada° por otro! ¡Muero de celos!
Don García.	(*Aparte.*) ¿No es éste don Juan de Sosa?
Tristán.	El mismo es.
Don Juan.	(*Le habla a don Felis.*) ¿Quién será el amante° que me tiene tan celoso?
Don Felis.	Pronto lo llegarás a saber.
Don Juan.	¡No puedo creer que otro le ha brindado° a mi amada una cena y música en el Sotillo° del río Manzanares!¹⁷
Don García.	¡Hola, don Juan de Sosa!
Don Juan.	¿Y quién eres tú?

---

las siga to follow them **amante** lover **Sotillo** Rivergrove
se enteró he found out **ha brindado** has offered,
festejada feasted has presented

¹⁷*Sotillo*: On the banks of the Manzanares River, which crosses Madrid, there was a
famous amusement park called *el Sotillo*.

Don García.	¿Has olvidado a don García?
Don Juan.	Ya sabía que estabas en Madrid, pero no te reconocí.
Don García.	Fue hace mucho tiempo que nos vimos en Salamanca. Debo haber cambiado mucho.
Don Juan.	Estás más galán vestido de seglar° que con el uniforme de estudiante. ¿Vienes ya a radicarte° en Madrid?
Don García.	Sí.
Don Juan.	Entonces, ¡bienvenido!
Don García.	Y tú don Felis, ¿cómo estás?
Don Felis.	¡Contento de verte!
Don García.	¡Gracias! Pues bien, ¿y qué hay de nuevo en Madrid?
Don Juan.	Pues, cuentan que anoche un caballero festejó en el río, con una cena y con música, a una dama principal.°
Don García.	¡Sí, esa fue mi cena y la dama, mi dama!
Don Juan.	¿Entonces diste esa gran fiesta en el río?
Don García.	Sí, señor, así fue.
Tristán.	(Aparte.) ¿Ni qué fiesta ni qué dama? ¡Si ayer éste llegó a Madrid!
Don Juan.	¿Y ya tienes dama a quien hacer fiesta acabando de llegar?
Don García.	No llegué ayer sino hace un mes.
Tristán.	(Aparte.) ¿Qué dice? ¡Ayer llegó! ¿Por qué dirá todo esto?
Don Juan.	No lo sabía. Te hubiera venido a saludar.
Don García.	He estado aquí en secreto.°
Don Juan.	Pues bien, cuéntame de la fiesta. (Aparte.) ¡Muero de celos! ¿Estuviste en el Sotillo del río Manzanares?

---

seglar street dress (*not student's uniform*) **radicarte** to establish residence **principal** high-class **en secreto** in hiding

Don García.	¿Cómo sabes tú tanto?
Don Juan.	(*Aparte.*) ¡Muero de celos! (*A don García.*) Algo me dijeron, pero quiero que me relates tú todo lo que sucedió.
Don García.	¡Veo que mueres de curiosidad! Entonces te relataré todo. Anoche, en el Sotillo del Manzanares, hice poner° una limpia y olorosa mesa a lo italiano° curiosa y a lo español opulenta. Cuatro aparadores° formaron un cuadro, todos llenos de cubiertos° de plata y oro. Llegó entonces el pie que adoro, y al pisar, la hierba se hizo esmeralda, el río se hizo cristal y las arenas se hicieron perlas. Se sirvieron treinta y dos platos de cena: frutas y bebidas, helados,[18] y otros manjares.° Y al fin palillos de dientes° de oro. Hubieron antorchas° y fuegos artificiales° que hicieron de la noche día. Hubieron cuatro tiendas° llenas de cantores y músicos: guitarras, oboes, vihuelas,° arpas, flautas, y un coro de muchas voces. La fiesta duró toda la noche, hasta el amanecer.
Don Juan.	¡Por Dios que me lo has pintado tan detalladamente° que yo no cambiaría oírte con estar allí!
Tristán.	(*Aparte.*) ¡Este hombre es un diablo! ¡Puede pintar una cena que vence° a la verdad!
Don Juan.	(*Aparte.*) ¡Rabio° de celos! (*A don García.*) Tú has dado tal festín° que ni el mismo Alejandro Magno[19] lo hubiera podido dar.

---

hice poner I ordered	**palillos de dientes**	**vihuelas** a type of guitar
a lo italiano in the Italian fashion (*elegant*)	toothpicks	**detalladamente** in full detail
aparadores showcases	**antorchas** torches	**vence** defeats
cubiertos silverware	**fuegos artificiales** fireworks	**Rabio** I'm raging
manjares gourmet dishes	**tiendas** field tents	**festín** feast

[18]*helados*: Ice cream was a valued treat. Snow was brought to Madrid from the *Sierras* and made into ice cream.

[19]*Alejandro Magno*: Alexander the Great (356–323 b.c.) had a reputation of being a very generous king.

DON GARCÍA.	Esta fiesta fue una niñería° porque la hice de repente.° Ahora, si tuviera un día, haría una que el mundo admiraría más que las fiestas romanas o las griegas.

(Don García mira hacia el coche.)

DON FELIS.	*(Aparte a don Juan.)* Jacinta está en el coche de Lucrecia.
DON JUAN.	*(Aparte a don Felis.)* ¡Mira cómo se le van los ojos a don García tras° Jacinta! ¡Está enamorado! ¡Mis sospechas° son ciertas!
DON JUAN Y DON GARCÍA.	*(Juntos.)* Adiós.

(Se van don Juan y don Felis.)

Escena VIII

Don García y Tristán

Tristán pregunta a García la razón de tanto embuste.° Le advierte que mentir es peligroso. García responde que cuando sepan la verdad, él ya se habrá ganado el corazón de Lucrecia. Dice además que las mujeres prefieren a los indianos. Le informa que le gusta tomar riesgos y le gusta impresionar. Finalmente confiesa que simplemente le gusta mentir. Tristán responde que las consecuencias de sus mentiras le harán cerrar la mollera.[20]

---

niñería child's play	**tras** after	**embuste** trickery, deceit
de repente suddenly	**sospechas** suspicions	

[20]. *. . harán cerrar la mollera*: The *mollera* is the soft spot in the crown of the head that infants have when they are born. The soft spot hardens in time. The inference here is that the consequences of the lies will close the soft spot and make him grow up.

Escena IX

En la sala de don Sancho (el tío de Jacinta).

Don Beltrán visita a don Sancho, su gran amigo, con el propósito de con-
certar° el matrimonio de su hijo don García con la sobrina de don Sancho. (Don Sancho toma el lugar de padre porque los padres de Jacinta
han muerto.) Jacinta interviene diciendo que primero quiere ver a don
García, porque no lo conoce. Don Beltrán, encantado, cumplirá pasando
esa tarde a las cinco a caballo con su hijo frente a la casa de don Sancho.
Jacinta dice que lo observará detrás de la celosía° de su ventana.

Escena X

Jacinta e Isabel.

ISABEL.	Don Beltrán quiere casarte de improviso,° ¡y con gran prisa!
JACINTA.	El amor me obliga a mi don Juan. Pero mi tío no lo consiente porque a Juan no le han dado aún la Encomienda de la Cruz de Calatrava.²¹ Isabel, don Juan es el dueño de mi corazón. Tiemblo,° Isabel, cuando pienso que otro ha de ser mi marido.
ISABEL.	Yo creía que ya habías olvidado a don Juan, porque ya estás aceptando a otros pretendientes.°

---

de concertar of arranging   **de improviso** on the spur   **Tiemblo** I tremble
celosía slatted shutter   of the moment   **pretendientes** suitors

²¹During this period the four Orders of Chivalry (*Órdenes de Caballería*) were Alcántara, Calatrava, Montesa, and Santiago. Calatrava was the oldest of the knightly orders
founded in 1158 and chartered in 1164 by the Pope to celebrate the defeat of the Christians over the Moors in the town of Calatrava. The Moors had invaded the Iberian
Peninsula in 711, and were finally expelled from Spain in 1492, during the reign of King
Ferndinand and Queen Isabella. The eight centuries of wars is called the Wars of Reconquest.

JACINTA. Mi tío, don Sancho, hace mucho tiempo que se niega a° darle mi mano a don Juan porque sin la Encomienda, no tiene recursos.° Y así para no morirme, quiero hablar y divertirme, y es posible que encuentre a alguien que merezca° mi mano.

ISABEL. Pues si no me engaño, no te desagradó el indiano.

JACINTA. Para decirte la verdad, me pareció muy bien el indiano. Y si fuera tan gentilhombre° el otro, el hijo de don Beltrán, yo me casaría con él.

ISABEL. Esta tarde lo verás pasar por la calle con su padre.

JACINTA. Veré su cara y su talle,° mas lo que importa es ver su alma.° Por eso quisiera hablar con él.

ISABEL. Así pasarás siglos en vano.° Es conveniente que lo resuelvas, porque lo de don Juan es como el perro del hortelano: "Ni come ni deja comer".[22]

JACINTA. ¡Ya lo sé! Lucrecia es mi gran amiga. Ella puede hacer llamar de su parte° a don García, y yo estaré en secreto con ella en su ventana. Anda y dile a Lucrecia, Isabel.

ISABEL. ¡Iré en las alas° del viento!

---

se niega a refuses to	**gentilhombre** gentleman	**en vano** in vain
recursos resources, funds	**talle** demeanor	**de su parte** on her own
merezca may deserve	**alma** soul	**alas** wings

[22]*el perro del hortelano: "Ni come ni deja comer"*: "The gardener's dog neither eats nor lets anyone else eat. Jacinta is unable to go on with her own life because she is in love with Juan. Juan can't marry her because Don Sancho won't allow his niece to marry Don Juan, who has no income. Don Juan had been waiting for a long time to be inducted into the Order of Calatrava (a great honor).

Escena XI

Don Juan se encuentra con Isabel cuando sale.

DON JUAN.	¿Puedo hablar con tu señora?
ISABEL.	Habla por un momento, porque ya sale a comer con don Sancho, su señor tío.
	(Se va Isabel.)
DON JUAN.	(A *Jacinta.*) Jacinta, ¡ya te he perdido!° ¡Ya me pierdo yo también!
JACINTA.	¿Estás loco? ¡Contrólate y habla con calma! Mi tío está en casa . . .
DON JUAN.	¡Y qué me importa° tu tío! ¡Has cenado y trasnochado° con otro en el Soto del río!
JACINTA.	¿Qué dices? ¿Has perdido el seso?° Eso es una loca fantasía. ¡Háblame con respeto!
DON JUAN.	Ya sé que fue don García quien te dio fiesta en el río. Ya sé de los fuegos artificiales . . . de las antorchas . . . los cuatro aparadores de ricas vajillas . . . las cuatro tiendas de músicos . . . Todo lo sé. El día te halló, enemiga, en el río. ¡Y no te hablo con respeto, debido a tu liviandad!
JACINTA.	¡Reza° a Dios!
DON JUAN.	Déjate de embustes. Calla y no me digas nada. Falsa,° no niegues porque hoy confesarás lo que oí y lo que vi. Y don Beltrán, acabo de verlo aquí. ¿Qué quería? ¿Qué te dijo? ¡De noche estás con el hijo y con el padre de día! ¡Mi pecho es un volcán de celos . . . !
JACINTA.	¿Estás tú fuera de juicio?°
DON JUAN.	¡Soy amante desesperado!

---

te he perdido I have lost you	**trasnochado** stayed up all night	**Reza** Pray
qué me importa what do I care	**seso** mind (*literally*, brain)	**Falsa** False one
		fuera de juicio out of your mind

JACINTA.	¡Ven aquí! Si vale la verdad, verás lo mal informado que estás.
DON JUAN.	Me voy, ya sale tu tío.
JACINTA.	¡No sale! Escúchame y verás lo mal informado estás.
DON JUAN.	¡Solamente si me das la mano en matrimonio!
JACINTA.	¿La mano? ¡Sale mi tío . . . !

Comprensión

1. ¿Cómo introduce Alarcón a don García, don Beltrán, el Letrado y Tristán? Favor de dar sus rasgos físicos, espirituales y mentales.
2. Tristán hace una descripción de un amigo " . . . con holandesco follaje". Según la nota, ¿qué es importante notar en este período, y por qué?
3. ¿Cómo describe Alarcón a Jacinta y a Lucrecia? Favor de hacer una semblanza (*biographical sketch*).
4. ¿Cuál es el conflicto principal de *La verdad sospechosa*? Cuenta el número de mentiras en el primer acto y ponlas en orden de menor a mayor.
5. Identifica el punto clave de la acción, desde el cual el desenlace no tiene remedio.
6. Comenta sobre la imaginación de don García y sobre los comentarios que hace Tristán.
7. ¿Puedes trazar la cronología de los sucesos del primer acto?
8. ¿Por qué es importante don Sancho en la vida de Jacinta?
9. ¿Por qué tiene celos don Juan de don García? ¿Por qué no se casa don Juan con Jacinta?
10. ¿Cuál es el personaje del primer acto que te gusta más a ti, y por qué?

SEGUNDO ACTO

Escena I

En la sala de la casa de don Beltrán. Entran don García (sin capa° y leyendo un papel), Tristán y el escudero Camino.[1]

DON GARCÍA.	(*Leyendo.*) "Esta noche en un balcón que le mostrará Camino, le esperaré . . . Lo demás no por escrito.° Adiós . . . " ¿Quién me manda este papel?
CAMINO.	Doña Lucrecia de Luna.
DON GARCÍA.	Es mi alma, sin duda alguna. ¿No es ella la hermosa dama con quien hoy hablé en la Platería?
CAMINO.	Sí, señor.
DON GARCÍA.	¡Qué suerte dichosa° tengo! Dime, Camino, todo lo que sabes de esta dama.
CAMINO.	¡Me admiro° que no sepas de ella! Ya que la has visto, no hablaré de su belleza. Ella es discreta° y virtuosa. Su padre es viudo° y viejo. Ella va a heredar dos mil ducados[2] de renta.°
DON GARCÍA.	¿Oyes, Tristán?
TRISTÁN.	Oigo, y me encanta.
CAMINO.	¡No hay que hablar de su nobleza! Es la más alta de España. Su padre es de apellido Luna, y su madre fue Mendoza. Apellidos tan finos como el coral. Doña Lucrecia merece un rey por marido.

---

capa cape
por escrito in writing
suerte dichosa fortunate luck

Me admiro I am surprised
discreta prudent

viudo widower
renta income

[1] *Camino* is the second *gracioso* of this play. He works for Lucrecia de Luna. The Luna family was prominent, with many well-known figures, such as Don Álvaro de Luna. Juan Ruiz de Alarcón was himself a member of the highest nobility of Spain. On his mother's side, he was a "Mendoza." His father was the Director of the Spanish Mines in Mexico.

[2] *ducado*: a valuable gold coin of the time

DON GARCÍA.	¡Amor,° te pido tus alas para volar donde ella! ¿Dónde vive doña Lucrecia?
CAMINO.	En la calle Victoria, número 21.
DON GARCÍA.	Camino, ¿me llevarás donde tanta gloria?
CAMINO.	Esta noche volveré a las diez por ambos.
DON GARCÍA.	Dile a tu señora que iré en alas de la gloria.

(*Se va Camino.*)

Escena II

Don García y Tristán.

Don García pondera la hermosura de Lucrecia (Jacinta), y se prepara para hablar con ella esa misma noche.

Escena III

Don García y Tristán.

Entra un paje° y le da a don García un papel, y don García lo lee en voz alta,° a solas.°

DON GARCÍA.	"Quiero averiguar cierta cosa importante. Ven solo. A las siete te espero en el campo de San Blas.³ Firmado, don Juan de Sosa." (*Aparte.*) ¡Dios mío! Este es un desafío,° un duelo. ¿Qué tendrá don Juan conmigo, si sólo ayer llegué a Madrid, y él es tan amigo mío? (*Le*

Amor Cupid	**en voz alta** aloud	**desafío** challenge
paje messenger	**a solas** alone	

³ *San Blas* was an open field that was named after a hermitage and became a dueling field.

habla al paje.) Paje: dile al señor don Juan que allí estaré a las siete.

(*Se va el paje.*)

TRISTÁN.	¡Señor, estás pálido!° ¿Qué dice ese papel?
DON GARCÍA.	Nada, Tristán.
TRISTÁN.	¿No puedes decírmelo?
DON GARCÍA.	No.
TRISTÁN.	Es sin duda algo muy serio.
DON GARCÍA.	Dame mi capa y mi espada.° (*Aparte.*) ¿Qué causa le he dado yo a don Juan?

Escena IV

Entra don Beltrán a hablar con don García. Después regresa Tristán.

DON BELTRÁN.	¿García? . . .
GARCÍA.	¿Señor?
	(*Entra Tristán con la capa y la espada de don García.*)
DON BELTRÁN.	Tú y yo tenemos que ir a caballo a tratar° cierto negocio, y . . . ¿adónde vas cuando el sol todavía echa fuego?
DON GARCÍA.	Voy a un juego de billar° con nuestro vecino el Conde.
DON BELTRÁN.	No apruebo que te presentes° ante mil que no conoces. Llegaste solamente ayer. Te daré dos

---

pálido pale
espada sword

tratar to take care of
billar three-ball billiards

te presentes you introduce yourself

condiciones: una, que apuestes° al contado.° Y la otra,
que hables muy poco.⁴ Ahora puedes irte.

DON GARCÍA.   Seguiré tu consejo.

DON BELTRÁN.   Pide que ensillen° un caballo para ti.

DON GARCÍA.   A eso voy.

                  (*Se va don García.*)

DON BELTRÁN.   Adiós.

Escena V

Don Beltrán y Tristán.

Don Beltrán pide a Tristán que le informe sobre el comportamiento de
García. Tristán trata de evadir, pero don Beltrán le recuerda que está
primeramente a su servicio. Tristán reporta que García viene de Salamanca rebosando° a leche;⁵ aunque es inteligente y sutil, es arrogante e
imprudente. Es arrojado° en su hablar, y miente sin recato.° Le cuenta
que en menos de una hora echó cinco o seis mentiras. Lo peor de esto,
dice Tristán, es que sus mentiras son tales que quienquiera podría cogerle.
Esto causa aún mayor consternación a don Beltrán.

---

apuestes you wager   **rebosando** overflowing,   **arrojado** rash, hasty
al contado cash   brimming   **sin recato** unreservedly
ensillen to saddle

⁴ Don Beltrán gives two pieces of advice to García: to bet only with his cash on hand (of
course, Don Beltrán would have to pay García's debts) and to keep his mouth shut (to
prevent him from telling lies).

⁵ . . . *rebosando a leche*: This hyperbole characterizes Don García as an infant who is
still breast-feeding.

Escena VI

Don Beltrán, a solas.

DON BELTRÁN.   ¡Santo cielo! ¿A un hijo solo, al único consuelo que
me queda para mi triste vejez, le hizo mentiroso el
cielo? ¡Paciencia! Hoy finalizaré su casamiento,°
porque con rapidez intento remediar este problema. Si
se enteran en la Corte de la liviandad° de mi hijo,
nunca podrá él casarse con dama de su calidad.

Escena VII

Entra Tristán.

TRISTÁN.   Los caballos están listos. Ensillé al Overo° y al Bayo°
que son briosos° caballos.

DON BELTRÁN.   Avisa entonces a García.

TRISTÁN.   Ya te está esperando y muy galán.°

        (Se van.)

Escena VIII

Isabel y Jacinta en la casa de don Sancho.

ISABEL.   Ya escribió doña Lucrecia el mensaje a don García. Lo
llevó Camino, que es persona de fiar.° Le escribió que

---

casamiento marriage
liviandad lightness,
    imprudence

Overo speckled
Bayo chestnut
briosos spirited

galán very elegant, good-
    looking
de fiar to be trusted

le esperaría esta noche en su balcón para con él . . . tú
hables por ella . . .

JACINTA. ¡Lucrecia es mi amiga verdadera! Anoche soñé sobre
los celos de don Juan. ¿Es tarde?

ISABEL. Las cinco son.

(*Miran adentro.*)

ISABEL. ¡Ay, señora! Don Beltrán viene a caballo con el
perulero° de la Platería. Mírale.

JACINTA. ¡Dices tú la verdad! ¡Mira cómo el embustero se
fingió° ser perulero y es hijo de don Beltrán!

ISABEL. Los enamorados aquí dan la impresión de ser ricos y
con esa impresión tratan de ganar los corazones. Así
éste quiso entrar en tu pecho.° Él debió imaginar que
mejor sería ser Midas que Narciso.[6]

JACINTA. También mintió al decirme que andaba enamorado de
mí por un año, porque don Beltrán me dijo anoche
que su hijo llegó ayer de Salamanca.

ISABEL. Podrá haber venido a Madrid, y te podrá haber visto y
luego regresado a Salamanca.

JACINTA. Es verdad, pero el tiempo que pasó entre cuando él me
habló y ahora, es muy breve.°

ISABEL. No. Él te conoció en la Platería, y luego podría haber
ido allí don Beltrán. Él no ignora tus cualidades, y
adora a su hijo don García.

JACINTA. Bien, sea como sea, yo me contento: Quiere el padre.
El hijo me desea. Da por hecho el casamiento.

(*Se van.*)

---

perulero from Perú   **se fingió** pretended   **breve** brief, short
  (figuratively, very rich)   **en tu pecho** in your heart

[6] Midas: In mythology, Midas was the king of Phrygia, famous for his great wealth and
greed. Narciso: In Greek mythology, Narcissus was the son of a god and nymph and
was known for his great beauty. Both Homer and Ovid wrote about Narcissus.

Escena IX

En un lugar remoto de Atocha.[7] Entran don Beltrán y don García.

DON GARCÍA.   Padre, ¿querías hablar conmigo a solas en este lugar remoto? Dime, señor, lo que tienes en tu mente.

DON BELTRÁN.   Te diré de mi gran pena.° ¿Eres caballero, don García?

DON GARCÍA.   ¡Soy tu hijo!

DON BELTRÁN.   Y, ¿basta° ser mi hijo para ser caballero?

DON GARCÍA.   Yo pienso que sí, señor.

DON BELTRÁN.   ¡Qué engañado° estás! Ser caballero consiste en obrar° como caballero. En obrar mal o bien está el ser malo o bueno, ¿no es así?

DON GARCÍA.   Los actos heroicos dan nobleza, no lo niego; aunque, sin ellos, nobleza da el nacer de nobles padres.

DON BELTRÁN.   Bien, entonces, si honor puede ganar quien nació sin él, ¿no es verdad lo contrario: el que nació con honor puede perderlo?

DON GARCÍA.   Es verdad.

DON BELTRÁN.   Pues,° si tú te conduces° de manera bochornosa,° aunque seas mi hijo, dejas de ser° caballero. ¡Que caballero o que nada! ¡Ya vivo sin honra yo! Ya sé que en Salamanca causaron admiración tus enredos° y mentiras. La mentira al noble o al plebeyo° lo deshonra. Todos los vicios al fin, o dan gusto o dan provecho,° mas mintiendo, ¿qué saca?° Sólo infamia y menosprecio.°

---

pena sorrow
basta is it enough
engañado deceived
obrar behaving, acting
Pues Then
te conduces you behave

bochornosa shameful
dejas de ser you stop
   being
enredos entanglements
plebeyo commoner

provecho advantage
qué saca what does one
   get out of it
menosprecio scorn,
   contempt

[7] Atocha: During this time, Atocha was a large, open field near Madrid.

Don García.	¡Ha mentido el que te dice que miento yo!
Don Beltrán.	Tú no sabes desmentir° sino mintiendo.
Don García.	¡Te obstinas en no creerme . . . !
Don Beltrán.	¿No sería un necio yo si creyera que tú dices la verdad y que miente el pueblo entero? Lo que importa es desmentir tu mala fama con buenas acciones. Tienes que hablar poco, y cuando hables, tienes que decir la verdad. Mira que estás a la vista de nuestro rey Felipe III,[8] tan santo y perfecto, quien no hallará disculpa° a tus yerros.° Mira que estás entre grandes títulos° y caballeros, quienes te perderán el respeto si saben de tu flaqueza.° Pues bien, García, para tu bien he tratado° un gran casamiento.
Don García.	(Aparte.) ¡Ay, mi Lucrecia!
Don Beltrán.	Es Jacinta, la hija de don Fernando Pacheco. Mujer a quien los cielos la hicieron divina. Ella me dará bellos nietos. ¿Qué es esto? ¿No contestas? ¿Por qué te entristeces?° ¡Habla, no me tengas en suspenso!
Don García.	Me entristezco porque me es imposible obedecerte.
Don Beltrán.	¿Por qué?
Don García.	Porque ya soy casado. Me casé en Salamanca.
Don Beltrán.	¿Cómo puede ser esto? ¿Cómo, sin saberlo yo?
Don García.	Fue necesario casarme, y me casé en secreto. Te diré la causa y comprenderás el efecto.
Don Beltrán.	¡Soy un padre desdichado!° ¡Dime! ¡Termina! Mi vida pende° de un cabello.°

---

desmentir to deny or refute a lie
disculpa excuse
yerros flaws
grandes títulos the highest nobility

flaqueza weakness
he tratado I have arranged
te entristeces you becoming sad

desdichado unlucky, unfortunate
pende hangs
un cabello a hair

[8] Felipe III: King of Spain from 1598 to 1621. He was called *el Santo* because of his goodness and his religious fervor.

DON GARCÍA.   (*Aparte.*) ¡Ahora necesito de todo mi ingenio! (*A don Beltrán.*) En Salamanca, señor, don Pedro de Herrera es un caballero de familia de alta alcurnia° pero de escasos medios.° Tiene una hija, doña Sancha, quien es más bella que el sol, y dos hijos ya hombres. Una tarde la vi paseando en su coche, cerca del río Tormes.[9] Yo creí ser Faetón cuando cayó en el río Erídano.[10] Cupido puso su flecha en mi corazón, y quedé ciego de amor por ella. Rondé° su calle día y noche. Cupido le tocó a ella y llegué a su aposento una noche. Y cuando su honestidad conquisté con mis ardores,° sentí que su padre entró en su alcoba.

Don Pedro la llamó, y ella, turbada, escondió mi casi difunto° cuerpo detrás de su lecho.° Llegó entonces don Pedro. Ella mudó° de color. Don Pedro se sentó en el lecho y le propuso matrimonio con un noble de la familia Monroy. Ella respondió en forma muy evasiva. Cuando don Pedro, su padre, ya ponía el pie en el umbral° . . . ¡Maldito el inventor de los relojes! Mi reloj dio las doce.[11] Volvió don Pedro y dijo: "¿De dónde viene ese reloj?" Ella dijo entonces: "Mi primo, don Diego Ponce me lo mandó, porque no hay en su pueblo relojeros". "Dámelo y lo haré reparar", dijo don Pedro. Vino a mi doña Sancha con gran cautela. Me quité el reloj y al darle . . . ¡Quiso la suerte que la cadena del reloj se trabara° en el gatillo° de una

---

alta alcurnia highest nobility	**ardores** ardor, passions	**umbral** threshold
medios means	**difunto** dead	**se trabara** became stuck
Rondé I hovered about	**lecho** bed	**gatillo** trigger
	mudó changed	

[9] *Tormes*: a river by the city of Salamanca (See *Lazarillo de Tormes*.)

[10]*Faetón*: Phaethon, in mythology, was the son of Helios, god of the sun, and Clymene. When the young lad borrowed his father's chariot of fire, he was unable to control the spirited horses. The chariot made loops up and down the heavens and almost burned several constellations. When the chariot came close to the earth, it burned Ida Helicon (the dwelling of the muses) and Parnassus (the dwelling of the gods) and finally Mount Olympus. Zeus from the heavens sent a thunderbolt that killed Phaethon, who fell in the mysterious river Eridanus.

[11]During the time of Ruiz de Alarcón, it was a novelty to carry the ingenious pocket watches that chimed the hours.

pistola que llevo! ¡Se disparó la pistola! ¡Se desmayó
doña Sancha! ¡El viejo dio grandes voces! ¡Saqué mi
espada e intenté salir! ¡Sus dos hermanos, como dos
bravos leones, y sus criados, impidieron mi salida! Al
salir, quedé prendido° en la aldaba° de la puerta. En
esto se recobró doña Sancha, y cerró la puerta.
Quedamos los dos juntos encerrados° en su alcoba.
Arrimamos° a la puerta baúles° arcas y cofres. Yo,
viendo que derribaban los feroces ya las puertas, y
viendo a mi hermosa sin su culpa, decidí poner fin a
sus temores,° y remedio a mi muerte. Pedí entonces
que unieran nuestras sangres en matrimonio. Ellos que
conocen mi calidad,° lo aceptaron. Don Pedro fue a
dar parte° al obispo.° Volvió con la orden
matrimonial. Se hizo el matrimonio y las paces. Y hoy
tienes, padre, la mejor nuera° del sur al norte. ¿Es
mejor tenerme muerto, o vivo con mujer noble?

DON BELTRÁN.   Las circunstancias del caso y la suerte, te dieron ese
destino. No te culpo don García.

DON GARCÍA.   No te quise dar pesares.

DON BELTRÁN.   ¡Si es tan noble doña Sancha, qué importa que sea
pobre? ¡En qué problema me pones! Di mi palabra a
doña Jacinta. ¡Ve a la casa y recógete!°

(Se va don Beltrán.)

DON GARCÍA.   Te obedezco al punto,° padre.

---

prendido caught, stuck	**baúles** trunks	**obispo** bishop
aldaba bolt, latch	**temores** fears	**nuera** daughter-in-law
encerrados enclosed	**calidad** nobility	**recógete** go to bed
Arrimamos We moved . . .	**dar parte** notify	**al punto** on the spot
against		

Escena X

Don García, a solas.

DON GARCÍA.   ¡Qué fácil es persuadir a quien me tiene amor! ¡Qué fácil es hacer creer al que no sabe mentir! ¿Y ahora lo del duelo con don Juan?

Escena XI

En el campo de San Blas; entran don Juan y don García.

DON JUAN.   Vienes porque noble eres.

DON GARCÍA.   ¿Quién podía pensar que yo menos haría? Pues vamos a los hechos don Juan. ¿Por qué causa me haces este desafío?

DON JUAN.   Esa dama a quien hiciste, según lo que me dijiste, la fiesta anoche en el río, es mi novia prometida en matrimonio ya por dos años. Me has ofendido. Y con esto digo lo que tengo que decir: No continuarás cortejándola.° Y si te parece mi petición mal fundada,° aquí hablará mi espada . . . y que la corteje el vencedor.°

DON GARCÍA.   Es mi pesar que estés mal informado y me traigas a este lugar. Juro que tú nunca la has visto a la dama de mi fiesta, don Juan de Sosa. Tampoco puede ser tu esposa. Ella es casada, y llegó hace poco a Madrid. Te doy mi palabra de honor que no la veré jamás o quedaré por mentiroso.

DON JUAN.   ¡Ah, . . . don García! Con esto queda resuelta la situación . . . y he quedado satisfecho.

---

cortejándola courting her   **mal fundada** ill conceived   **vencedor** victor

Don García.   Una cosa falta. Tú me has desafiado. No puedo volver sino muerto o victorioso.

Don Juan.   Aunque me has satisfecho así, ¡aún rabio de celos!

Esgrimen° con sus espadas.

Escena XII

Entra en escena don Felis.

Don Felis.   ¡Deténganse, caballeros! Favor de envainar° los aceros° porque la razón de esta pendencia es falsa. Perdón y dense las manos.°

(Se dan las manos.)

Se van.

Escena XIII

Don Juan y don Felis, de regreso a Madrid.

Don Juan verifica con don Felis que estuvo en un error. Don Felis cuenta a don Juan que Camino le dijo que las primas de Lucrecia pidieron prestado el coche de Jacinta y fueron de noche[12] a la fiesta del Sotillo. El paje que mandó don Juan para que las siguiera, vio a las dos primas y creyó que eran doña Jacinta y doña Lucrecia. Don Juan comprende que estuvo en otro error. De seguido le cuenta don Felis que don García es un gran mentiroso porque llegó ayer de Salamanca, y durmió cansado toda la noche. Lo del festín del Sotillo fue un gran embuste. Los dos se ríen de García diciendo que no se lo debe creer, aunque es noble y valiente. Don Juan va a pedir perdón a Jacinta.

Esgrimen They wield, brandish	**envainar** to sheathe **los aceros** swords	**dense las manos** shake hands

[12]It was considered very improper for two girls to go out unescorted at night.

Escena XIV

En Madrid. Entran Tristán, don García y Camino en la calle.

DON GARCÍA.   ¡Que mi padre me perdone, porque hoy lo engañé!

TRISTÁN.   Fue una ilustre excusa que le diste a don Beltrán. Y ahora, ¿qué otro embuste le dirás para que no sepa que no hubo el tal casamiento?

DON GARCÍA.   Las cartas a Salamanca, y de Salamanca escribiré yo, Tristán, y así continuaré con la ficción.

Escena XV

Jacinta, Lucrecia e Isabel en una ventana. Don García, Tristán y Camino en la calle.

Jacinta nota que don Beltrán está descontento y ella tiene dudas sobre el matrimonio. Don Juan ya le contó la mentira de García del banquete en el Sotillo. Jacinta dice que debe haber un buen castigo para don García. Llegan al balcón don García, Tristán y Camino.

Escena XVI

Don García y Tristán en la calle. Doña Jacinta y doña Lucrecia en el balcón.

LUCRECIA.   Jacinta, tú pretendes ser yo, y respóndele.

DON GARCÍA.   ¿Es Lucrecia?

JACINTA.   ¿Es don García?

DON GARCÍA.	¿Eres tú la joya de la Platería? ¡Llego abrasado de amor! Soy esclavo de Lucrecia.
JACINTA.	(*Aparte a Lucrecia.*) Este caballero tiene amor para todas. Es un gran embustero e impostor.
DON GARCÍA.	Estoy a tus órdenes, señora mía.
JACINTA.	Ya no es necesario hablar de lo que quería, porque sé que eres casado.
DON GARCÍA.	Juro que soy soltero. ¿Quién te ha engañado así?
JACINTA.	(*Aparte a Lucrecia.*) ¿Has visto un embustero mayor?
LUCRECIA.	(*A Jacinta.*) ¡No sabe sino mentir!
JACINTA.	(*A don García.*) Entonces, ¿quieres convencerme que eres soltero?
DON GARCÍA.	Te juro que soy soltero.
JACINTA.	(*A Lucrecia.*) ¡Y lo jura!
LUCRECIA.	(*A Jacinta.*) El mentiroso siempre jura para ser creído.
DON GARCÍA.	¡Yo puedo probar esta falsedad!
JACINTA.	(*Aparte.*) ¡Con qué confianza miente García!
DON GARCÍA.	Mi mano te doy en matrimonio, con eso me creerás.
JACINTA.	Tú eres tal° que en una hora darías tu mano a trescientas mujeres.
DON GARCÍA.	Tú no me crees.
JACINTA.	¿Cómo puedo creer al perulero, quien vino ayer, y ha confesado que es casado, y quien pasó la noche en cama y no en la fiesta del río?
TRISTÁN.	(*Aparte.*) ¡Todo lo sabe!
DON GARCÍA.	Escúchame y te diré la verdad pura. Tú, bella Lucrecia, eres la causa por la que he mentido diciendo que soy casado.

---

tal such a one

Juro que soy soltero. ¿Quién te ha engañado así?

JACINTA.	(*Aparte a Lucrecia.*) Escucha los lindos embustes que va a decir ahora.
DON GARCÍA.	Mi padre quiso darme a Jacinta hoy, y como tuyo soy, le dije que ya estaba casado. Y tú sabes esta verdad.
JACINTA.	Casi no me has visto, y aún no me has conocido . . . ¿y me quieres por esposa?
DON GARCÍA.	Tu gran beldad° me obliga a decir la verdad. Lucrecia, tienes un divino poder en mí. Sé que cuando murió tu madre, quedaste sola en tu casa. Sé que la renta de tu padre es de más de mil doblones.[13] ¿Ya ves que estoy bien informado?
LUCRECIA.	(*Aparte.*) ¡Me estoy enamorando de él . . . ! ¡Mmm . . . qué guapo es!
JACINTA.	¿Y no es hermosa Jacinta? ¿No es discreta y rica? ¿No es digna del más principal de Madrid? Pero, ¿cuál es su falta principal?
DON GARCÍA.	Es discreta, rica y bella. Su falta es no quererla.
JACINTA.	Pues la razón porque te llamé, es que te quería yo casar con ella.
DON GARCÍA.	Pues si porfías,° seré casado en Turquía.[14] Esto es verdad y aborrezco,° mi Lucrecia, todo lo que no seas tú.
LUCRECIA.	(*Aparte.*) ¡Ojalá!°
JACINTA.	¡Qué falso eres! ¿No recuerdas que dijiste a Jacinta que la amabas, y ahora lo niegas?
DON GARCÍA.	¡Yo a Jacinta! Juro que sólo he hablado contigo desde que vine a Madrid.

---

beldad beauty   **aborrezco** I abhor   **Ojalá** May God permit
porfías you insist

[13]*doblón*: Spanish gold coin with different weight and value at different times. In 1497 King Ferdinand and Queen Isabel ordered the minting of 24-carat gold doubloons with the face of Isabel on one side and Ferdinand's on the other.

[14]*casado en Turquía*: Muslim law of the time allowed marriage to several wives. Turkey was and is a Muslim country.

JACINTA.	¡Esto es mentir sin vergüenza!° ¿Te atreves a mentir sobre lo que yo misma vi? Te he escuchado sólo para divertirme. Ve a leer los cuentos de Ovidio.[15]
DON GARCÍA.	¡Escúchame, Lucrecia hermosa!
LUCRECIA.	(*Aparte.*) ¡Quedo confusa!
	(*Se van Lucrecia y Jacinta.*)
DON GARCÍA.	¡Estoy loco! ¡La verdad vale tan poco!
TRISTÁN.	En la boca mentirosa. ¿Por qué te admiras, si ella en cinco mentiras te ha acabado de coger?

Comprensión

1. ¿Qué se dice de la nobleza de familia en el segundo acto? ¿Quién se hace un elogio a sí mismo?
2. ¿Cómo es Camino? ¿Cuál es su papel en el segundo acto?
3. ¿Por qué razón confiesa Tristán la falla de don García a don Beltrán?
4. ¿Quiénes eran los indianos, y cuáles eran sus características?
5. Explica el concepto del honor de don Beltrán y el de don García.
6. ¿Por qué razones dice don García que tuvo que casarse en Salamanca? Explica toda la situación.
7. Describe el desenlace del festín del Sotillo.
8. Haz una lista de las mentiras de don García en el segundo acto, y ordénalas de mayor a menor.
9. Haz una caracterización de don Juan y de don Felis.
10. ¿Qué te interesa más a ti en el segundo acto?

---

vergüenza shame

[15]*Ovidio*: Ovid. Publius Ovidius Naso was a Latin poet, born in Sulmona (47 B.C.–17 A.D.). He is the author of *The Art of Love* (a collection of erotic stories) and *Metamorphosis* (the primary source of mythology). Naso was his nickname because of his unusually large nose.

Escena I

La sala en la casa de don Juan de Luna. Entra Camino con un papel y se lo da a Lucrecia.

CAMINO.	Este papel me lo dio Tristán. Es para ti. Tristán es hijo de nobles padres, pero es pobre.[1] Él sirve a don García, como yo te sirvo a ti. Tristán jura que don García está loco.
LUCRECIA.	¿Es posible que me engañe quien porfía así? Hasta el más firme enamorado se cansa cuando es negado.
CAMINO.	Si por las señales se conoce el corazón, yo juraré que es cierto su mal. Él ronda noche y día tu balcón. Y cuando él mira, tú te retiras detrás de la celosía. Ni lo ves ni él te mira. Él está firme en su amor. Me da dineros para que yo te hable, y hoy eso es señal verdadera. Yo digo que decir que García miente es un gran desatino.°[2]
LUCRECIA.	Camino, bien se ve que no le has visto mentir. Ojalá que Dios quisiera que fuera cierto su amor. Pero es gran necedad° creer al mentiroso. Pero sé que con mi amor, yo le redimiré del mal hábito.[3] Mas, para que no hayan desengaños,° debo tener mucho cuidado de que García no admita sus engaños ni deje sus verdades.
CAMINO.	Eso creo yo también.
LUCRECIA.	Pues entonces dile a don García que rompí sin leer su papel. Dile que no desespere, y que si quiere verme, vaya al servicio de la tarde a la Iglesia de la Magdalena.

---

desatino folly
necedad foolishness

desengaños
disillusionments

[1] Tristán is a nobleman, but so poor that in order to survive, he has to serve Don Beltrán. (See Act I, Note 4.)
[2] Camino is a wise, intelligent servant.
[3] The idea here is that love conquers all.

CAMINO.	En camino° va Camino.
LUCRECIA.	¡Pongo mi esperanza en ti!
	Se van.

Escena II

La sala en la casa de don Beltrán. Don Beltrán le da una carta abierta a don García.

DON BELTRÁN.	¿Escribiste la carta a don Pedro, tu suegro?°
DON GARCÍA.	Esta noche le escribiré.
DON BELTRÁN.	Te doy mi carta a don Pedro, está abierta para que incluyas la tuya. Y he decidido que tú mismo vayas a traer a doña Sancha, porque si tú mandas por ella, sería eso poca estimación.
DON GARCÍA.	Lo haré, pero es inútil° mi viaje.
DON BELTRÁN.	¿Por qué razón?
DON GARCÍA.	Porque Sancha está encinta° y hasta que nazca° tu bello nieto,° no hay que arriesgarlos en un viaje.
DON BELTRÁN.	¡Jesús! Pero, ¿por qué no me lo habías dicho, García?
DON GARCÍA.	Porque yo no lo sabía. Ayer, en la carta que recibí, me dijo Sancha que era cosa cierta.
DON BELTRÁN.	Si mi nieto es varón, hará feliz mi vejez. Bien, dame la carta, voy a añadir mi contento. ¿Cómo se llama tu suegro?
DON GARCÍA.	Se llama don Diego.
DON BELTRÁN.	O yo me engaño, u otras veces lo has llamado don Pedro.

En camino On his way **inútil** useless **nazca** is born
suegro father-in-law **encinta** pregnant **nieto** grandson

Don García.	Sí, señor, él tiene ambos nombres.
Don Beltrán.	¿Diego y Pedro . . . hmm?[4]
Don García.	Sí. Antes de heredar su fortuna, se llamaba Pedro. Su herencia° tenía una condición: el sucesor de la casa se debía llamar don Diego. Por eso, ya don Pedro, ya don Diego.
Don Beltrán.	Ya he visto esto en España. Voy a escribirle.

(Se va don Beltrán.)

Escena III

Don García y Tristán.

Tristán advierte a García que al fin fracasará° con sus mentiras, porque el buen mentiroso debe tener gran ingenio y gran memoria. Tristán le informa que Lucrecia sí leyó su mensaje, aunque lo niegue. Esto le informó Camino. Tristán le dice a García que debe hacer regalos de joyas a Lucrecia porque los diamantes labran° diamantes.[5] Finalmente Tristán le informa que Lucrecia irá esa tarde al octavo servicio de la Iglesia de la Magdalena. Don García está ansioso de ir a verla en la iglesia.

---

herencia inheritance　　　　**fracasará** he will fail　　　　**labran** finish

[4] *Diego Pedro* is unpronounceable and nonexistent in Spanish. (The *o* of Diego and the *p* of Pedro do not link when pronounced together.) Contrast it with Miguel Alberto or with Juan Carlos. The effect of Diego Pedro together is comical.

[5] *diamantes labran diamantes*: a common saying. Diamond cutters use diamond dust polishers to finish diamonds.

Escena IV

En la Iglesia de la Magdalena. Entran Jacinta y Lucrecia con mantos.°

JACINTA.	¿Y qué pasa con García?
LUCRECIA.	Me tiene dudosa su proceder° engañoso.
JACINTA.	Tal vez te engañas porque los mentirosos dicen a veces la verdad. Tu belleza te asegura.
LUCRECIA.	Tú siempre me das lisonjas.° Yo te creería si no viera que obscureces al mismo sol.
JACINTA.	¡García nos ha confundido porque cree que yo soy tú y tú eres yo! Y tú has alcanzado lo que yo no merecí. Tú no tienes la culpa ni él me tiene obligación. Sólo me queda decir que ya estás bien enterada y García te puede engañar.
LUCRECIA.	He recibido un papel de él.
JACINTA.	¿Y . . . ya amas a don García?
LUCRECIA.	No, le tengo curiosidad. Escucha y mira el papel y di si ésta no es mentira que más parece verdad.

(*Saca el papel, lo abre y ambas lo leen.*)

Escena V

Entran Camino, don García y Tristán por otra parte. Presentes: Jacinta y Lucrecia.

CAMINO.	(*A García.*) ¿Ves que está leyendo tu papel?
DON GARCÍA.	Así es.
CAMINO.	Pues ella es Lucrecia.

---

mantos shawls   **proceder** behavior, conduct   **lisonjas** flattering remarks

Don García.	(*Aparte.*) ¡Oh, bella, muero por ti! (*A Camino.*) Camino, ¿cuánto te debo?
Tristán.	(*A Camino.*) ¡Ja . . . ja . . . ja! Pues mañana tendrás ropa nueva.
Camino.	(*A García.*) ¡Nada! Sólo estaré contento, por ti.
Don García.	Tristán, sin que ella me vea, quiero yo llegarme detrás de ella y también lo quiero leer . . . ¿Cómo lo hago?
Tristán.	No es difícil. Si vas bien arrimado° a esa pared° del lado, llegarás detrás de ellas.
	(*Se van.*)

Escena VI

Tristán y García se sientan en el banco° detrás de Jacinta y Lucrecia, sin ser vistos.

Jacinta.	(*Lee en voz alta el papel de García.*) Mis obras nunca mienten: Este papel que he firmado, en él, Lucrecia mía, la mano te doy, y digo que soy ya tu esposo, don García.
Don García.	(*Aparte a Tristán.*) ¡Vive Dios!° ¡Es mi papel!
Jacinta.	García es breve o compendioso;° o bien siente° o miente bien.
Don García.	(*A Jacinta.*) Señora, mira hacia atrás, dame esos rayos divinos.
	(*Lucrecia y Jacinta se cubren° las caras con sus velos.*)
Jacinta.	(*A Lucrecia.*) Cúbrete. Él no te ha visto.
Lucrecia.	(*A Jacinta.*) Disimula y no digas mi nombre.

---

arrimado against
pared wall
banco pew

Vive Dios For goodness' sake
compendioso succinct

bien siente feels sincerely
se cubren cover

DON GARCÍA.	Descubran esos velos, cielos.° Veo que estás dolida y arrepentida de mi pena, y esto te trajo a la Iglesia de la Magdalena. Si no me ves, otra muerte sufriré.
JACINTA.	¿Me reconoces?
DON GARCÍA.	¡Cielos! Te reconozco muy bien. Desde el día en la Platería, vivo sin vivir en mí y muero porque no muero.
JACINTA.	Siendo casado, ¿buscas tú otro amor? ¿O eres casado en Turquía?
DON GARCÍA.	Fue, por Dios, invención mía, por ser tuyo. Y vuelvo a jurar que para todas soy casado, y soltero para ti.
LUCRECIA.	(Aparte.) Aunque siento una chispa° de amor, siento un volcán de celos.
DON GARCÍA.	La otra noche en tu balcón te conté todo, ¿no es así?
JACINTA.	¿A mí? ¿En mi balcón? Te engañas, don García.
LUCRECIA.	(Aparte.) ¡Ay, traidora! ¡Y tú me dabas consejos de amor . . . !
DON GARCÍA.	¿Y el papel que recibiste de mí? ¿Lo niegas?
JACINTA.	¿Qué papel? Te excedes en los límites del mentir.
LUCRECIA.	(Aparte.) ¡Ésta es una amiga infiel!°
DON GARCÍA.	¿No te hablé en el balcón hace tres días, Lucrecia?
JACINTA.	¿Yo, Lucrecia? Ahí va todo nuevo, otra mentira. Ya entiendo, finge por no enojar a Lucrecia.
LUCRECIA.	(Aparte.) Ya entiendo. ¡Ay, traidora! Sin duda que le avisó que la tapada era yo. Y quiere enmendarlo° ahora fingiendo que la confundió conmigo.
TRISTÁN.	(A don García.) Niega porque está al lado Lucrecia.
DON GARCÍA.	Así lo entiendo yo. Sin conocerse, ¿se hablarán las dos?

---

cielos beautiful ones
chispa spark

infiel disloyal

enmendarlo to correct it

TRISTÁN.	Frecuentemente las mujeres se hablan sin conocerse cuando se sientan juntas.
DON GARCÍA.	Dices bien.
TRISTÁN.	Pretende que la tomaste por otra,° y saldrás bien.
DON GARCÍA.	(A Jacinta.) Señora, por otra te he tenido. Perdóname el error. En cualquier dama que veo, veo la mía.
JACINTA.	(Aparte.) Entiendo su intención.
LUCRECIA.	(Aparte.) ¡Ya le avisó la pérfida!°
JACINTA.	(A Lucrecia.) ¡Esto está muy bueno!
LUCRECIA.	(Aparte.) ¡Dios mío! Ésta se está burlando° de mí!
JACINTA.	(A García.) Si eso es cierto, te agradecería Lucrecia.
DON GARCÍA.	¿Eres tú amiga de ella?
JACINTA.	Es muy amiga mía, y tanto que tenemos un solo corazón.
DON GARCÍA.	Eres un ángel en verdad, y si tienes compasión, dile a Lucrecia mi pena. ¡Sé,° señora, mensajera de mi pena! Persuádele de que no sea ingrata al gran amor que la tengo.
JACINTA.	Tú haz que te crea y yo la haré que se ablande.
DON GARCÍA.	¿Por qué debo hacer que me crea?
JACINTA.	Porque Lucrecia te tiene por embustero.
DON GARCÍA.	¡Por Dios, es la verdad!
JACINTA.	Tú haz que te crea. ¿Qué importa que sea verdad, pues si tú la dices? Porque en boca mentirosa es la verdad sospechosa.
DON GARCÍA.	Señora . . .

---

tomaste por otra confused with someone else
la pérfida the treacherous one

se está burlando is making a mockery

Sé Be

JACINTA.	¡Silencio, estás en la iglesia!
	(Se van don García y Tristán.)
JACINTA.	(A Lucrecia.) Ahora, ¿estás contenta?
LUCRECIA.	¡Ahhhh . . . ! Te agradezco, amiga mía.

Escena VII

Don García y Tristán.

Don García queda confuso porque Lucrecia no quería ser Lucrecia. Cree que era para que no la reconozca la otra dama. Tristán recuerda a don García que Lucrecia (Jacinta) le dijo "O eres casado en Turquía," y eso comprueba que ella es Lucrecia. Le dice además que Lucrecia ha demostrado que le gusta García, pero cree que es casado. Tristán le aconseja que el perfecto testigo de que no es casado es don Juan de Sosa. Tristán le pregunta qué pasó entre don García y don Juan.

| DON GARCÍA. | Te contaré, pero guarda el secreto. Tuvimos un sangriento duelo por sus celos, y le di una gran estocada° con mi espada y le abrí un palmo° en la cabeza. Cayó sin sentido al suelo. Creo que quedó muerto porque esparció° sus sesos por el campo. |
| TRISTÁN. | ¡Qué suceso° tan extraño! ¡Pobre don Juan . . . ! Hmm, mas, ¿ . . . no es ése que viene por ahí don Juan? |

---

estocada strike with the sword

palmo about 8 inches
esparció spread, scattered

suceso event, happening

Escena VIII

Entran don Juan y don Beltrán por otra puerta. Presentes Don García y Tristán.

Don García.	¡Qué cosa más extraña!
Tristán.	¡Ya me mentiste a mí también! (*Aparte.*) ¿A quién no engañan mentiras tan bien trovadas!°
Don García.	¿Le habrán curado con algún ensalmo?°
Tristán.	Una estocada que partió los sesos, ¿curada en tan poco tiempo?
Don García.	Yo sé de un ensalmo con el cual a un hombre que amputaron un brazo en Salamanca y se lo volvieron a pegar° y en menos de una semana quedó tan bien como antes.
Tristán.	Ya me metiste° otra.
Don García.	¡No, yo mismo lo vi!
Tristán.	¡Basta!°
Don García.	Te juro que yo mismo lo vi.
Tristán.	Si me enseñas este ensalmo, quedan pagados mis servicios.
Don García.	No puedo, porque está en hebreo. Y tú no sabes hebreo.
Tristán.	¿Y tú lo sabes?
Don García.	Lo sé, y mejor que el castellano. Hablo diez lenguas.

---

tan bien trovadas so well written
ensalmo enchantment, spell, charm

pegar glue, stick on
metiste put in

Basta Enough

TRISTÁN.	(*Aparte.*) ¡Y las diez lenguas no te son suficientes para mentir!

(*Le habla don Beltrán a don Juan.*)

Don Beltrán, hablando con don Juan, se entera de que no hay ningún don Pedro o Diego de Herrera, ni una doña Sancha de Herrera en Salamanca. Deduce que es otra mentira de don García. Luego don Beltrán felicita a don Juan porque le acaban de dar la Encomienda de la Cruz de Calatrava. Don Juan se va a agredecer a los caballeros de la órden.

(*Se va don Juan.*)

Escena IX

Don Beltrán, don García y Tristán.

DON BELTRÁN.	(*Aparte.*) ¡Dios mío! ¿Es posible que García no tenga respeto a mis canas,° y me mienta hasta cuando lo estaba riñendo?° ¿Fue posible que yo le creyera cuando sabía yo de sus engaños?
DON GARCÍA.	Padre . . .
DON BELTRÁN.	No me llames padre. Tú no tienes mí sangre, ni te pareces° a mi en nada. ¡Quítate de ante° mis ojos! ¡Cielos! ¿Qué castigo es éste? ¡Un hijo de condición tan contraria a la verdad que tanto amo! ¡Un hijo de condiciones tan bajas! ¡Y a Gabriel, quien honor y vida daba a mis canas y a mi sangre, el Cielo se lo llevó en la flor de su edad!°6

---

canas gray hair	**te pareces** resemble	**en . . . edad** in the prime
reñendo reproaching	**de ante** from the front	of his life

6 Don Beltrán is referring to the untimely death of Gabriel, his first son and his favorite. The rights of the first-born, or *mayorazgo*, was the duty of the first-born male to take on the responsibility of caring for the family. The first-born, or *primogénito*, took the place of his father upon his death. Thomas Jefferson discontinued this law in the United States.

TRISTÁN.	(*Aparte.*) Don García, ¡huye° de aquí!
DON BELTRÁN.	Déjanos solos, Tristán. Pero vuelve más tarde. No quiero que sepas la vergüenza de la infamia de García. (*A García.*) Di, liviano, ¿qué fin tienes y qué gusto sacas en mentir con tanto descaro?° ¿Sabes la humillación que traes a mi honor y a mis canas? Yo soy viejo, pero fui joven. Sé de las llamas° de amor de los jóvenes. ¿Qué ansias° te obligaron a mentir de esa manera?
DON GARCÍA.	Para que mi error perdones, padre, sabe que te engañé por ignorancia y no delito. La causa fue el amor. Ya que sabes que fue amor la causa, escucha la hermosa causa: doña Lucrecia, la hija de don Juan de Luna, es mi alma en esta vida. Para hacerme feliz, y hacer el matrimonio sólo falta que tú le digas que no soy casado en Salamanca.
DON BELTRÁN.	¡Cielos santos! ¡No! ¡No! ¡Ya me vas a meter en otra! ¡Basta!
DON GARCÍA.	No, señor. Es verdad, y Tristán, en quien confías es mi testigo. Dilo, Tristán.
TRISTÁN.	Sí, señor: lo que dice es verdad.
DON BELTRÁN.	¿No tienes vergüenza de esto? ¡Para acreditarte° necesitas de la palabra de un criado! Ahora bien, hablaré a don Juan y ojalá te dé a Lucrecia. Mas primero tengo que informarle de lo de Salamanca.

(*Se van.*)

---

huye flee	**llamas** flames	**acreditarte** to give
descaro impudence, barefacedness	**ansias** ardent desires, longings	credibility to yourself

Escena X

Una sala con vistas a un jardín, en casa de don Juan de Luna. Entran don Juan de Luna y don Sancho. Luego entra un criado.

CRIADO.   (*A don Sancho.*) Don Juan de Sosa pide su licencia. Quiere hablar con usted.

DON SANCHO.   ¿A estas horas de la noche?

DON JUAN.   Debe ser algo muy serio.

DON SANCHO.   Hazle entrar al joven Juan.

                (*Se va el criado.*)

Escenas XI y XII

Entra don Juan de Sosa con un pergamino° en su mano. Están presentes don Juan de Luna y don Sancho.

DON JUAN   (*A don Sancho.*) Nunca llegaría yo a estas hora a verte
DE SOSA.   sin este pergamino. Ya soy Comendador de la Orden de Calatrava. Vengo a pedirte la mano prometida de Jacinta.

DON SANCHO.   Me has premiado° con no haberte dilatado.° Voy a dártela ahora, mas no puede salir porque está vistiéndose.

                (*Se va.*)

---

pergamino parchment, title   **premiado** rewarded   **dilatado** delayed

Escena XIII

Entran don García, don Beltrán y Tristán. Por otra puerta entran don Juan de Luna y don Juan de Sosa.

DON BELTRÁN.   Hay visita, y necesito hablarle a solas.

DON GARCÍA.   Antes nos servirá don Juan de Sosa como testigo de mi falso matrimonio en Salamanca.

DON BELTRÁN.   ¡Qué cosa tan infame° hiciste!

DON JUAN
(EL VIEJO).   ¡Beltrán, mi amigo!

DON BELTRÁN.   ¡Mi amigo, don Juan!

DON JUAN
(EL VIEJO).   ¿Y vienes tan de noche?

DON BELTRÁN.   En eso entenderás que estoy enamorado . . . Quiero decirte para qué vengo.

DON GARCÍA.   (*Habla a don Juan de Sosa.*) Mis felicitaciones por tu Encomienda en la Orden de Calatrava.

DON JUAN
(EL VIEJO).   Perdóname don Juan de Sosa, necesito hablar con García. (*A García.*) Entonces, ¿quieres a Lucrecia por esposa? Esto me ha dicho don Beltrán.

DON GARCÍA.   Mi alma, vida y corazón son suyos.

DON JUAN
(EL VIEJO).   Entonces yo te doy su mano por ella.

(*Se dan las manos.*)

DON GARCÍA.   Déjame besar tus pies, don Juan de Luna.

---

infame infamous

Escena XIV

Entran don Sancho, Jacinta y Lucrecia.

Lucrecia.	Jacinta, al fin, tras tanto tiempo, logras unirte a don Juan.
Jacinta.	Seré dichosa si tú consigues a don García.
Don Beltrán.	(A don García.) Allí viene don Sancho. Tú me has metido en un gran lío.°
Lucrecia.	(A don Juan el viejo.) ¿No se casó García en Salamanca?
Don Juan de Luna.	No, fue un engaño que García hizo a su padre para que no lo casara con otra.
Lucrecia.	Siendo así, tu voluntad es la mía y soy dichosa.
Don Sancho.	(A don García y don Juan de Sosa.) Lléguense° jóvenes a sus alegres novias las que les esperan amorosas.
	(Don Juan de Sosa y don García caminan, ambos, hacia Jacinta.)
Don Juan de Sosa.	¿Y . . . adónde vas don García? ¿No ves allí a la hermosa Lucrecia?
Don García.	¿Cómo es esto? . . . ¿Lucrecia? (Mira a Jacinta.)
Don Beltrán.	¿Qué diablos es esto?
Don García.	(A Jacinta.) Soy tuyo, señora.
Don Beltrán.	¡Otro enredo tenemos!
Don García.	¡Me equivoqué° de nombre . . . pero no de persona!
Lucrecia.	¡Entonces este papel es un engaño! García, ¿no escribiste este papel?
Don Beltrán.	¡Me ha humillado el embustero!
Don Juan de Sosa.	Dame, Jacinta, tu mano y pondremos fin a estas cosas.

---

lío embroilment　　　　**Me equivoqué** I made a
Lléguense Come close　　　　mistake

Jacinta.	*(A don Juan de Sosa.)* Tuya soy.
Don García.	¡Perdí mi cielo, mi gloria!
Don Beltrán.	¡Juro que si no te cases con Lucrecia, perderás más, la vida!
Don Juan de Luna.	Te he dado la mano de mi Lucrecia. Si no la tomas, yo lavaré mi deshonra con la sangre de tus venas.
Tristán.	García, tú tienes toda la culpa. Si hubieras dicho la verdad desde el principio, ya estarías casado con Jacinta. Ya no hay remedio. Da la mano a Lucrecia, que también es muy hermosa.
Don García.	Doy la mano, pues no hay remedio.
Tristán.	Honorable Senado[7] verán todos el daño que hace la mentira, porque en la boca de quien siempre miente, es *la verdad sospechosa*.

Comprensión

1. Traza el cambio de actitud de Lucrecia hacia García en el tercer acto.
2. Favor de explicar el nombre Pedro y Diego.
3. Describe la situación en la Iglesia de la Magdalena.
4. En un punto en el tercer acto, Lucrecia cree que Jacinta es una amiga infiel. Explica la situación.
5. ¿Cómo fue el duelo entre don García y don Juan?
6. ¿Por qué no le dice a Tristán el ensalmo?
7. ¿Cómo se hacen los matrimonios al final? ¿Por qué acepta don García el matrimonio? ¿Qué harías tú en un caso similar?
8. Favor de explicar las tres unidades de lugar, tiempo y acción en esta comedia. Elabora.
9. ¿Cuáles son los puntos mas importantes de *La verdad sospechosa*?
10. Escribe un fin diferente para esta comedia.

---

[7] *Honorable Senado:* Honorable Senate. The crowd that attended the theater performances in Spain was very rowdy, especially those who paid the lowest entrance fee (and watched the play standing up). If they liked the play, they would applaud enthusiastically, but if they didn't, they would throw rotten vegetables at the stage and the actors. Thus, most playwrights addressed this very important group of people with all due respect.

El burlador de Sevilla

Tirso de Molina, 1630

Personajes principales

Don Juan Tenorio, el protagonista.° Es hijo de don Diego Tenorio y sobrino de don Pedro Tenorio.

Catalinón, el gracioso (cómico) de la comedia. Es el sirviente de don Juan.

Isabela, una duquesa de Nápoles. Es la prometida° del duque Octavio.

Don Pedro Tenorio, tío de don Juan. Es el embajador° de España en Nápoles.

El rey de Nápoles

Octavio, un duque de la ciudad de Nápoles. Es el futuro esposo de Isabela.

Ripio, el sirviente del duque Octavio

Don Diego Tenorio, un hombre de edad avanzada. Es el padre de don Juan y camarero mayor° del rey Alfonso XI de Castilla.

Alfonso XI, el rey de Castilla

Tisbea, una bella pescadora° a quien ama Anfriso

Anfriso, un pescador, quien ama a Tisbea

Coridón, un pescador

Belisa, una villana

Marqués de la Mota, el primo de doña Ana de quien está enamorado

Don Gonzalo de Ulloa, el padre de doña Ana. Es también comendador mayor° de la orden de Calatrava y embajador del rey Alfonso en Lisboa.

Doña Ana, la hija de don Gonzalo. Ama al marqués de la Mota.

Aminta, una bella pastora,° esposa de Batricio e hija de Gaseno

Batricio, un labrador,° esposo de Aminta

Gaseno, un labrador rico, padre de Aminta

Músicos

---

protagonista main character
prometida fiancée
embajador ambassador

camarero mayor High Chamberlain
pescadora fishermaid

comendador mayor Grand Commander
pastora shepherdess
labrador farmer

I

Don Juan burla a Isabela en el palacio del rey de Nápoles[1]

¿Quién es don Juan?

Don Juan Tenorio,[2] el burlador,° es un joven galán° español noble. Su padre, don Diego Tenorio, es el camarero mayor[3] del rey Alfonso XI de Castilla.[4] Alfonso estima mucho a los Tenorio. A don Juan lo llama "mi hechura".[5] Don Juan tiene la obsesión de burlar a las mujeres, lo que causa que siempre esté de camino, huyendo° de lugar a lugar. Sus acciones le traen grandes peligros. Le demandan la restitución del honor[6] de sus víctimas, en duelos. Don Diego, para salvarlo, lo manda lejos, a Nápoles,

---

Jornada Act
burlador trickster, seducer, rogue

galán handsome, gallant

huyendo fleeing

[1] Historically, the King of Naples at this time was Roberto, who ruled from 1309 to 1343. Spanish playwrights in the Golden Age were indifferent to historical accuracy. The play reflects more the spirit of the seventeenth century (Tirso's time) than that of the fourteenth century, which it is supposed to depict.

[2] The source for Tirso's Don Juan seems to have been Don Pedro Téllez Girón (1579–1624), the Marquis of Peñafiel and a notorious womanizer. He later became the Duke of Osuna. His exploits were the subject of the play *Las mocedades del Duque de Osuna* by Cristóbal Monroy y Silva. Don Pedro lived near Seville, which was the scene of his escapades. It has been suggested that Don Pedro Téllez Girón was, in fact, Gabriel de Téllez Girón's (Tirso de Molina's) half brother. Today, in Spanish, *Don Juan*, or *Tenorio*, has the meaning of "playboy" or "Casanova" in English.

[3] Don Diego was High Chamberlain (the officer in charge of the household of the King, his steward).

[4] Alfonso XI was King of Castile and Leon from 1312 to 1350.

[5] *Mi hechura* means literally "my creation." This seems to imply that Alfonso had a hand in rearing Don Juan. Alfonso is evidently very fond of Don Juan. In this play, Alfonso shows this affection on several occasions.

[6] "Honor" and its code was a central theme in Spanish Golden Age drama. Honor implied personal dignity, personal pride, respect received, repute, esteem, glory, fame, and good reputation. However, these feelings became exaggerated to the point of distortion: "The loss of reputation was one thousand times worse than the loss of one's life." Any transgression of the code of honor, however minor, by a woman required the husband, brother, father, or even another close male relative to avenge the dishonor with blood, in order to save the woman's and the family's reputation. This concept of honor is attributed to the Arabs, who conquered and dominated Spain for eight centuries from 711 to 1492.

Italia, donde está don Pedro, su hermano, quien es el embajador de España.

El tiempo, lugar y acción[7]

La comedia[8] empieza en el palacio del rey de Nápoles. Es el siglo XIV, y la acción es una aventura galante.° Es de noche. Don Juan conversa, a oscuras,° en la alcoba° del rey con la duquesa Isabela, a quien acaba de burlar. Isabela cree que aquel hombre es el duque Octavio, su prometido.° Quiere cerciorarse° de que es en realidad su duque y enciende una luz y ve con horror que es otro hombre.

ISABELA.	¡Ah, cielo! ¿Quién eres, hombre?
DON JUAN.	¿Quién soy? Un hombre sin nombre.
ISABELA.	¿No eres el duque Octavio?
DON JUAN.	No.
ISABELA.	¡Auxilio,° gente del palacio!
DON JUAN.	No grites. Dame, Isabela, tu mano.°⁹
ISABELA.	No me detengas, villano. ¡Auxilio, rey, soldados, gente!

Acude° el rey de Nápoles

El rey de Nápoles entra alarmado en la alcoba con una vela° en la mano.

---

aventura galante romantic adventure	**prometido** fiancé	**Dame tu mano.** Marry me.
a oscuras in the darkness	**cerciorarse** to verify	**Acude** Comes to her aid
alcoba bedroom	**¡Auxilio!** Help!	**vela** candle

[7] Of the three unities of classical drama (time, place, and action), unity of action—one principal plot—was the only one that was strictly observed in Golden Age drama. It was considered absolutely necessary to maintain the flow of the action.

[8] The term *comedia* means "drama" in general, not comedy.

[9] *Dame tu mano:* Don Juan, aware of the gravity of his offense, wants to appease Isabela by asking her to marry him.

Rey.	¿Qué es esto?
Isabela.	¡El rey! ¡Ay, triste de mí!
Rey.	¿Quién eres?
Don Juan.	¿Quién ha de ser? Un hombre y una mujer.[10]
Rey.	(*Aparte.*) ¡Esto requiere prudencia![11] ¡Ah, guardas, prendan° a este hombre!
Isabela.	¡He perdido mi honor!

Entra don Pedro Tenorio y pregunta al rey la causa de tantas voces. El rey aprovecha la oportunidad para delegarle° a don Pedro la investigación de este delicado problema.[12]

Don Pedro.	¡Gran señor, escuché voces en tu alcoba!
Rey.	Don Pedro, investiga esta prisión° con gran secreto. Quiero saber quiénes son estos dos. Lo he visto con mis propios ojos y no está el asunto muy claro.
	(*Se va el rey.*)
Don Pedro.	Guardas, apresen° a ese hombre.
Don Juan.	¡Mataré a quien lo intente!
Don Pedro.	¡Mátenlo!
Don Juan.	Me rendiré° sólo al embajador de España, porque soy su caballero.[13]

---

prendan take prisoner	**prisión** arrest	**Me rendiré** I will
delegarle to assign to him	**apresen** take prisoner	surrender

[10] Don Juan is arrogant and disrespectful to the King of Naples.

[11] The King recognizes that this situation violates court protocol. Furthermore, if it became known, it would be a slur upon the "honor" of the King. He is concerned with his reputation, which could be protected by secret and prudent actions.

[12] Don Pedro, the Ambassador of Spain in Naples, appears to be a *privado* ("confidant") of the King of Naples. He has obviously earned the King's trust and seems prepared to resolve this very delicate matter.

[13] Don Juan makes sure that his uncle dismisses everyone in order to avoid scandal.

Entonces, don Pedro manda que todos salgan y se queda solo con el caballero español, sin saber que es su propio sobrino don Juan.

Comprensión

1. ¿Quiénes son don Juan, don Diego y Alfonso XI de Castilla?
2. ¿Cuál es la obsesión de don Juan?
3. ¿Cuáles son las consecuencias de las burlas de don Juan?
4. ¿Cómo trata de solucionar don Diego los problemas de su hijo?
5. ¿Dónde y cuándo comienza la comedia?
6. ¿Por qué está don Juan en la alcoba del rey con Isabela?
7. ¿Cómo reacciona Isabela cuando ve a don Juan?
8. ¿Por qué dice don Juan "Dame, Isabela, tu mano"?
9. ¿Por qué le delega el rey a don Pedro la investigación?
10. ¿Por qué dice don Juan que es "caballero del embajador de España"?

II

Don Pedro Tenorio investiga el caso

Don Pedro, perplejo,° quiere saber quién es el caballero español que ha burlado a Isabela. Le pide que muestre su valentía con su espada. Don Juan lo reconoce y se niega a luchar.

DON JUAN.	Aunque soy valiente, tío, no puedo luchar contra ti.
DON PEDRO.	¡Di quién eres!
DON JUAN.	Soy tu sobrino.
DON PEDRO.	(*Aparte.*) ¡Ay, corazón! Temo alguna traición.° (*A don Juan.*) ¿Qué es lo que has hecho, enemigo?

---

perplejo puzzled   **traición** treachery

	Dime presto° lo que ha pasado, ¡desobediente, atrevido!° . . . Estoy por matarte. ¡Habla!
DON JUAN.	Tío y señor, tú también fuiste joven un día y supiste amar.[1] Yo engañé° a Isabela.
DON PEDRO.	¡Calla! . . . ¿Cómo la engañaste? Habla en voz baja . . .
DON JUAN.	Fingí° ser el duque Octavio . . .
DON PEDRO.	No digas más, calla. (Aparte.) Si el rey lo sabe, estaré perdido . . . Debo encubrir° todo esto[2] . . . (A don Juan.) Don Juan, tu padre te envió aquí para salvarte de las venganzas de otra burla que hiciste en España. ¡Tú mal pagas mi hospitalidad! . . . Pero no hay tiempo ahora. ¿Qué quieres hacer?
DON JUAN.	Mi sangre es la tuya. ¡Mátame, señor! Me rindo° a tus pies.
DON PEDRO.	Levántate. Me convences. ¿Te atreves a bajar por este balcón?
DON JUAN.	Sí, voy con alas.° Adiós, tío.
DON PEDRO.	Vete a Sicilia o Milán,[3] y vive allí encubierto.° Mis cartas te avisarán en qué termina este suceso.°
DON JUAN.	(Aparte.) Yo, señor, me voy a España.

(Don Juan salta por el balcón.)

Regresa el rey, y don Pedro le informa que ya ejecutó su justicia y que el culpable° escapó mal herido.° Le dice además que Isabela acusa al duque

---

presto quickly	encubrir to conceal	suceso event
atrevido insolent, daring	Me rindo I surrender	el culpable the guilty one
engañé deceived	alas wings	mal herido badly wounded
Fingí I pretended	encubierto disguised	

[1] *supiste amar*: According to Don Juan, Don Pedro was also a womanizer in his younger days.

[2] Don Pedro values his reputation above all. He will lie to the King to protect himself and Don Juan.

[3] *Sicilia o Milán*: Sicily during the 1350s belonged to Spain. Milan, a major Italian city located approximately 200 miles north of Rome, did not come under Spanish rule until 1535.

Octavio de haberla engañado.[4] El rey entonces manda que se presente Isabela ante él.

REY.   Di, mujer. ¿Qué te incitó a profanar con hermosura y soberbia° mi palacio?

ISABELA.   Señor . . .

REY.   El amor penetra por murallas° y almenas.° Vence a los guardas y criados.[5] *(A don Pedro.)* Don Pedro, lleva en secreto a esta mujer y enciérrala en una torre. Prende luego al duque Octavio para que cumpla su palabra de matrimonio.

DON PEDRO.   Vamos, duquesa.

ISABELA.   No tengo disculpa.° Mas no será tan grave ofensa si el duque Octavio lo enmiende.°

Isabela tiene una sola alternativa para salvar su honor y es casarse con el duque Octavio.

———————◆———————

Comprensión

1. ¿Por qué se niega a luchar don Juan?
2. ¿Qué quiere saber don Pedro cuando reconoce a don Juan?
3. ¿Cómo explica don Juan el engaño a su tío?
4. ¿Por qué piensa don Pedro que estará perdido? ¿Qué cree que tiene que hacer?
5. ¿Adónde manda don Pedro a su sobrino?
6. ¿Adónde piensa ir el desobediente don Juan?
7. ¿Cómo le miente don Pedro al rey?
8. ¿Por qué le acusa Isabela al duque Octavio?

---

soberbia arrogance   **almenas** battlements   **lo enmiende** makes it right
murallas walls   **disculpa** excuse

[4] Isabela has no choice but to lie about the incident and accuse Octavio, since admitting that she loved a total stranger would be, in addition to her dishonor, a sign of shallow stupidity.

[5] The idea of love as a force that cannot be controlled was typical in Tirso's time. According to this notion, no one could oppose the fulfillment of true love.

9. ¿Qué ordena el rey que haga don Pedro?
10. ¿Por qué quiere Isabela que el duque Octavio enmiende la situación?

III

Don Pedro acusa al duque Octavio

Es el día siguiente. El duque Octavio, en su casa, se levanta muy temprano y habla con Ripio, su criado. Dice que el fuego de su amor por Isabela lo está consumiendo.[1] Otro criado anuncia que el embajador de España está en el zaguán° y viene para llevarlo prisionero.

OCTAVIO.	¡Prisión! Pues, ¿por qué ocasión? Dile que entre.
	(*Entra don Pedro Tenorio con sus guardas.*)
DON PEDRO.	Quien con tanto descuido duerme, tiene la conciencia limpia.[2]
OCTAVIO.	No es justo que duerma yo cuando viene Vuestra Excelencia a honrarme. ¿Cuál es el objeto de vuestra visita?
DON PEDRO.	Duque, el rey me mandó venir. Te traigo una embajada° mala.
OCTAVIO.	Marqués, esto no me alarma. Decidme qué es.
DON PEDRO.	El rey me manda a apresarte. No te inquietes.°
OCTAVIO.	Pues, ¿de qué me culpa?

---

zaguán entrance
embajada message

No te inquietes. Do not
    be alarmed.

[1] Octavio resembles Calisto, one of the main characters in the Spanish classic *La Celestina*. Octavio, like Calisto, is overwhelmed by love.
[2] This is a Spanish saying equivalent to the English "He has nothing to hide." Don Pedro says this ironically, as if Octavio had just jumped in bed to cover his tracks.

Don Pedro.	Anoche, mientras el rey y yo hablábamos, escuchamos la voz de una mujer que repetía *¡Socorro!* desde la alcoba del rey. Acudimos y el mismo rey halló a Isabela en los brazos de algún hombre poderoso. Yo traté de apresarlo, pero, como el mismo demonio, se transformó en humo y polvo,[3] saltó por los balcones del palacio y desapareció. Luego la duquesa Isabela te acusó, delante de todos, de haberla burlado.
Octavio.	Marqués, ¿es posible que Isabela me haya engañado? ¡Oh, mujer . . . ! ¡Ley tan terrible del honor! . . . ¿Anoche un hombre con Isabela en el palacio? ¡Estoy loco![4]
Don Pedro.	Tú eres prudente y sabio. Elige° el mejor remedio.
Octavio.	Mi remedio es ausentarme.°
Don Pedro.	Hazlo pronto, duque Octavio.
Octavio.	Quiero embarcarme rumbo a España y dar fin a mis males.
Don Pedro.	Sal por esa puerta del jardín, duque. ¡Huye!
Octavio.	¡Adiós, Patria!° ¡Anoche un hombre con Isabela en el palacio! ¡Estoy loco!

El duque Octavio se embarca con rumbo a España.[5]

───────◆◆───────

Elige Choose   **Patria** Fatherland,
ausentarme to go away   Motherland

[3] Many Spanish folktales describe the devil disappearing with an explosion in a sulfurous cloud of dust. Don Juan is portrayed by his uncle as a demonic figure. In the second act, at the wedding of Aminta and Batricio, Catalinón calls Don Juan "Lucifer." The situation must have been comical to the audience of Tirso's time, but certainly tragic to Octavio.

[4] It is curious that Octavio does not mention love at all here.

[5] Instead of facing the problem, Octavio chooses to flee from it. Tirso uses this device to bring Octavio to the center of action in the play.

Comprensión

1. ¿Qué le dice a su criado Ripio al levantarse el duque Octavio?
2. ¿Quién está en el zaguán? ¿Por qué ha venido?
3. Según don Pedro, ¿qué pasó en la alcoba del rey?
4. ¿Cómo reacciona el duque Octavio al saber lo ocurrido?
5. ¿Qué remedio elige el duque Octavio?

IV

—

El náufrago° don Juan enamora a la pescadora Tisbea

Don Juan y su sirviente Catalinón llegan en una galera° a la costa española durante un fuerte huracán, y naufragan frente a Tarragona.[1] En la playa, Tisbea, una bellísima pescadora, está pescando. Dice que es feliz porque desdeña° el amor. Entonces ve el naufragio.

TISBEA. Amo mi libertad y me río de todos los hombres. Por esto soy la envidia de otras mujeres. Mi honor y mi virtud son sagrados. Rehusé° a Anfriso a pesar de sus lisonjas° y su dulce música de vihuela,° aunque él está dotado de muchas cualidades. ¿Qué veo en el mar? . . . ¡Se hunde una galera! Dos hombres se arrojan al mar . . .

(*Una voz dentro.*) ¡Me ahogo!°

---

náufrago shipwrecked	**Rehusé** I refused	**vihuela** stringed
galera galley ship	**lisonjas** flattery	instrument like a guitar
desdeña scorns		**¡Me ahogo!** I'm drowning!

[1] Tarragona is a city located 65 miles south of Barcelona. It was perhaps the earliest Roman settlement in Spain and served as a Roman seaport. Ruins of Roman architecture may be seen in the older parts of the city.

| TISBEA. | Veo que un hombre salva a otro. ¿No hay nadie en la playa que los pueda socorrer? ¡Hola! ¡Tirseo, Anfriso, Alfredo! ¡Hola! . . . Me ven pero no me escuchan. |

Finalmente los dos hombres milagrosamente llegan a la playa. Don Juan acaba de salvar a Catalinón con riesgo° de su propia vida y queda desmayado° en la playa. Catalinón, en cambio, está lleno de vida y lleva a don Juan en sus brazos, diciendo:

CATALINÓN.	¡Mire la Cananea!² ¡Qué salado° está el mar! ¡El agua salada no me gusta! ¡Cómo quisiera encontrar un buen vino! ¡Ah, señor! ¡Don Juan, despierta! . . . ¡Está helado y frío! ¿Habrá muerto? . . . ¡Malditos° sean Jasón y Tisis!³ ¡Muerto está don Juan! ¡Mísero Catalinón! ¿Qué haré sin don Juan?
TISBEA.	¡Hombre! ¿Cómo está tu compañero?
CATALINÓN.	Pescadora, sin vida está mi señor. Mira si es verdad.
TISBEA.	No, aún respira.°

Tisbea manda a Catalinón a pedir ayuda a unos pescadores y le pregunta quién es ese caballero. Catalinón responde que es el hijo del camarero mayor del rey de España en Sevilla⁴ y su nombre es don Juan Tenorio. Se va Catalinón, y Tisbea pone a don Juan en su regazo.° Éste vuelve en sí° y comienza a enamorar a la seductora Tisbea.

---

riesgo risk	**Malditos** Accursed	**vuelve en sí** comes to his
desmayado unconscious	**respira** is breathing	senses
salado salty	**regazo** lap	

² *Cananea*: Christ transformed water into wine in the city of Cana (John 2:1–10). Catalinón loves wine and is contrasting it with the seawater he has swallowed.

³ In mythology, Jason (*Jasón*) was the leader of the Argonauts who went in search of the Golden Fleece, and Theseus (*Tisis*) was the Greek hero who took part in that search.

⁴ Seville was a major city during the Spanish Golden Age because it was there that the greatest impact of trade with South America was felt. During the sixteenth century, it became one of the largest cities of Europe. It was even called the "eighth wonder of the world." By the time of *El burlador*, Spain was in decline. This fall from greatness was accompanied by moral decadence. Tirso thus portrays Seville as a city of prostitutes, rogues, and dissolute noblemen. Tirso contrasted Seville with Lisbon, which was considered to be a very "holy" city. (See Note 3 in Scene V of this act.)

TISBEA.	Mancebo° excelente, gallardo,° noble y galán . . . ¡Volved en sí . . . , caballero!
DON JUAN.	¿Dónde estoy?
TISBEA.	Ya puedes ver: en brazos de una mujer.
DON JUAN.	Pues del infierno del mar salgo a vuestro claro cielo.°
TISBEA.	Tienes mucho aliento° para haber estado sin aliento.° Aunque estás helado, tienes tanto fuego en ti . . . que me abrasas° . . . Ruega a Dios que no me mientas.[5]

Tisbea está a punto de besar a don Juan cuando les interrumpen Catalinón y dos pescadores, Coridón y Anfriso (este último ama a Tisbea). Ella les relata el naufragio de la galera. Luego manda que los lleven a su choza° para reparar sus vestidos y darles de comer y beber. Catalinón la admira y don Juan se siente seducido por su hermosura.

CATALINÓN.	¡Extremada es su beldad!°
DON JUAN.	Escúchame.
CATALINÓN.	Te escucho.
DON JUAN.	Si te pregunta quién soy, di que no sabes.
CATALINÓN.	¡A mí . . . ! ¿Quieres advertirme a mí lo que debo hacer?[6]
DON JUAN.	Estoy loco por la hermosa pescadora. Esta noche será mía.

Mancebo Single man, Bachelor	**cielo** heaven	**abrasas** burn
gallardo good-looking	**aliento** daring	**choza** hut
	aliento breath	**beldad** beauty

[5] Tisbea boasted of being ice-cold toward men; however, the flame of love is now burning her. She responds to Don Juan's metaphors with provocative metaphors of her own. *Aliento* has two meanings: "breath" and "daring." While Don Juan is out of breath because he nearly drowned, he has plenty of daring when it comes to Tisbea.

[6] Catalinón is perturbed because he has already given Don Juan's name and described his background to Tisbea.

Esa noche los pescadores celebran una fiesta en honor de los náufragos, con músicos, cantos y bailes para que aprecien las bellas costumbres de Tarragona.

Comprensión

1. ¿Por qué es feliz Tisbea? ¿Qué ve en el mar?
2. ¿Quién salva a quién?
3. ¿Por qué está tan preocupado Catalinón?
4. ¿Cómo saben que don Juan está vivo?
5. En tus propias palabras, describe la conversación entre don Juan y Tisbea.
6. ¿Quién es Anfriso?
7. ¿Por qué llevan a Catalinón y a don Juan a la choza de Tisbea?
8. Según don Juan, ¿cómo debe responder Catalinón si le preguntan quién es?

V

El rey Alfonso decide casar a don Juan con doña Ana[1]

Regresa de Lisboa don Gonzalo, el embajador de Alfonso

En el palacio del rey, don Gonzalo de Ulloa, el comendador mayor de Calatrava,[2] acaba de regresar de Lisboa.[3] Informa al rey sobre su embajada,° y hace una dilatada° descripción de la bella ciudad. El rey responde con cierta ironía.

REY.	Don Gonzalo, aprecio más tu descripción de Lisboa que haberla visto con mis propios ojos. ¿Tienes hijos?
DON GONZALO.	Gran señor, tengo una hija bella, que tiene un rostro° divino. Se llama Ana.
REY.	Pues yo te la quiero casar° con mi propia mano.
DON GONZALO.	Se hará como tú lo quieras, señor. Lo acepto por ella. ¿Quién será su esposo?
REY.	Será un sevillano que está en Nápoles ahora. Su nombre es don Juan Tenorio.

---

embajada diplomatic task
dilatada extensive, long
rostro face

te la quiero casar to
marry her (find her a
husband) for you

[1] During the Golden Age, kings were considered the representatives on earth of God's justice (the Divine Right of Kings). They were also responsible for the well-being of their subjects. They often arranged the marriages of young nobles to solve problems, preserve family "purity," safeguard wealth, etc. King Alfonso constantly tries to patch up the havoc created by Don Juan. He is certainly a better monarch than the King of Naples, who avoided responsibility.

[2] *comendador mayor de Calatrava:* "Grand Commander of the Order of Calatrava." The Order of Calatrava was a Spanish religious and military order founded in 1158 by Saint Raimond, Abbot of Fitero. Its purpose was to defend the city of Calatrava against Moorish attack.

[3] Tirso loved Lisbon, the capital of Portugal. He describes it with delight in many of his plays. Portugal and Spain were united at the time this *comedia* was written, but not during the period in which the action of the play takes place. Lisbon is characterized as a saintly city, in contrast with Seville, which had the reputation of being beautiful but wicked.

DON GONZALO. Voy a darle las nuevas° a Ana.

REY.　　　　Habla con ella y vuelve con su respuesta.

Don Juan burla a Tisbea

Mientras tanto en Tarragona, don Juan manda a Catalinón que ensille°
dos yeguas° para huir después de la burla que hará a Tisbea.

DON JUAN.　　　Este es mi plan: cuando los pescadores vayan a la
　　　　　　　fiesta, ensillarás las yeguas y nos salvarán sus cascos
　　　　　　　voladores.°

CATALINÓN.　　Entonces, ¿burlarás a Tisbea?

DON JUAN.　　　Es un hábito antiguo° mío. ¿Por qué me preguntas eso,
　　　　　　　sabiendo lo que yo soy?[4]

CATALINÓN.　　Ya sé que eres el castigo° de las mujeres.[5]

DON JUAN.　　　La verdad es que muero por Tisbea. ¡Es tan bella!

CATALINÓN.　　¡Buen pago quieres dar a su hospitalidad!

DON JUAN.　　　Necio,° lo mismo hizo Eneas con la reina de Cartago.[6]

CATALINÓN.　　Los que fingen y engañan así a las mujeres, siempre lo
　　　　　　　pagan con la muerte.[7]

---

las nuevas the news	**cascos voladores** speedy	**castigo** punishment,
que ensille to saddle	hooves	scourge
yeguas mares	**antiguo** old	**Necio** Fool

[4] Don Juan recognizes his psychological condition (Satyriasis, or the abnormal, insatiable desire for women).

[5] Catalinón calls Don Juan by an epithet, "the scourge of women."

[6] Aeneas (*Eneas*) is the hero of Virgil's Latin epic poem the *Aeneid*. In the poem, he spurned the love of Dido, Queen of Carthage, to fulfill his heroic destiny.

[7] This is the first time the death of Don Juan is foretold. Catalinón scolds Don Juan, warning him of the consequences of his actions.

DON JUAN.   ¡Qué largo me lo fiáis!⁸ Catalinón° con razón te
             llaman.

Se va Catalinón. Entra Tisbea y le declara su amor a don Juan. Le dice
que es suya. Don Juan le promete obligarse° a cualquier cosa. Don Juan
promete a Tisbea ser su esposo.⁹

DON JUAN.   Juro,° a esos ojos bellos que me matan al mirar, que
             seré tu esposo.¹⁰

TISBEA.   Advierte,° mi bien,° que hay Dios y que hay muerte.¹¹

DON JUAN.   ¡Qué largo me lo fiáis! Y mientras Dios me dé vida, yo
             seré tu esclavo.

Anfriso quiere vengarse de ella por su infidelidad. Tisbea intenta suicidarse, pero los pescadores la rescatan.° Don Juan y Catalinón huyen en
las yeguas previstas.° Los pescadores quieren perseguir° al vil caballero.

Comprensión

1. ¿Quiénes son don Gonzalo y doña Ana?
2. ¿Con quién quiere casar el rey a doña Ana? ¿Por qué?
3. ¿Cuál es el plan de don Juan en Tarragona?

Catalinón coward (*in the Andalusian dialect*)	**Juro** I swear	**rescatan** rescue
obligarse to be faithful, true	**Advierte** Be warned	**previstas** readied
	mi bien my love	**perseguir** to give chase

⁸ *¡Qué largo me lo fiáis!*: "This is a debt I'm not obliged to pay as yet!" or "I'll cross that bridge when I get to it." Don Juan often makes this precautionary statement.

⁹ Don Juan falsely promises marriage to achieve his purpose. He asked for Isabela's hand only after she called for help. With Tisbea and with Aminta in the second act, he uses plays on words that are not caught by the unsophisticated women. Spanish culture considers it cowardly to make false promises of marriage.

¹⁰ Notice that Don Juan swears to Tisbea's beautiful eyes, not to Tisbea herself. This reflects the influence of casuist morality, which helped people avoid strict adherence to the virtues of truth, justice, temperance, and the like through rationalization.

¹¹ Tisbea warns Don Juan of the consequences if he lies. Again, his impending death by the hand of God is foretold.

4. ¿Cuál es el hábito antiguo de don Juan?
5. ¿Cómo reacciona Catalinón a la "confesión" de don Juan?
6. ¿Qué le promete don Juan a Tisbea?
7. ¿Qué es lo que cantan los pescadores y músicos?
8. ¿Qué hace Tisbea cuando se da cuenta de la burla?
9. ¿Logra suicidarse Tisbea? ¿Por qué?
10. ¿En qué van huyendo don Juan y Catalinón?

I

El rey Alfonso se entera de la burla de don Juan a Isabela

En el palacio de Sevilla, don Diego informa al rey que don Pedro Tenorio, su hermano, se queja de que hallaron a don Juan con la duquesa
Isabela, en la alcoba del mismo rey de Nápoles.

REY.	¿Isabela?
DON DIEGO.	Sí, señor, Isabela.
REY.	¡Qué atrevimiento temerario!° ¿Dónde está don Juan ahora?
DON DIEGO.	No te puedo ocultar° la verdad, mi rey. Anoche llegó a Sevilla con un criado suyo.
REY.	Ya sabes, Tenorio, que mucho te estimo. Informaré luego al rey de Nápoles después de casar a este rapaz° con Isabela. Esto devolverá el sosiego° al duque Octavio, quien sufre y es inocente. Luego, al punto,° haz que don Juan salga desterrado a Lebrija.[1] Lo hago por ti. De otra manera mal lo pagaría. Don Diego, ¿cómo explico esto a Gonzalo de Ulloa? Prometí casar a don Juan con Ana, su hija.
DON DIEGO.	¿Qué me mandas hacer, gran señor?
REY.	Tengo una solución. Lo haré mayordomo mayor.[2]

---

atrevimiento temerario reckless daring   **ocultar** to hide, conceal   **rapaz** lad, rascal   **sosiego** calm   **al punto** right away

[1] Lebrija is a town in the province of Seville.
[2] A *mayordomo mayor* was the Chief Steward, in charge of affairs in the palace.

Llega el duque Octavio

Anuncian la llegada del duque Octavio. Alfonso supone que querrá un duelo con don Juan. Don Diego le ruega al rey que no lo permita porque don Juan es su vida.°

DON DIEGO.	Señor, no permitas el desafío,° si es posible.
REY.	Yo comprendo, don Diego, es tu honor de padre.
	(*Entra el duque Octavio.*)
OCTAVIO.	Estoy a tus pies, gran señor. Soy un mísero desterrado quien quiere hacer una queja.°
REY.	Levántate, duque Octavio.
OCTAVIO.	Fui agraviado por un caballero y una mujer.
REY.	Ya sé, duque, tu inocencia. Le escribiré al rey de Nápoles para que te restituya.° Además te casaré, con la gracia° de tu rey, con la bella doña Ana, la hija del Comendador don Gonzalo de Ulloa. Ella es virtuosa y es el sol de las estrellas de Sevilla.[3]
OCTAVIO.	Quien espera en ti, señor, saldrá lleno de premios. Primer Alfonso eres, siendo onceno.[4]

Entran don Juan y Catalinón. Catalinón se mofa° de la condición del duque Octavio.

---

es su vida is the apple of his eye
desafío duel

queja complaint
te restituya reinstate you

con la gracia with the blessing
se mofa mocks

[3] *El sol de las estrellas de Sevilla*: Seville enjoyed a reputation for its beautiful women. Ana is the most beautiful according to Alfonso, who uses the metaphor of the sun to describe her and the stars to describe the beautiful women of Seville.

[4] *Primer Alfonso*: Octavio, grateful to Alfonso, flatters him by calling him "Alfonso I," although he was actually Alfonso XI.

CATALINÓN.	Señor, detente. Aquí está el duque Octavio, que es Sagitario, o mejor Capricornio⁵ de Isabela.
DON JUAN.	Disimula.°
CATALINÓN.	(*Aparte.*) Cuando le vende al duque, le adula.°⁶
DON JUAN.	Octavio, ¿qué tal? Sabes que cuando salí de Nápoles, de urgencia, por orden de mi rey, no tuve tiempo de despedirme de ti.
OCTAVIO.	Por eso, mi amigo, hoy nos juntamos los dos en Sevilla. ¿Quién viene allí?
DON JUAN.	Es el marqués de la Mota.
CATALINÓN.	Señores, Catalinón estará a vuestro servicio, en "Los Pajarillos" que es un tabernáculo excelente.⁷

(*Salen Octavio y Catalinón.*)

Los dos libertinos,° don Juan y el marqués de la Mota, hablan de sus conquistas amorosas.

———◆◆◆———

Comprensión

1. ¿Cómo reacciona Alfonso al enterarse de lo que hizo don Juan en Nápoles?
2. ¿Qué ordena Alfonso?

Disimula. Be quiet!
adula flatters

libertinos libertines, persons who are unrestrained by morality

⁵ Sagittarius (*Sagitario*) is the sign of the zodiac represented by a centaur with a bow and arrow in its hand. Catalinón seems to be distorting the traditional image of Cupid. Capricorn (*Capricornio*) is also a sign of the zodiac, represented by a goat with horns. The horns have traditionally been a symbol of wifely infidelity (cuckoldry). This is a reference to Don Juan's deception of Isabela.
⁶ Catalinón evokes the image of Judas, who sold Jesus Christ for thirty silver coins.
⁷ *tabernáculo*: The tabernacle in Catholic churches houses the consecrated bread and wine of the Eucharist. Catalinón refers jokingly to the wine by calling the tavern (*taberna*) a tabernacle.

3. ¿Por qué no ordena el rey un castigo severo para don Juan?
4. ¿Cómo soluciona el rey el problema con don Gonzalo?
5. ¿Qué cree el rey que va a querer el duque Octavio?
6. ¿Con quién casará Alfonso a Octavio? ¿Cómo reacciona Octavio? ¿Por qué?
7. ¿Adónde va Catalinón?

II
—

Los libertinos don Juan y el marqués de la Mota hablan de sus aventuras amorosas

El marqués ha buscado a don Juan todo el día y finalmente lo encuentra. Le saluda y en un diálogo muy atrevido le habla de las mujeres galantes de Sevilla.

DON JUAN.	Quiero salir esta noche contigo, para ir a cierto nido° que dejé. ¿Qué más hay de nuevo?
MOTA.	Quiero algo imposible.
DON JUAN.	¿Y ella no te corresponde?
MOTA.	Sí, ella me ama.
DON JUAN.	¿Quién es?
MOTA.	Es mi prima, doña Ana, la hija de don Gonzalo de Ulloa.
DON JUAN.	¿Es hermosa?
MOTA.	Es bellísima.
DON JUAN.	¿Es tan bella esa mujer? ¡Dios mío, tengo que verla!⁵

---

nido nest

⁵ Don Juan becomes increasingly intrigued by the beauty of Ana and decides to meet her.

MOTA.   Vas a ver la mayor belleza que los ojos del sol pueden ver.

DON JUAN.   Si es tan bella, ¿por qué no te casas con ella?

MOTA.   Porque el rey ya la tiene prometida a algún noble, y no sé quién es.[6]

DON JUAN.   ¿Te corresponde?

MOTA.   Sí, me escribe.

CATALINÓN.   (*Aparte.*) No prosigas porque te engaña el gran burlador de España.

DON JUAN.   ¿Por qué estás tan satisfecho así? ¿Temes desdichas?° Debieras sacarla, solicitarla, escribirla y engañarla, y que el mundo se queme.[7]

MOTA.   Estoy esperando para ver lo que pasa al final.

DON JUAN.   No pierdas la oportunidad. Te esperaré aquí.

MOTA.   Ya vuelvo más tarde.

(*Se va el marqués de la Mota.*)

DON JUAN.   Catalinón, síguele al marqués y ve qué hace.

(*Se va Catalinón.*)

(*La voz de una mujer le habla a don Juan desde la reja° de una casa.*)

MUJER.   ¡Hola, caballero! ¿Quién es usted?

DON JUAN.   ¿Quién me llama?

---

desdichas misfortunes   **reja** the grillwork over a window

[6] Marriages between close relatives were common in Europe. The nobility married its children from within the family, to maintain lineage, wealth, political alliances, etc. Hemophilia (a hereditary disease occasioned by a lack of genetic variety) was, thus, common among the nobility.

[7] In this passage, Don Juan shows himself to be an irresponsible, selfish scoffer. His attitude is well summarized by the Latin phrase *Carpe diem* (literally, "Seize the day"), meaning that life must be enjoyed, because death awaits (Horace, *Odes*, I, 11, 8).

MUJER.	Usted es prudente y cortés° y es amigo del marqués de la Mota. Por favor, entréguele este papel. En este papel está la felicidad de una señora.
DON JUAN.	Se lo entregaré a él porque soy su amigo y soy caballero.
MUJER.	Adiós, señor.

(Se va la voz.)

DON JUAN.	Se fue la voz. ¿No es magia esto? ¡Me ha llegado el papel por la estafeta° del viento! Estoy seguro que es de doña Ana. Me dan ganas de reír. Mi mayor placer es burlar a una mujer. Por eso toda Sevilla me llama El Burlador. Voy a leerlo . . . Aquí firma doña Ana, y dice así:

"Mi padre infiel° en secreto me ha casado, sin poderme resistir: no sé si podré vivir, porque la muerte me ha dado.

"Si estimas, como es razón,° mi amor y mi voluntad, y si tu amor fue verdad, muéstralo en esta ocasión.

"Porque veas que te estimo, ven esta noche a la puerta; que estará a las once abierta, donde tu esperanza, primo, goces,° y el fin de tu amor. Traerás, mi gloria,° por señas° de Leonorilla y las dueñas,° una capa de color.

"Mi amor todo de ti fío,° y adiós."[8]

---

cortés graciously polite	**tu esperanza . . . goces**	**por señas** as proof that it
estafeta courier, "mail"	your hopes will be	is you
infiel faithless	fulfilled	**dueñas** ladies of the court
como es razón as you	**mi gloria** my dearest	**todo de ti fío** is entirely in
should		your hands

[8] "My father has betrayed me. He arranged in secret for me to marry, without my consent. It is impossible for me to disobey him. I cannot go on living. If you love me, as I am sure you do, I beg you to do what I ask. You will not be sorry. I will prove my love for you. Come to my door, dear cousin, at eleven o'clock tonight. You will find the door open. Come inside, and I will fulfill all your hopes. Leonorilla and my maids will know you by your cloak. Wear your crimson cloak, my love. My destiny is in your hands. Farewell."

Don Juan no puede creer que la oportunidad le sea tan propicia.° No sabe que doña Ana ha sido destinada a ser la esposa de Octavio, por el mismo rey Alfonso. Piensa burlarla y engañar al marqués.

———————

Comprensión

1. ¿De qué hablan don Juan y el marqués?
2. ¿Qué quiere Mota? ¿A quién ama?
3. Describe a doña Ana.
4. ¿Por qué no teme Mota que don Juan conozca a doña Ana?
5. ¿Cómo es la relación entre Mota y doña Ana?
6. ¿Qué le sugiere don Juan a Mota?
7. ¿Qué pide la voz de una mujer?
8. Explica lo que dice la carta.
9. ¿Cómo reacciona don Juan?

III

Don Juan se promete burlar a doña Ana

Don Juan se promete hacer un engaño similar al de Isabela. Llega Catalinón, y don Juan le dice que hará una burla nueva. Catalinón censura a don Juan.

DON JUAN.	Tenemos que hacer mucho esta noche.
CATALINÓN.	¿Hay una burla nueva?
DON JUAN.	Extremada.
CATALINÓN.	No lo apruebo. El que vive burlando, terminará burlado. Pagará así todos sus pecados de una vez.[1]

---

propicia favorable

[1] *Pagará así todos sus pecados de una vez*: This resembles a Biblical reference: "He who lives by the sword shall die by the sword" (Matthew 26:52; Revelation 13:10).

DON JUAN.	Impertinente, ¿te has vuelto° predicador?°
CATALINÓN.	La razón hace al valiente.²
DON JUAN.	El temor hace al cobarde.³ El sirviente nada dice y todo hace. Acuérdate del dicho: "Quien más hace más gana".⁴ La próxima vez te despediré.°
CATALINÓN.	De aquí en adelante haré lo que mandes. A tu lado forzaré° a un tigre o a un elefante.
DON JUAN.	Calla, que viene el marqués de la Mota.

Regresa el marqués de la Mota y don Juan le da el mensaje de doña Ana. Le advierte que deberá llevar puesta su capa roja, pero cambia la hora de la cita amorosa de las once a las doce de la noche.

MOTA.	¡Ay, amigo! Mi esperanza renació° en ti. Quiero abrazar tus pies.⁵
DON JUAN.	¡Ana no está en mis pies!
MOTA.	¡Estoy loco! ¡Vamos, amigos!
DON JUAN.	(Aparte.) Sé que estás loco, pero a las doce, ¡harás mayores locuras!

Don Diego expulsa de Sevilla a su hijo don Juan por orden del rey

DON DIEGO.	Mira, Juan, que Dios te permite hacer estas cosas, pero acuérdate de que su castigo no tardará, porque hay castigo para los que profanan su nombre con juramentos. Dios es un juez severo en la muerte.⁶

---

te has vuelto have you turned into	**predicador** preacher	**forzaré** I will subdue
	te despediré I will fire you	**renació** was born again

² *La razón hace al valiente* is a saying similar to the English "Might makes right."

³ *El temor hace al cobarde*: literally, "Fear makes the coward."

⁴ *Quien más hace más gana*: This saying comes from the "Parable of the Talents" (Matthew 25:14–30) and the "Parable of the Pounds" (Luke 19:11–27).

⁵ Mota's reaction is ridiculously exaggerated.

⁶ Don Juan's greatest offense is his presumption that God's mercy can be taken for granted.

DON JUAN.   ¿En la muerte? ¿Tan largo me lo fiáis? De aquí a la muerte hay gran jornada.°[7]

DON DIEGO.   La jornada te parecerá muy corta.[8]

Don Diego, con lágrimas en los ojos, destierra a su hijo a Lebrija por todas sus malas acciones. Le dice que deja su castigo a Dios. Se va don Diego, y don Juan, insolente, se mofa diciéndole a Catalinón que llorar es condición propia de los viejos. Catalinón le llama a don Juan langosta de las mujeres,[9] y el burlador de España. Estos epítetos° agradan mucho a don Juan.

━━━◆◆◆━━━

Comprensión

1. ¿Qué nuevo plan tiene don Juan?
2. ¿Cómo reacciona Catalinón?
3. Explica el mensaje que le da don Juan a Mota.
4. ¿Con qué razones expulsa de Sevilla don Diego a don Juan?
5. ¿Con qué epítetos llama Catalinón a don Juan?

---

gran jornada a long way   **epítetos** nicknames, epithets

[7] Don Juan exemplifies the hedonistic enjoyment of life's pleasures expressed in the Latin phrase *Carpe diem* ("Seize the day"). This attitude was typical of the seventeenth century (the Baroque or Decadent period).

[8] Don Diego is an old man and knows life is short.

[9] *langosta de las mujeres*: "locust to all women." In the Old Testament, God sent plagues to punish the sins of nations and tribes (Exodus 10:1–20; Joel 1:4). Similarly, Don Juan punishes his victims, who are sinful. Don Juan, according to Catalinón, is the instrument of God's punishment.

IV

Don Juan fracasa en su burla a doña Ana, y mata a don Gonzalo

Esta noche el marqués de la Mota está festejando por la calle con unos músicos que están cantando una canción.

MOTA.	¡Ay, qué noche tan espantosa y fría![1] Ojalá ya fueran las doce de la noche, para ver a mi Ana . . . Oigo voces . . . ¿Quién va?
DON JUAN.	¡Amigo!
MOTA.	¿Eres don Juan?
DON JUAN.	Sí, marqués. Te reconocí por tu capa roja. ¿Qué casa miras, marqués?[2]
MOTA.	La casa de mi prima, doña Ana.
DON JUAN.	¿Qué hacemos esta noche?
MOTA.	Vamos de parranda.°
DON JUAN.	Yo quiero hacer una burla.
MOTA.	Pues, cerca de aquí me espera Beatriz.
DON JUAN.	Marqués, permíteme ir en tu lugar. ¡Te prometo que la burlaré!
MOTA.	Bien, usa mi capa roja. Imita mi voz, y cuando llegues a su celosía,° llámala, B-e-a-t-r-i-z. Ella creerá que soy yo. ¡Ja, ja, ja! . . . Te esperaré luego en las gradas de la Catedral.
DON JUAN.	Adiós, marqués.

Vamos de parranda. Let's party. **celosía** Venetian blind

[1] The night seems to predict tragic events. Mota notices the evil omens.
[2] Here Don Juan discovers the location of Doña Ana's home.

Don Juan y Catalinón no van donde Beatriz sino a la casa de doña Ana. Son las once de la noche. Entra don Juan en la alcoba de doña Ana, vestido con la capa roja del marqués. Ella lo descubre y grita.

ANA.	¡Falso, no eres el marqués! Tú me has engañado.
DON JUAN.	Te digo que soy el marqués.
ANA.	¡Fiero° enemigo, mientes, mientes!
	(Entra don Gonzalo con la espada desenvainada.)°
DON GONZALO.	¡Es la voz de mi hija Ana!
ANA.	¿No hay quien mate a este traidor?
DON GONZALO.	¡Qué atrevimiento tan grave!
ANA.	¡Mátalo!
DON JUAN.	¿Quién está aquí?
DON GONZALO.	¡La torre de mi honor que derribaste!°
Don Juan.	¡Déjame pasar!
DON GONZALO.	¿Pasar? Por la punta° de esta espada.
DON JUAN.	Morirás.
DON GONZALO.	No me importa nada.
DON JUAN.	¡Mira, que voy a matarte!
	(Don Juan hiere mortalmente a don Gonzalo.)
DON GONZALO.	¡Ay, me has herido!
DON JUAN.	Tú así lo quisiste.
DON GONZALO.	Muero ahora, pero mi furia te seguirá después de mi muerte, porque eres un traidor, y el traidor es traidor porque es cobarde.

Fiero Cruel   **derribaste** you demolished   **punta** tip
desenvainada unsheathed

Don Juan mata a don Gonzalo, quien al morir le promete que su furor lo seguirá después de la muerte. Don Juan huye.

——————◆◆◆——————

Comprensión

1. ¿Qué hace Mota esa noche?
2. ¿Cómo reconoce don Juan a Mota?
3. ¿Cómo sabe don Juan en qué casa vive doña Ana?
4. ¿Qué quiere hacer esa noche don Juan?
5. ¿Por qué quiere ir don Juan en lugar de Mota a casa de Beatriz?
6. ¿Adónde van don Juan y Catalinón?
7. ¿Por qué fingió ser Mota don Juan?
8. ¿Qué quiere doña Ana que haga su padre?
9. ¿Por qué no le importa morir a don Gonzalo?
10. ¿Qué promesa hace don Gonzalo al morir?

V

Don Diego acusa al marqués de la Mota de haber matado a don Gonzalo

El marqués espera, impaciente, su capa roja. Se acercan las doce de la noche. Es la hora de la cita con doña Ana. El marqués no puede ir sin su capa roja.

MOTA.   ¡Don Juan se demora° mucho! Muy pronto serán las doce.

          (*Entra don Juan.*)

MOTA.   ¿Eres don Juan?

---

se demora is delaying

DON JUAN.	Yo soy. Aquí te devuelvo tu capa.
MOTA.	¿Qué tal la aventura?
DON JUAN.	Fue funesta.° Hubo un muerto.
MOTA.	¿Burlaste a Beatriz?
DON JUAN.	Sí, burlé.[1]
CATALINÓN.	(*Aparte.*) Y te ha burlado también a ti.
DON JUAN.	La burla resultó muy cara.
MOTA.	Don Juan, yo la tendré que pagar porque Beatriz me culpará a mí . . .
DON JUAN.	Adiós, marqués.

El marqués responde con angustia° que él mismo tendrá que pagar cara la burla porque Beatriz probablemente reconoció la capa roja. Don Juan se despide y huye con Catalinón. El marqués, una vez solo, escucha voces que se lamentan.

VOCES.	(*Dentro.*) ¿Se vio desdicha mayor, se vio mayor desgracia?
MOTA.	Oigo voces en la plaza del Alcázar.[2] ¿Qué podrá ser a estas horas? ¿Por qué habrá tantas antorchas° encendidas en la casa de don Gonzalo? ¡Siento que se me hiela el corazón!
	(*Entra don Diego con guardas.*)
DON DIEGO.	¡Alto!° ¿Quién va?
MOTA.	El marqués de la Mota. Quiero saber la causa de tanto ruido y alboroto.°

---

funesta fatal	**antorchas** torches	**alboroto** disturbance,
con angustia with anguish, distress	**¡Alto!** Stop!	hoopla

[1] *Sí, burlé*: Notice that Don Juan does not use the direct object pronoun *la*; therefore, he says merely, "I deceived," instead of "I deceived her."

[2] The *plaza del Alcázar* is the square in front of the famous Moorish castle, *El Alcázar*, which is one of the historical and architectural high points of Seville.

Don Diego.	¡Guardas, aprésenlo!³
Mota.	¿Hablan así al marqués de la Mota?
Don Diego.	El rey me ordena prenderte. Dame tu espada.
Mota.	¡Dios mío!

(*Entran el rey y su acompañamiento.*)

Rey.	¡No hay lugar donde el criminal se pueda esconder!
Don Diego.	Señor, aquí está el culpable.
Mota.	¿Vuestra Alteza manda que me apresen a mí?
Rey.	Llévenlo y pongan su cabeza en una escarpia.°
Mota.	Me espanta el enojo del rey. No sé por qué me llevan preso.
Don Diego.	Tú lo sabes mejor que nadie.
Mota.	¡Esta es una confusión extraña!⁴
Rey.	Fulmínese° el proceso,° y mañana córtenle la cabeza al marqués. Y a don Gonzalo de Ulloa entiérrenlo con la solemnidad y grandeza que se da a personas reales y sacras.° Hágase un sepulcro° con una estatua de bronce y piedra labrada. Póngase en su epitafio, en letras góticas, la causa de su venganza. Yo pagaré por todo. ¿Dónde está doña Ana?
Don Diego.	Está con la reina.
Rey.	Castilla ha de sentir la falta del comendador. La orden de Calatrava llorará su ausencia.

---

escarpia spike
Fulmínese Do it lightning fast

proceso trial (law)
sacras sacred

sepulcro burial monument, tomb

³ Evidently, Doña Ana did not know Don Juan personally. However, Leonorilla and other females in the household were instructed to let Mota in the house if they saw his red cape. In the confusion, Doña Ana never explained that the man wearing the red cape was not Mota.
⁴ Mota has no idea of what is happening.

Comprensión

1. ¿Por qué no puede ir Mota a su cita con doña Ana?
2. Explica la equivocación de la hora.
3. ¿Qué teme Mota? ¿Por qué se preocupa de lo que piensa Beatriz?
4. ¿Qué exclama la gente en la plaza del Alcázar?
5. ¿Por qué manda don Diego que apresen a Mota?
6. ¿Por qué se espanta Mota?
7. ¿Por qué no sabe Mota lo que ha sucedido?
8. ¿Cómo será el sepulcro de don Gonzalo?
9. ¿Qué siente el rey por la muerte de don Gonzalo?

VI

Don Juan interrumpe la boda° de los pastores° Aminta y Batricio

Don Juan y Catalinón huyen hacia Lebrija. Se detienen° en Dos Hermanas,[1] donde se celebra la boda de Batricio y Aminta. Están presentes además, Gaseno, el padre de Aminta, Belisa, pastores y músicos.

GASENO.	Cantáis muy bien. No hay más sones° en los kiries.[2]
BATRICIO.	Tus rayos, Aminta, compiten con el sol de abril.
AMINTA.	¡Gracias, Batricio! Eres falso y lisonjero.°
	(*Entra Catalinón.*)
CATALINÓN.	Señores, van a tener un huésped en su boda.
GASENO.	En esta boda habrá un personaje notorio.° ¿Quién viene?

---

boda wedding
pastores shepherds
Se detienen They stop

sones songs
lisonjero flatterer

notorio well-known, famous

[1] *Dos Hermanas* is a town situated southeast of Seville. It is approximately halfway between Seville and Lebrija.

[2] The kyrie (*kirie*) is a prayer recited at the beginning of the Catholic mass. In Greek, *kyrie eleison* means "Lord, have mercy."

CATALINÓN.	Don Juan Tenorio.
GASENO.	¿El padre?
CATALINÓN.	No ese Tenorio.
BELISA.	Será entonces su hijo, el galán.
BATRICIO.	Lo tengo por mal agüero.°³ Galán y caballero, siento celos. ¿Quién le informó de mi boda?
CATALINÓN.	Estamos pasando de camino a Lebrija.
BATRICIO.	(*Aparte.*) El demonio lo envió. ¡Un caballero en mis bodas! ¡Mal agüero!

Gaseno quiere invitar a todos. Dice que venga el coloso de Rodas,⁴ venga el Papa,° venga el Preste Juan⁵ o el mismo Alfonso Onceno, que verán ánimo y valor en Gaseno.

GASENO.	En la boda habrá montes de pan, Guadalquivires de vino,⁶ Babilonias de tocino,⁷ ejércitos de pollos y palominos.° Venga don Juan a honrar mis viejas canas° hoy en Dos Hermanas. (*Entra don Juan Tenorio.*)

---

agüero omen   **palominos** young doves   **canas** gray hair
Papa Pope

³ Common people at this time were extremely superstitious. In addition, Batricio's instincts are sound; his marriage is in danger.

⁴ *el coloso de Rodas:* The Colossus of Rhodes was a gigantic statue of Apollo, erected at the entrance to the Gulf of Rhodes, in Greece. The ancients considered it one of the seven wonders of the world. The statue eventually collapsed during an earthquake and was destroyed.

⁵ *el Preste Juan:* Prester John was a legendary medieval Christian priest and king of fabulous wealth and power. It was believed that he was a descendant of the Three Magi. According to the legend, he had defeated the Moslem kings of Persia. The kingdom of Prester John was believed to be in the area now known as Ethiopia. Many legends concerning this fabulous king circulated throughout Europe during the Middle Ages. During the sixteenth century (the period of travels and discoveries), many adventurers traveled there and were disappointed because the kingdom lacked the wealth and power described in the legend.

⁶ *Guadalquivires de vino:* The Guadalquivir River is one of Spain's longest. Gaseno pretentiously boasts of having enough wine at the wedding to rival the volume of water in the river.

⁷ *Babilonias de tocino:* "Babylons of bacon" is a reference to the ancient city of Babylon, which was famous in ancient times for its splendor and luxury. Any place distinguished by material wealth and comfort was called "Babylon."

DON JUAN.	Al pasar por Dos Hermanas me he enterado de que hay bodas. Quiero disfrutar° esta ocasión.
GASENO.	Vuestra Merced° viene a honrarlas y engrandecerlas.°
BATRICIO.	Yo soy el novio, y son mis bodas. (*Aparte.*) Vienes en mala hora.
GASENO.	Muévete, Batricio, deja que se siente a la mesa don Juan.
DON JUAN.	Con tu permiso, Batricio, quiero sentarme junto a la novia.
BATRICIO.	Si te sientas junto a ella, señor, serás tú el novio.
DON JUAN.	Eso no estaría mal.
GASENO.	Señor, es el lugar de Batricio . . .
DON JUAN.	Pido perdón por mi ignorancia.
CATALINÓN.	(*A don Juan.*) ¡Pobre novio!
DON JUAN.	Está corrido.°
CATALINÓN.	Ya lo vi. El pobre tiene que ser toro° porque será corrido.[8] Pobre Batricio, has caído en las manos de Lucifer.
DON JUAN.	Aminta, tengo mucha suerte de sentarme junto a ti. Siento envidia de Batricio.
AMINTA.	Parece que eres lisonjero.
BATRICIO.	Bien dije, ¡un caballero en mis bodas! ¡Mal agüero!

---

disfrutar to enjoy
Vuestra Merced Your
　Mercy

engrandecerlas exalt them
corrido embarrassed (made
　to run like a bull)

toro bull; cuckold

[8] Batricio's impending cuckoldry is alluded to with the sign of the horns and the play on words: "the bull in a bullfight" (*toro corrido*).

GASENO.   Vamos a almorzar, para que después pueda descansar
                don Juan.

                (*Don Juan toma la mano a Aminta.*)

DON JUAN.   ¿Por qué la escondes?°

AMINTA.   Di mi mano a Batricio.⁹

GASENO.   Vamos.

DON JUAN.   (*A Catalinón.*) ¿Qué dices de esto?

CATALINÓN.   Digo que vamos . . . a morir en manos de estos
                villanos.°¹⁰

Don Juan toma la mano de Aminta para llevarla al almuerzo. Catalinón
teme que los pastores los maten a él y a don Juan. Batricio, angustiado,
repite: "En mis bodas caballero, ¡mal agüero!" Y siente morirse.

———————◆————

Comprensión

1. ¿Quiénes son Gaseno, Aminta y Batricio?
2. ¿Qué dice Aminta de las lisonjas de Batricio?
3. ¿Quién invitó a las bodas a don Juan y a Catalinón?
4. ¿Qué le manda hacer Gaseno a Batricio?
5. ¿Cuál es la "ignorancia" de don Juan?
6. ¿Le corresponde Aminta a don Juan?
7. ¿Qué teme Catalinón?

---

escondes hide, take away   **villanos** peasants

⁹ *Di mi mano a Batricio:* Aminta and Batricio have taken their marriage vows before wit-
nesses, but their marriage has not yet been consummated. Don Juan wants to lead
Aminta by the hand, as a good courtier. However, she immediately understands his
intentions and does not lead him on, as Tisbea did.

¹⁰ The forewarning of death is frequently expressed by Catalinón.

JORNADA TERCERA

I

Don Juan burla a Aminta

Los celos cómicos de Batricio

BATRICIO.	Ya no puedo sufrir más. Supongo que después de la cena, vendrá don Juan a dormir con nosotros. Y si yo llego a mi mujer, él me dirá "¡Grosería,° grosería!" . . . Ya viene don Juan . . . Quiero esconderme, pero ya me vio.[1]
	(Entra don Juan.)
DON JUAN.	Batricio.
BATRICIO.	¿Qué manda vuestra merced?
DON JUAN.	Quiero que sepas algo muy importante.
BATRICIO.	*(Aparte.)* ¿Qué puede ser sino otra desdicha mía?
DON JUAN.	Batricio, hace muchos días declaré mi amor a Aminta. Le di mi alma.
BATRICIO.	¿Y su honor?
DON JUAN.	Me lo dio.
BATRICIO.	*(Aparte.)* Esto prueba lo que yo sospechaba.[2]

Grosería Crude, ill-
    mannered thing

[1] Batricio is a foolish country bumpkin and a ready source of humor. His main concern is his honeymoon night.
[2] Batricio is quick to suspect the worst of Aminta. Octavio suspected Isabela in the same way.

Mira despacio, Aminta, quién soy.

DON JUAN.	Aminta, viéndose olvidada de mí, para darme celos quiso casarse contigo. Entonces, desesperada, me escribió esta carta[3] llamándome. Batricio, sálvate,° porque mataré a quien me lo impida.°
BATRICIO.	Si es mi elección, quiero darte gusto. Gózala,° señor, mil años. Yo no quiero vivir con engaños.

Se va Batricio, y don Juan se jacta° de haberlo vencido con el honor. Dice también que los villanos tienen su honor en las manos° y siempre hacen lo que más les conviene.[4] Luego, don Juan engaña a Gaseno, pidiéndole la mano de su hija. Gaseno la concede con toda la inocencia; finalmente, el burlador burla a Aminta.[5]

CATALINÓN.	Señor, en Lebrija nos espera otra boda.[6] Vamos pronto. ¡Ojalá salgas bien!°
DON JUAN.	Mi padre, don Diego, es dueño° de la justicia y camarero mayor del rey. ¿Qué temes?
CATALINÓN.	Dios toma venganza no sólo de los culpables sino también de sus compañeros. Eso me pasará a mí.
DON JUAN.	Apresúrate.° Ensilla. Mañana iremos a Sevilla.[7]

---

sálvate save yourself	**honor en las manos** honor	**¡Ojalá salgas bien!** I hope
impida stop, hinder	on their hands (not in	that you come out well!
Gózala Enjoy her	their hearts)	**dueño** master
se jacta boasts		**Apresúrate.** Hurry.

[3] Some lapse of time occurs here. Peasant weddings lasted up to three days at this time. Batricio, of course, cannot read or write. It is improbable that Aminta could either. The situation, thus, is comical.

[4] Don Juan expresses his scorn toward these peasants who are concerned for their honor. Peasants thought of honor, not in terms of virtue and integrity, but as the way in which the individual was perceived by others. However, in several Golden Age plays, proud peasants do consider honor as personal virtue.

[5] Gaseno's vanity prevents him from understanding what is going on. Given the differences in social standing, this is an impossible marriage. Gaseno thinks that Aminta is, in fact, worthy of Don Juan.

[6] The events of the play do not indicate that Don Juan knew about the King's order to marry Isabela.

[7] Don Juan disobeys a direct order from his King. He will not go to Lebrija but will return to Seville.

Don Juan engaña a Aminta

Es la medianoche y don Juan mira la constelación de Pléyades[8] y siente ansias de estar con la novia. Llega a la casa de Aminta.

AMINTA.	¿Quién llama a Aminta? ¿Es mi Batricio?
DON JUAN.	No soy tu Batricio.
AMINTA.	Pues, ¿quién eres?
DON JUAN.	Mira despacio, Aminta, quién soy.
AMINTA.	¡Ay de mí! ¡Estoy perdida! ¿En mi alcoba, don Juan, a estas horas?
DON JUAN.	Estas son las horas mías.[9]
AMINTA.	¡Sal de aquí, o daré voces! Ve que hay Lucrecias[10] vengativas también en Dos Hermanas.
DON JUAN.	¡Escúchame dos palabras!
AMINTA.	Vete, que vendrá mi esposo Batricio.
DON JUAN.	Yo soy ahora tu esposo.
AMINTA.	¿Quién lo ha tratado?
DON JUAN.	Mi dicha.°
AMINTA.	¿Quién nos casó?
DON JUAN.	Tus ojos.[11]

Mi dicha. My good fortune.

[8] In Greek mythology, the Pleiades were the seven daughters of Atlas and Pleione. Pursued by the god Orion, they fled. Orion continued his pursuit unsuccessfully until Zeus set the sisters in heaven as a group of stars, or constellation. Even today, Orion, as a constellation himself, continues to pursue the Pleiades in the heavens, still unsuccessfully.

[9] Don Juan, like the devil, walks at midnight. This is another allusion to Don Juan as a satanic figure.

[10] Lucretia (*Lucrecia*) was the wife of Collatinus. When assaulted by the Roman Emperor Sextus Tarquinus, she committed suicide. Lucretia was often mentioned in classically influenced literature as the epitome of marital fidelity.

[11] Don Juan states that Aminta's eyes wed them, not a priest.

AMINTA.	¿Con qué poder?
DON JUAN.	Con la vista.
AMINTA.	¿Lo sabe Batricio?
DON JUAN.	Sí, y ya te ha olvidado.
AMINTA.	¿Ya me ha olvidado?
DON JUAN.	Sí, y yo te adoro.
AMINTA.	¿Cómo?
DON JUAN.	Con mis dos brazos.
AMINTA.	¡Qué gran mentira!
DON JUAN.	Escúchame, Aminta, y sabrás la verdad. Yo soy noble caballero, de los Tenorio, quienes ganaron a Sevilla de los moros.[12] Mi padre en la corte es segundo solamente al rey Alfonso. Tiene en sus labios el poder de vida o muerte. Cuando te vi por primera vez, te adoré. Contigo me casé. Y aunque el rey se oponga, y aunque mi padre trate de impedirlo, tengo que ser tu esposo. ¿Qué respondes?
AMINTA.	No sé qué decir. Tal vez tus palabras sean mentiras. Estoy casada con Batricio y no está disuelto el matrimonio.
DON JUAN.	Si no ha sido consumado, puede anularse.
AMINTA.	Todo era sencillo con Batricio.
DON JUAN.	Dime que sí, dándome tu mano.
AMINTA.	¿No me engañas? Pues jura que cumplirás tu palabra.
DON JUAN.	Juro a tu bella mano[13] que cumpliré mi palabra.
AMINTA.	Jura a Dios que te maldiga si no la cumples.

---

[12] *los moros:* The Moors invaded Spain in 711 and were finally expelled in 1492. Seville was one of the last Moorish strongholds to fall to Christian armies.

[13] Don Juan swears this time to Aminta's hand, not to her person, again implying his lack of seriousness.

| Don Juan. | Si te falta mi palabra, ruego a Dios que me mate un hombre . . . (*aparte*) muerto. ¡Dios te guarde,° no vivo, ji, ji!¹⁴ |
| Aminta. | Pues con ese juramento, soy tu esposa. |

Don Juan le promete plata, oro, collares, sortijas y perlas finas. Aminta lo llama su esposo, y le dice que es suya. Don Juan se jacta (*aparte*): "¡Qué mal conoces al burlador de Sevilla!"

⸺⸺•◆•⸺⸺

Comprensión

1. ¿Qué supone Batricio?
2. ¿Qué explica don Juan a Batricio? ¿Le dice la verdad o una mentira?
3. ¿Siente un amor verdadero Batricio por Aminta?
4. ¿Qué piensa don Juan del honor de los villanos?
5. ¿Cómo engaña don Juan a Gaseno?
6. ¿Qué dice Catalinón de la venganza de Dios?
7. ¿Cómo reacciona Aminta al reconocer a don Juan?
8. ¿Cuál es la gran mentira que don Juan le cuenta a Aminta?
9. ¿Qué jura don Juan en el aparte?
10. ¿Por qué cambia el amor de Aminta rápidamente de Batricio a don Juan?

Dios te guarde May God
keep you

¹⁴ Don Juan will indeed be killed at the hands of a dead man.

II

Cambia la suerte de don Juan

Isabela llega a España y se entera de la burla a Tisbea

La galera de la duquesa Isabela encuentra un fuerte huracán y se refugia°
en Tarragona.[1] La duquesa viene a casarse con don Juan Tenorio por
orden del rey de Nápoles. Ve en la playa a una bella pescadora quien sus-
pira, se lamenta y llora tiernamente.° Es Tisbea quien le confía su mal.

ISABELA.	¿Por qué lamentas al mar tan tiernamente, hermosa pescadora?
TISBEA.	Doy al mar mil quejas.° ¡Dichosa tú, porque no tienes cuidados y te ríes del mar!
ISABELA.	Yo también tengo quejas para el mar. ¿De dónde eres?
TISBEA.	Soy de esas tristes cabañas que puedes ver en la playa. Y tú, ¿eres Europa llevada por estos blancos toros?[2]
ISABELA.	Me llevan, contra mi voluntad, a casarme en Sevilla.
TISBEA.	Llévame contigo y te serviré como humilde esclava. Quiero pedir justicia al rey de un cruel engaño: naufragó aquí don Juan Tenorio. Lo salvé, lo hospedé y él juró ser mi esposo. Me burló y huyó de mí.
ISABELA.	¡Calla, mujer maldita! ¡Vete de mi presencia! Mas, no, . . . no es tu culpa . . . Te llevaré conmigo. ¿Quién más vendrá contigo?

---

se refugia takes refuge   **tiernamente** tenderly   **mil quejas** many sorrows

[1] Notice the role that coincidence plays once again. Don Juan and Isabela both run into
bad weather, and both end up in Tarragona.

[2] In classical mythology, Europa, the daughter of the King of Phoenicia, was carried away
by Jupiter (Zeus), who took on the form of a white bull. Jupiter abandoned Europa on
the coast of Tarragona, as Isabela is now abandoned there. Tisbea may also be referring
to the oxen that pulled large ships onto the shores at Spanish ports.

TISBEA.	Anfriso, mi pretendiente,° que es testigo de mis males.
ISABELA.	Ven conmigo. (*Aparte.*) Mi venganza será perfecta.

Don Juan desobedece la orden real y regresa a Sevilla

CATALINÓN.	¡Todo está en mal estado!
DON JUAN.	¿Cómo?
CATALINÓN.	Octavio ya sabe que tú burlaste a Isabela. El de la Mota ya se enteró que cambiaste la hora del encuentro con su prima, y vestiste su capa roja para tratar de engañarla. Dicen que ya llega a Sevilla Isabela para casarse contigo. Dicen . . .
DON JUAN.	¡Calla! (*Le da un bofetón° en la boca a Catalinón.*)
CATALINÓN.	¡Me has roto una muela!°
DON JUAN.	Hablador, ¿quién te ha dicho tanto disparate?°
CATALINÓN.	Es la verdad, señor.
DON JUAN.	No te pregunto si es verdad. ¿Octavio me quiere matar? ¿No tengo yo manos? ¿Estoy muerto? Catalinón, ¿dónde me alquilaste° posada?°
CATALINÓN.	En una hospedería,° en una calle bien oculta.°
DON JUAN.	Bien.
	(*Entran casualmente en una iglesia.*)
CATALINÓN.	¡La iglesia es un lugar sagrado!
DON JUAN.	Di, Catalinón, que me den aquí muerte, pero de día.[3] ¿Has visto a Batricio?
CATALINÓN.	Lo vi muy triste.

---

pretendiente suitor
Le da un bofetón He
  punches him
muela tooth

disparate foolishness
alquilaste did you rent,
  reserve

posada lodging
hospedería inn
oculta out of the way

[3] *muerte, pero de día:* Don Juan may be concerned with his own salvation.

DON JUAN.	Aminta no se dará cuenta del chiste todavía. Ya son dos semanas.
CATALINÓN.	Está engañada. Se cree ya tu esposa y se llama doña Aminta.

Don Juan y Catalinón caminan y miran dentro de la iglesia.

Comprensión

1. ¿Qué le relata Tisbea a Isabela?
2. ¿Cómo reacciona inicialmente Isabela? ¿Por qué?
3. ¿Dónde están don Juan y Catalinón?
4. Según Catalinón, ¿por qué están en mal estado las cosas?
5. ¿Por qué entran Catalinón y don Juan en una iglesia?
6. Según don Juan y Catalinón, ¿qué piensa Aminta?

III

Don Juan invita burlonamente° a cenar a la estatua de don Gonzalo

Don Juan y Catalinón se pasean dentro de una iglesia de Sevilla. Descubren casualmente la capilla con el sepulcro de don Gonzalo de Ulloa, con su estatua encima.

CATALINÓN.	¡Aquí está enterrado don Gonzalo de Ulloa!
DON JUAN.	Es él a quien yo maté. ¡Le han hecho un gran sepulcro!
CATALINÓN.	Pues, así lo ordenó el rey. ¿Qué dice ese epitafio?

---

burlonamente mockingly

Don Juan.	Aquí aguarda del Señor, el más leal caballero, la venganza de un traidor.[1] ¡Me da risa el mote° que me da . . . de traidor! (*Le habla en chanza° a la estatua.*) ¿Y vas a vengarte, buen viejo, de barbas de piedra? (*Le mesa° la barba.*)[2]
Catalinón.	No puedes pelarlas° porque son de piedra.
Don Juan.	Buen viejo, te invito a cenar esta noche en mi posada. Allí haremos el desafío, si quieres venganza.
Catalinón.	¡Señor, vamos a casa! ¡Ya anochece![3]
Don Juan.	Buen viejo, tu venganza ha sido larga . . . Si quieres vengarte de mí, no debes estar dormido.

La estatua acepta la invitación de don Juan

Esa noche se producen episodios fantásticos. En la hospedería de don Juan, ponen la mesa° sus criados. Don Juan se sienta a la mesa y escuchan todos un golpe espantoso en la puerta. Catalinón está trémulo° de miedo. Don Juan manda a un criado a ver quién es. Éste regresa corriendo lleno de miedo y no puede hablar.

Don Juan.	¡No puedo resistir mi cólera! Ve tú, Catalinón.
Catalinón.	¿Yo, señor?
Don Juan.	Ve. Muévete.

---

mote nickname
en chanza jokingly
mesa pulls at, tears at

pelarlas pluck them
ponen la mesa set the table

trémulo trembling

[1] Don Gonzalo's epitaph contains a challenge to a duel with Don Juan: "Here lies buried a loyal gentleman, to whom God has promised vengeance on an evil traitor!"
[2] *Le mesa la barba:* The pulling of a man's beard was a great insult. There are frequent references to this offense to dignity in medieval Spanish literature. El Cid pulled the beard of García Ordóñez, causing serious difficulties.
[3] Catalinón is very frightened.

CATALINÓN.	A mi abuela hallaron ahorcada, y desde entonces creo que es su alma en pena.° ¡Señor, tú bien sabes que soy un Catalinón!⁴
DON JUAN.	Ve. Muévete.
CATALINÓN.	¡Hoy muere Catalinón! ¿Y si son las mujeres que burlaste que vienen a vengarse de los dos?

Catalinón finalmente abre la puerta, ve y regresa corriendo; se cae y se levanta diciendo incoherencias.

CATALINÓN.	¡Válgame Dios! ¡Me matan! ¡Me tienen!
DON JUAN.	¿Quién te mata? ¿Quién te tiene?
CATALINÓN.	Señor, yo allí vide,° luego fui . . . —¿Quién me ase?° Llegué, cuando . . . después, ciego . . . Cuando vile,° juro a Dios° . . . Habló y dijo: ¿Quién eres tú? Respondió, respondí . . . luego . . . Topé° y vide . . . ⁵
DON JUAN.	¡Cómo emborracha el vino!°⁶ Dame esa vela, gallina. Yo mismo voy a ver quién llama.

Toma don Juan una vela y llega a la puerta; ve allí a la estatua de don Gonzalo. Don Juan se retira turbado, empuñando su espada en una mano y la vela en la otra. La estatua camina hacia don Juan con pasos menudos,° y al compás. Don Juan se retira.

DON JUAN.	¿Quién es?
DON GONZALO.	S-o-y y-o.
DON JUAN.	¿Quién eres tú?

---

es su alma en pena her soul is in sorrow
vide I saw
ase grabs me

vile I saw him
juro a Dios I swear to God
Topé I bumped into him

¡Cómo . . . vino! How wine gets one drunk!
menudos small

⁴ Catalinón invents the absurd story of his grandmother's suicide to delay going to the door. If his grandmother had indeed committed suicide, according to the Church, her soul would have been damned. Catalinón is actually concerned with saving his own skin.

⁵ Catalinón, in a panic, speaks archaic Spanish and gibberish.

⁶ *¡Cómo emborracha el vino!*: Don Juan assumes that Catalinón is drunk.

Don Gonzalo.　Soy el caballero honrado a quien convidaste° a cenar.

Don Juan.　Habrá cena para los dos, y si vienen más contigo, también cena habrá para todos. La mesa ya está puesta. Siéntate.

Catalinón hace preguntas cómicas a la estatua

Se sientan a la mesa don Juan y la estatua de don Gonzalo. Catalinón trata de mostrarse sereno como su señor y gasta bromas° a la estatua. Ésta responde a sus preguntas festivas con signos de la cabeza. Don Juan, enfadado, le manda sentarse a Catalinón.

Don Juan.　Siéntate, Catalinón.

Catalinón.　No, señor, lo recibo por cenado.°

Don Juan.　¿Por qué temes a un muerto?

Catalinón.　Cena tú con tu invitado, porque yo ya he cenado.

Don Juan.　¡Me enojo!

Catalinón.　¡Señor, por diez huelo mal!°⁷

Don Juan.　¡Siéntate! Te estoy esperando.

Catalinón.　¡Vive Dios que huelo mal! Huelo a muerto, y mis pantalones huelen a muerto.

Los criados tiemblan de miedo. Catalinón dice que no quiere cenar con gente de otro país y pregunta a don Juan:

Catalinón.　¿Yo, señor, cenar con convidado de piedra?⁸

Don Juan.　Es temor de necios.° Él es de piedra, ¿qué te puede hacer?

---

convidaste you invited
gasta bromas he cracks jokes

lo recibo por cenado pretend I have eaten already

¡por diez huelo mal! by golly, I stink!
temor de necios fear of fools

⁷ *huelo mal:* Catalinón has soiled his own trousers. In *Don Quijote*, Sancho Panza had a similar accident (in the episode of the hammer mills).

⁸ *El convidado de piedra* is the alternate title for this play.

CATALINÓN.   Puede descalabrarme.°

Don Juan manda a Catalinón que le hable a don Gonzalo con cortesía.

CATALINÓN.   ¿Cómo está, don Gonzalo? ¿Es la otra vida un buen
                    lugar? ¿Es llano° o es sierra?° ¿Hay premios para los
                    poetas?⁹ ¿Hay tabernas allá? Deberá haber, porque
                    Noé¹⁰ vive allí.

La estatua de don Gonzalo responde bajando la cabeza y hace señas para
que quiten la mesa° y le dejen solo con don Juan. Catalinón advierte a
don Juan que no se quede con la estatua de piedra porque puede matar
de un golpe a un gigante. Se van todos y se quedan solamente la estatua
y don Juan.

————◆◆◆————

Comprensión

1. ¿Qué descubren don Juan y Catalinón en la iglesia?
2. ¿Qué le asombra a don Juan?
3. ¿Por qué se ríe don Juan?
4. ¿Qué invitación hace don Juan?
5. ¿Por qué quiere regresar a casa Catalinón?
6. Después de poner la mesa, ¿qué ocurre?
7. ¿Qué razón da Catalinón para no ir a abrir la puerta?
8. ¿Cómo reacciona don Juan al miedo del criado y de Catalinón?
9. ¿Qué ve don Juan cuando abre la puerta? ¿Cómo responde?
10. ¿Por qué dice Catalinón que huele mal?
11. En tus palabras, ¿qué dice la canción?
12. Según Catalinón, ¿por qué no habrá buena resolución?

---

descalabrarme crack my head	**llano** flat land **sierra** mountain	**quiten la mesa** clean off the table

⁹ Prizes for poets have been awarded since ancient times.
¹⁰ *Noé*: Noah was the first man to discover wine (Genesis 9:20–21).

IV

La estatua de don Gonzalo corresponde la invitación de don Juan y lo invita a cenar en su capilla°

Don Juan y la estatua de don Gonzalo están solos. La estatua le habla con voz de ultratumba.°

DON GONZALO. ¿Me das tu palabra de caballero que cumplirás lo que te pediré?

DON JUAN. Tengo honor, y cumplo mi palabra porque soy caballero.

DON GONZALO. Dame tu mano; no temas.

DON JUAN. ¿Eso dices? ¿Yo, temer? Si fueras el mismo infierno, te daría la mano. (*Le da la mano.*)[1]

DON GONZALO. Bajo tu palabra y afirmado por tu mano, te esperaré mañana a las diez para la cena. ¿Vendrás?

DON JUAN. Yo creí que querías una empresa° mayor. Mañana seré tu huésped. ¿Adónde iré?

DON GONZALO. A mi capilla.

DON JUAN. ¿Iré solo?

DON GONZALO. No, ven con Catalinón y cúmpleme tu palabra como la he cumplido yo.

DON JUAN. Te prometo que la cumpliré, porque soy Tenorio.

DON GONZALO. Y yo soy Ulloa.

DON JUAN. Iré sin falta.

DON GONZALO. (*Camina hacia la puerta.*) Lo creo. Adiós.

---

capilla chapel   **de ultratumba** from the other world   **empresa** undertaking

[1] Don Gonzalo asks Don Juan for his hand, bringing to mind the times Don Juan asked for the hand of Isabela, Tisbea, and Aminta. Don Gonzalo imposes death as punishment for Don Juan's sins. Also, *dar la mano* implies the sealing of a gentleman's agreement. Don Juan will keep his agreement this time.

Don Juan.	Adiós. Espera, te iré alumbrando.°
Don Gonzalo.	No alumbres, que en gracia estoy.[2]

La estatua de don Gonzalo se va caminando con pasos menudos, poco a poco, mirando a don Juan y don Juan a él, hasta que desaparece la estatua. Don Juan siente pavor,° pero trata de hallar una explicación lógica.

Don Juan.	¡Válgame Dios! Todo mi cuerpo está bañado de sudor. Se me hiela el corazón. Pero todas estas cosas son producto de mi imaginación. Mañana iré al convite del Comendador, para que toda Sevilla se admire de mi valor.

El rey ordena los matrimonios: el de don Juan e Isabela, y el del marqués de la Mota y doña Ana

En el palacio de Sevilla, don Diego informa al rey que ya llegó Isabela. El rey manda que se aliste° don Juan para la boda.

Rey.	Quiero que don Juan se vista muy galán. Esto será un placer para todos. Desde hoy le haré conde de Lebrija.[3] Isabela perdió un duque, pero ganó un conde.
Don Diego.	Besamos tus pies por esta merced.
Rey.	Don Diego, tus servicios son muy grandes. Me parece que debemos hacer las bodas de doña Ana al mismo tiempo.
Don Diego.	¿Con el duque Octavio?
Rey.	No, con el marqués de la Mota. Doña Ana y la misma reina me han pedido que perdone al marqués. Ve a la fortaleza de Triana[4] y dile que por los ruegos de su prima, le perdono.

---

alumbrando shining a light   **pavor** terror   **se aliste** get ready

[2] . . . *en gracia estoy:* "My way is lit by the grace of God."

[3] As mentioned previously, Alfonso is very fond of Don Juan. He even has a say in the way Don Juan dresses. By the King's favor, Don Juan becomes Count of Lebrija.

[4] *fortaleza de Triana:* The Moorish castle of Triana was located in a suburb of Seville on the Guadalquivir River. It served as a prison.

Don Diego.	Se ha hecho lo que yo tanto deseaba.
Rey.	Infórmale que esta noche serán las bodas. Informa también al duque Octavio. El pobre es desdichado con las mujeres. Dicen que quiere vengarse de don Juan.
Don Diego.	No me extraña, porque ya ha sabido que don Juan burló a Isabela. Señor, . . . allí viene el duque.

La demanda del duque Octavio

Entra el duque Octavio. Alfonso le pide a don Diego que se quede allí, a su lado, para que Octavio no crea que don Diego sabe del delito de su hijo.

Octavio.	Dame los pies, invicto° rey.
Rey.	Levántate, duque, y dime lo que quieres.
Octavio.	Ya sabes que don Juan Tenorio, con española arrogancia, burló a Isabela.
Rey.	Sí, lo sé. Dime, ¿qué pides?
Octavio.	Un duelo de honor con don Juan.
Don Diego.	¡Eso no!
Rey.	¡Don Diego, calma!
Octavio.	¿Quién eres que hablas frente al rey de esa manera?
Don Diego.	Callo porque me lo manda el rey; si no, te respondería con esta espada.
Octavio.	Eres un viejo.
Don Diego.	Fui joven en Italia, y conocieron mi espada en Nápoles.
Octavio.	No vale "fui", sino "soy".
Rey.	¡Basta, caballeros! Duque, después de las bodas hablaremos más despacio. Mientras tanto quiero que

---

invicto undefeated

sepas que don Juan es un gentilhombre de mi cámara y es mi hechura.[5] Es hijo de don Diego. Tú mirarás por el.

OCTAVIO.	Haré lo que me mandas, gran señor.
REY.	Don Diego, ven conmigo.
DON DIEGO.	(*Aparte.*) ¡Ay, hijo! Qué mal pagas mi amor.
REY.	Duque, mañana se celebrarán tus bodas.
OCTAVIO.	Se hará lo que tú mandes.

Aminta y Gaseno llegan a Sevilla para pedir justicia al rey. Octavio quiere vengarse.

Gaseno y Aminta llegan a Sevilla en busca de don Juan Tenorio y encuentran al duque Octavio, a quien preguntan dónde podrán encontrarlo. El duque, intrigado, quiere saber la razón. Aminta responde que don Juan es su esposo.

AMINTA.	Es mi esposo ese galán.
OCTAVIO.	¿Cómo?
AMINTA.	Pues, ¿no lo sabes siendo del palacio° tú?
OCTAVIO.	No me ha dicho nada don Juan.
GASENO.	¿Es posible?
OCTAVIO.	¡Claro que es posible!

---

siendo del palacio being a courtier

[5] *mi hechura:* As mentioned previously, Alfonso had a part in rearing Don Juan.

Te prometo que la cumpliré, porque soy Tenorio.

GASENO.	Doña Aminta⁶ es muy honrada. Ella es cristiana vieja hasta los huesos.⁷ Tiene una gran hacienda° en Dos Hermanas. Don Juan se casó con ella. Se la quitó a Batricio.
OCTAVIO.	*(Aparte.)* Esta es una burla de don Juan y es una buena ocasión para vengarme . . . *(A Gaseno.)* Gaseno, ¿en qué puedo ayudarte?
GASENO.	Señor, soy viejo, me quedan pocos días. Quisiera que se haga el casamiento, o de otra manera me quejaré ante el rey.

El duque Octavio dice que eso es justo. Piensa aprovecharse de esta ocasión para vengarse de don Juan y hacerlo casar con Aminta. Les hace vestir de cortesanos,⁸ para que puedan entrar con él en el palacio. Gaseno se consuela y Octavio anticipa su venganza del traidor don Juan.

———◆◆◆———

Comprensión

1. ¿Qué quiere don Gonzalo?
2. ¿Por qué da su palabra don Juan?
3. ¿Cómo trata de explicarse la situación don Juan?
4. ¿Cómo se sentía don Juan durante y después de la conversación?
5. ¿Por qué quiere el rey que se vista muy galán don Juan?
6. ¿Cómo perdona el rey a Mota?
7. ¿Cuál es el problema del duque Octavio? ¿Qué quiere?
8. ¿Cómo termina el desacuerdo entre Octavio y don Diego?

---

gran hacienda great
    wealth

⁶ The title *Doña Aminta*, assumed by a simple country girl, must have provoked great laughter in audiences of the seventeenth century.

⁷ *cristiana vieja:* "of ancient Christian stock." This meant that she didn't have Moorish or Jewish blood. So-called "New Christians" were Jewish converts often in name only, or those born of converts. After converting, they were able to enter into previously restricted areas of social and business life. Many New Christians were highly successful in their pursuits, which led the Inquisition to examine the quality of their new faith. Thus, to be a *cristiano viejo* was not just a social status of pride, but a protection against persecution. The Holy Inquisition was a watchdog system first established by Pope Gregory IX in 1233 for the prosecution of heretics.

⁸ People of the royal court and peasants wore different clothing. At a glance, one could distinguish the nobility from the peasants by their garb.

9. ¿De qué se entera el duque Octavio cuando habla con Gaseno y Aminta?

10. ¿De qué se da cuenta el duque Octavio? ¿Por qué va a ayudar a Gaseno y Aminta?

V

La muerte de don Juan

Don Juan describe la belleza de su futura esposa Isabela. Catalinón hace malos augurios.°

Don Juan regresa del palacio del rey Alfonso y le cuenta a Catalinón que el rey lo recibió con más amor que su padre. Catalinón pregunta a don Juan si vio a Isabela.

DON JUAN.	La vi. Su cara es como la de un ángel, como la rosa del alba.
CATALINÓN.	Y al fin, ¿serán las bodas esta noche?
DON JUAN.	Sí, sin falta.
CATALINÓN.	Si tus bodas hubieran sido antes, no habrías burlado a tantas mujeres. Te casas con cargas° muy grandes.
DON JUAN.	¡Ya comienzas a ponerte necio nuevamente, Catalinón!
CATALINÓN.	Hoy es martes.[1] ¿Por qué no te casas mañana?
DON JUAN.	Esas son creencias de locos y disparatados.° El único mal día es cuando no tengo dinero.

---

augurios predictions, omens

cargas burdens of conscience

disparatados blunderers

[1] Tuesday is considered unlucky in Spain. A popular proverb runs: *En martes trece ni te cases ni te embarques*. ("On Tuesday, the thirteenth, don't get married or embark on a trip.")

CATALINÓN.	Señor, te esperan para tu boda. Tienes que vestirte.
DON JUAN.	Tenemos que hacer otra cosa primero.
CATALINÓN.	¿Qué es?
DON JUAN.	Cenar con el muerto. Di mi palabra.

(Entran en la iglesia y van hacia el sepulcro de don Gonzalo.)

CATALINÓN.	¡Qué oscura está la iglesia! Quiero un cura con hisopo y estola.² ¡Ay de mí! Sosténme,° señor, porque me tienen de la capa.

(Aparece don Gonzalo.)

DON JUAN.	¿Quién eres?
DON GONZALO.	Soy yo.
CATALINÓN.	¡Me muero!
DON GONZALO.	Yo soy el muerto. No te espantes, Catalinón. Don Juan, no creí que cumplieras tu palabra, porque a todos burlas.
DON JUAN.	¿Me crees cobarde?
DON GONZALO.	Sí. Cuando me mataste, huiste.
DON JUAN.	Huí para que no me reconocieran.° Ya estoy delante de ti. Di, ¿qué quieres?
DON GONZALO.	Quiero convidarte a cenar.
DON JUAN.	Cenemos.
DON GONZALO.	Para cenar, es necesario que levantes el mármol° que está sobre esa tumba.³

Sosténme Hold me up   **reconocieran** would not recognize   **mármol** marble

² *. . . cura con hisopo y estola:* ". . . a priest with sprinkler and stole." Characteristically, Catalinón is frightened. The sprinkler dispenses holy water, which, according to Catholic belief, has the power to cast away demons. The stole is a long silk band worn around the neck by priests during religious services.

³ From ancient times, many religions and cultures have practiced the custom of leaving food for the dead at the burial site (Egyptians, Incas, etc.). This belief appears in the Old Testament (Psalm 106:28).

Don Juan.	Levantaré todos los pilares° también.
Don Gonzalo.	¡Estás muy valiente!
Don Juan.	Tengo valor y corazón en mis carnes.
Catalinón.	Esta mesa está mugrienta.° ¿No hay quien la lave?

Se sientan a comer. Entran entonces dos pajes enlutados° para servirles.
Don Gonzalo manda a Catalinón que se siente y coma.

Don Gonzalo.	Siéntate tú y come.
Catalinón.	Yo, señor, ya he comido esta tarde.
Don Gonzalo.	No repliques.°
Catalinón.	No replico. ¿Qué es este plato, señor?
Don Gonzalo.	Este plato es de alacranes° y víboras.°
Catalinón.	¡Gentil° plato!
Don Gonzalo.	¿No vas a comer tú, don Juan?
Don Juan.	Comeré lo que tú me des, aunque sean las víboras del infierno.
Don Gonzalo.	También quiero que te canten una canción.
Catalinón.	¿Qué vino se bebe aquí?
Don Gonzalo.	Pruébalo.
Catalinón.	¡Hiel° y vinagre°⁴ es este vino!
Don Gonzalo.	Este vino esprimen° nuestros lagares.°
Catalinón.	¡Malo es esto!
Don Juan.	Me parte° el pecho un frío helado.

---

pilares pillars
mugrienta filthy
enlutados in mourning
   clothes

No repliques. Don't
   argue.
alacranes scorpions
víboras vipers
Gentil Gracious, Elegant

hiel gall
vinagre vinegar
esprimen press
lagares winepresses
parte splits in two

⁴ *hiel y vinagre:* "gall and vinegar." According to the New Testament, gall and vinegar
were given to Jesus to quench his thirst when he was being crucified (Matthew 27:34).

DON GONZALO.	Dame tu mano, no temas.[5]
DON JUAN.	¿Yo, temer? (*Le da la mano.*) ¡Me quemo! ¡No me quemes con tu fuego!
DON GONZALO.	Este es poco fuego para lo que tú mereces. Dios hace maravillas. Él quiere que pagues muriendo a manos de un muerto. Esta es la justicia de Dios. Quien tal hace que tal pague.[6]
DON JUAN.	¡Me quemo! ¡No me quemes! ¡No me aprietes!° No burlé a tu hija doña Ana. ¡Ella me descubrió antes!
DON GONZALO.	Te condena tu intención.
DON JUAN.	Permíteme confesión y absolución.[7]
DON GONZALO.	No, ya es muy tarde.
DON JUAN.	¡Me quemo! ¡Me abraso!
DON GONZALO.	Esta es la justicia de Dios. Quien tal hace que tal pague.
DON JUAN.	¡Me quemo! ¡Me abraso!
	(*Cae muerto.*)

Catalinón quiere morir también para acompañar a don Juan. El sepulcro se hunde° con don Juan y don Gonzalo, con mucho ruido. Catalinón escapa arrastrándose.° Se quema toda la iglesia. Catalinón informará a don Diego del triste suceso.

———◆—◆—◆———

¡No me aprietes! Don't squeeze me!	**se hunde** sinks	**arrastrándose** dragging himself on the floor

[5] Once again, the symbolic gesture of "giving one's hand" appears. This is the last time Don Juan will offer his hand.

[6] *Quien tal hace que tal pague:* "As you act, so shall you pay." (Each person reaps the harvest of his or her deeds.) (Galatians 6:7–8)

[7] *Permíteme confesión y absolución:* "Allow me to confess to a priest and be pardoned for my sins." Don Juan has had time to change his ways. He had been warned many times of the consequences of his behavior. Nevertheless, Don Juan assumed (unwisely and presumptuously) that he could confess his sins at the very last moment.

Comprensión

1. Si las bodas hubieran sido antes, ¿qué habría hecho don Juan?
2. ¿Cuál es la superstición de Catalinón?
3. ¿Qué tiene que hacer don Juan antes de la boda?
4. ¿Qué es lo que no creyó don Gonzalo?
5. ¿Por qué cree don Gonzalo que don Juan es cobarde?
6. En tus palabras, ¿qué dice la canción?
7. ¿Qué simboliza el pecho helado de don Juan? ¿Qué pasó con todo el fuego que tenía en su pecho?
8. ¿Cómo mata don Gonzalo a don Juan?
9. ¿Por qué quiere confesarse don Juan? ¿Por qué es ya muy tarde?
10. ¿Cómo muere don Juan? ¿Qué dice al final don Gonzalo?

VI
—

El rey Alfonso hace justicia

El rey se entera de todos los abusos de don Juan

En el palacio están Alfonso, don Diego y varios cortesanos.

> (*Entran Batricio y Gaseno.*)

BATRICIO.	Señor, ¿permites a tus nobles cometer abusos tan grandes con los miserables?[1]
REY.	¿Qué dices?
BATRICIO.	Don Juan Tenorio me quitó mi mujer la noche de mi matrimonio. Tengo aquí testigos.

> (*Entran Isabela y Tisbea.*)

---

[1] Batricio disrespectfully speaks his mind to the King. This is an attack against the abuses of the nobility of the time. The nobility was expected to set an example of virtuous behavior.

TISBEA.
Señor, si no haces justicia, me quejaré a Dios y a los hombres. Don Juan llegó a mí náufrago. Le di vida y me burló, prometiéndome ser mi marido.

REY.
¿Qué dices?

ISABELA.
Dice la verdad.

(*Entran Aminta y el duque Octavio.*)

AMINTA.
¿Dónde está mi esposo?

REY.
¿Quién es?

AMINTA.
¿Aún no lo sabes? Es don Juan Tenorio. Él me debe mi honor. Y es noble. Manda, rey, que nos casemos.[2]

(*Entra el marqués de la Mota.*)

MOTA.
Gran señor, debes saber la verdad. Fue don Juan el culpable de lo que me imputaste,° no yo. Tengo dos testigos.

REY.
¿Hay desvergüenza más grande? Quiero que lo apresen y lo maten inmediatamente.

DON DIEGO.
Señor, haz que prendan a don Juan y que pague sus culpas mi hijo, para que rayos del cielo contra mí no bajen.

REY.
Esto harán mis privados.°

(*Entra Catalinón.*)

CATALINÓN.
Señores, escuchen el suceso más extraño en todo el mundo, y luego denme la muerte. Don Juan, después de quitarle el honor y la vida[3] al Comendador, le mesó la barba a su estatua. Le convidó a cenar. La estatua le invitó a él, a su vez. Al acabar la cena le tomó la mano. La apretó hasta matarlo, y dijo: "Dios me manda que así te mate, castigando tus delitos: 'quien tal hace que tal pague'".

---

imputaste blamed   **privados** favorites

[2] Like Batricio, Aminta speaks very directly to the King. Legally, Don Juan was bound to her, because the promise of marriage made to her constituted a binding verbal contract.

[3] Notice that one's honor takes precedence over one's life.

Rey.	¿Qué dices?
Catalinón.	La verdad. Y acabo diciendo que don Juan no burló a doña Ana porque fue sorprendido por el Comendador.
Mota.	Mil albricias° quiero darte por las nuevas.[4]
Rey.	¡Este es justo castigo del cielo! Y ahora bien, es hora de que se casen todos, pues la causa de tantos desastres ha muerto.
Octavio.	Pues ha enviudado[5] Isabela, quiero casarme con ella.
Mota.	Yo con mi prima, doña Ana.
Batricio.	Y nosotros queremos casarnos con nuestras mujeres, para que acabe *El convidado de piedra*.
Rey.	Y el sepulcro que se traslade a la iglesia de San Francisco[6] en Madrid, para memoria más grande.

Comprensión

1. ¿De qué acusa Batricio al rey?
2. ¿Qué amenaza hace Tisbea al rey?
3. ¿Qué busca Aminta?
4. ¿Qué acusación hace Mota?
5. ¿Qué quiere hacer el rey en ese momento?
6. ¿Qué quiere don Diego? ¿Por qué?
7. ¿Qué describe Catalinón?
8. ¿Por qué le quiere dar mil albricias Mota a Catalinón?
9. ¿Qué dice el rey?
10. Octavio dice que Isabela ha enviudado. ¿Cuál es el significado de esto?

---

albricias congratulations

[4] Mota is delighted to discover that Don Juan didn't deceive Doña Ana.

[5] Octavio also feels that Alfonso's order that Don Juan and Isabela marry made them legally husband and wife. Therefore, she is now a widow, and Octavio can honorably marry her.

[6] The church of San Francisco was founded as a hermitage in the thirteenth century. It became a church in the fifteenth century and was renovated in 1617.

Spanish-English Glossary

The Spanish-English Glossary presented here represents the vocabulary as it is used in the context of this book.

Nouns are given in their singular form followed by their definite article only if they do not end in **-o** or **-a**. Adjectives are presented in their masculine singular form followed by **-a**. Verbs are given in their infinitive form followed by the reflexive pronoun **-se** if it is required; by the stem change **(ie)**, **(ue)**, **(i)**, **(u)**; or by the orthographic change **(c)**, **(gu)**, **(qu)**. Another common pattern among certain verbs is the irregular **yo** form; these verbs are indicated as follows: **(g)**, **(j)**, **(y)**, **(zc)**. Finally, verbs that are irregular in several tenses are designated as **(IR)**.

abad, el abbot, rector of a parish
abalanzarse (c) to charge, rush (upon)
abatido, -a dejected
abertura opening
ablandar to give in
aborrecer (zc) to hate, abhor
abrasado burning
abrasar to burn
abrazar (c) to embrace
abrazo embrace
abrigo shelter, support, protection
absolución, la pardon, absolution
acabar to finish
    acabar de + infinitive to have just (done something)
    acabar por + infinitive to end up (doing something)
acaso by chance, perhaps
aceite, el oil
acemilero stable boy; muleteer
aceña flour mill run by water power
acercar (qu) to bring (draw) near
acercar(se) (qu) (a) to come near, draw near (to)
acertó a ser happened to be
achaques, los aches and pains
acobardado, -a cowardly
acoger(se) (j) to seek shelter, betake oneself; to receive
acometer to attack, assault, engage in a fight
acometida charge, attack
acomodar(se) to get comfortable
acompañamiento entourage

aconsejar to advise
acontecer (zc) to happen, occur
acontecimiento event
acordar (ue) to agree, resolve
acordarse (de) to recall, remember; to agree
acrecentar to increase
acreditarse to give credibility to oneself
actitud, la attitude
acudir to attend, to gather, be together, come running
adarga shield
adelante forward, hence, ahead, farther on, onward, in front
además moreover, besides
adentro inside
adestrar (ie) to guide, lead
administrar to confer
admirar to astonish, amaze; to admire, respect
admirarse (de) to marvel (at)
adular to worship, adore
adverso, -a bad, adverse, unfavorable, contrary
advertencia warning
advertir (ie) (i) to advise, tell, inform; to warn
afamado, -a famous
afán, el desire; zeal
afilado, -a sharp, pointed
afligir (j) to afflict, sadden, worry
aflojar to loosen
afrenta dishonor
agarrar to grab

agotar to exhaust
agradar to please
agradecer (zc) to thank, show gratitude
(for)
agraviar to offend
agravio offense, harm, grievance
agricultor, el farmer
agrio, -a sour
aguantar to endure
agüero omen
águila, el or **la** eagle, "wizard"
agujero hole
ahí there
ahijado godchild, godson
ahogarse (gu) to drown
ahorcado, -a hanged
ahorcar (qu) to kill by hanging
ahorrar to save, save up
ajuar, el dowry
al
    al + infinitive upon, on
    al contado in cash; at once
    al fin y al cabo after all
    al punto right now, on the spot
    al ristre at the ready
ala, el (f.) wing
alabado, -a praised
alabanza praise
alabar to flatter, praise
alacrán, el scorpion
alarde, el boast, show
    hacer alarde de to display, show off
alarido scream
alba, el (f.) dawn
alborotar to disturb, agitate
alboroto disturbance; clatter, hoopla
alborozo merriment
albricias, las congratulations
alcahuete, el go-between, procurer
alcalde, el mayor
alcance, el reach, scope
alcanzar (c) to obtain, achieve, reach
alcázar, el royal palace, castle
alcoba bedroom
aldaba the lock
aldea village, hamlet, town
alegrarse (de) to rejoice; to be happy
(about)
alegre happy
alegría happiness, joy, glee
alevoso, -a treacherous
alférez, el or **la** ensign, standard-bearer

alfombra carpet, rug
alforjas saddlebags
algo something, anything; somewhat
algodón, el cotton
alguacil, el constable, bailiff
alguien someone, anyone
algún, alguno, -a some, any, at all;
somebody
alguna vez some time; ever
aliento breath; daring
alimento food, nourishment
alisar to smooth out
alistar(se) to get ready
alivio relief
almacenar to store
almena battlement (a defensive wall
with open spaces)
alojar to lodge, house
alquilar to rent
alquiler, el rent
alquimia alchemy
alrededor around
    en su alrededor around him
    los alrededores surroundings
alta alcurnia highest nobility
alta señora high-class lady
altas noble, high-born
alterado, -a disturbed
alterar to anger, enrage, upset
alterarse to become angry
¡alto! stop!, halt!
alto, -a high, tall, upper; loud; noble
altramuces, los bitter lentils
alumbrar to light (one's way),
illuminate; to inspire
alusión, la allusion, reference
alzar (c) to raise, lift
ama de llaves housekeeper
amamantar to nurse
amanecer (zc) to dawn
amanecer, el dawn
amansar to tame
amante, el or **la** lover, sweetheart
amargo, -a bitter
amasar to knead
ambos both
amenaza threat
amenazar (c) to menace, threaten
amiguísimo, -a be most friendly to,
very fond of
amistad, la friendship
amo master

Amor Cupid
amor, el love
amoratado, -a bruised, black and blue
amordazar (c) to gag (to keep silent)
amparar to protect
amparo protection
añadir to add
ancho, -a wide
angélico, -a angel-like
angosto, -a narrow
angustia anguish
angustiado, -a anguished
ánimo ambition, courage, spirit
anoche last night
anochecer dusk
anochecer (zc) to grow dark
anochecer, el nightfall, evening, dusk
ansia ardent desire, longing; anxiety
ante before, in front of, at
anteojos de camino road glasses
antepasados ancestors
antes before; rather, on the contrary; formerly
  antes de, antes que before
antiguo, -a former; old
antorcha torch
anular to void, annul
anunciar to announce
anzuelo fishhook
apanalado, -a honeycombed
aparador showcase
aparentar + infinitive to pretend (to be or do something)
apartado, -a remote, out-of-the-way
apartarse to leave, go away
aparte, el aside (dramatic device)
apear to dismount
apedrear to stone
apenas as soon as, scarcely, hardly
apetecer (zc) to desire
apocar to lower
apoderarse (de) to take possession (of)
apostar (ue) to bet, gamble
apoyar to be in favor of, support
apreciar to value, esteem; to appreciate (music, etc.)
apremiar to press
apresar to seize, capture, take prisoner
apresurar(se) to hurry up, rush, hasten
apretar (ie) to squeeze, tighten
aprobar (ue) to approve
apropiado, -a suitable, appropriate

aprovechar(se) (de) to profit (from); to take advantage (of)
apuntar to aim
apurar(se) to hurry, rush
arábigo, -a Arabic
arañar to scratch
arca, el (f.) chest, box, coffer
arcipreste, el archpriest
arder to burn
ardores ardor, passion
arena sand
arenal, el sandy ground
argolla ring
argumento plot
armada armada, military expedition
armado, -a armed; cocked, ready to shoot
armadura suit of armor
armar a caballero to dub knight
arpar to tear, rend; to scratch, claw
arqueta trunk, chest
arrancar (qu) to pull out, pluck
arrasar to demolish, level
arrastrar(se) to drag (oneself) along the ground
arrayán, el myrtle
arre! be off!, go away!
arremeter(se) to throw (oneself) forward, attack
arrepentido, -a sorry, repentant, regretful
arrepentirse (ie) (i) to regret, repent
arriero muleteer
arriesgar(se) (gu) to risk (oneself), take a great risk
arrimar to approach, draw near; to put by
  arrimar a to lean on
arroba measure equal to 25 pounds
arrojado, -a rash, hasty
arrojar(se) to throw (oneself)
arroyo stream, brook
arruinar to ruin
arrullo cooing (of doves)
arte, el art; breeding; craftiness, trick
artefacto device
artificio skill; trick
arzobispo archbishop
asalto assault, attack
asar to roast
asegurar(se) (de) to be sure (of); to assure, ensure

así thus, so also
asiento establishment, location
asimismo likewise, in the same manner
asir to grab, seize
asno ass, donkey
asomarse to appear
asombrar to astonish, amaze, surprise
asombro astonishment
aspa sail
asta, el (f.) flagpole; staff (of a lance or spear)
astillero display case for lances
astrólogo astronomer
astucia astuteness, cleverness
asunto matter
asustarse to be scared
atabales, los kettledrums; (fig.) buttocks
atacar (qu) to attack
ataque, el attack
atar to tie, fasten
atemorizar (c) to frighten, terrify
atender (ie) to heed, pay attention
atenerse (IR) (a) to adhere (to)
atónito, -a astonished
atraer (IR) to attract
atrás back
atravesar (ie) to cross, go over
atrever(se) (a) to dare (to)
atrevido, -a daring, bold
atrevimiento daring
atribuir (y) to attribute to, ascribe
atropello abuse
audiencia hearing, audience (meeting)
augurio omen
aullido howling
aumentar to increase, add to
aumento increase
aun even, including
aún still, yet;
aunque although, even though, even if
ausencia absence
ausentarse to depart, go away
auxilio help
avariento, -a avaricious, miserly
avaro -a miserly
avasallar to dominate, subdue
ave, el (f.) bird
aventajar to surpass, excel
aventurar to risk
avergonzado, -a ashamed
avergonzarse (ue) (c) to be ashamed
averiguar to find out

aves birds
avisar to tell, advise, give notice, inform
¡Ay Dios! Oh, Lord!
ayuda help, assistance
ayudar to aid, help
ayuntamiento town council; city hall
azar, el chance
azor, el goshawk, falcon
azotar to whip, lash, flog
azote, el stroke, lash, whip
azuzar (c) to provoke, incite

báculo staff, cane (symbol of office)
bailador, el dancer (folk)
baile, el dance
bajeza lowliness, baseness
bajo, -a low, base, shameful; adv., under
  bajo tierra underground
ballesta crossbow
bañar to bathe
banca bench
banco pew, bench
banda band
bandada flock
bandera flag
barba beard; (pl.) whiskers
bárbaro barbarian
barbudo, -a bearded
barriga belly
barrunto idea
basta enough
bastante sufficient
bastar to be enough
bastón, el cane
batallar to do battle
baúl trunk
bautizar (c) to baptize
bayo chestnut
beldad, la beauty
bellaco knave, rogue, scoundrel
belleza beauty
bello, -a beautiful
bendecir (IR) to bless
bendición, la blessing
bendito, -a blessed
beneficio benefit
berenjena eggplant
besar to kiss
beso kiss
bien well, good; very; indeed, surely; willingly

bien criado, -a well-mannered
bien siente feels sincerely
bien vestido, -a elegantly dressed
bien, el good
   bienes property; goods
bienvenido welcome
bisabuelo great-grandparent
blanca old coin made of silver and
   copper
blanco target
blanco, -a white
blando, -a soft, gentle
bocado mouthful; morsel, bite
bochornoso, -a shameful
boda wedding
bofetón, el punch, hard slap
bolita little ball
bolso, -a bag, purse, sack
bondad, la goodness
bordado, -a embroidered
borde, el edge, end
borrar to erase
bosque, el forest
bota wine bag
botín, el booty, loot
bramar to bellow, roar
bravo, -a courageous, spirited; ill-
   tempered
   ¡bravo! well done!
breve brief
brindar to toast, honor
brío spirit, resolution, courage
brioso, -a spirited, feisty, lively
broma joke
   gastar bromas to crack jokes
bruja witch
brujería witchcraft
brújula compass
bueno, -a good
   ¡buen provecho! enjoy!
   buena suerte good luck
   la buena voluntad goodwill
búho owl
bula papal bull, indulgence
bulto shadowy object
buñolero fritter maker, doughnut
   maker
burla jest, joke, trick; deceit; ridicule
burlador deceiver, seducer, rogue
burlar to deceive; to seduce
burlarse to mock, jeer, ridicule
burlonamente mockingly, jokingly

buscar (qu) to look for, seek, go and
   get
   buscar prestado to borrow
buscona prostitute, hooker

ca because
cabalgar (gu) to ride (a horse); to
   gallop
caballeresco, -a chivalric
caballería chivalry
caballeriza stable
caballero knight, nobleman; gentleman,
   squire
cabaña hut
cabello hair
cabestro halter
cabo end, tip
cabra goat
cabrón, el billy goat
cachorro cub
cada each
   cada cual each one
cadena chain
caer (IR) to fall; to drop down; to be
   caught
   caer con to come upon
   caerse (IR) to fall down
calabaza pumpkin, gourd
calabazada blow to the head
calderero coppersmith
calentar (ie) to warm up, heat, keep
   warm
calidad nobility
caliente warm, hot
callado, -a silent
callar to be silent, keep quiet
calle, la street
   calle abajo down the street
   calle arriba up the street
calmarse to calm down
calumniar to slander
caluroso, -a hot
calzar (c) to put on shoes, spurs
cámara chamber
camarero mayor High Chamberlain
cambiar to change, exchange
cambio change, exchange
   en cambio on the other hand
camisa shirt, blouse
campamento encampment, camp
campana bell
campaña campaign

campanada peal (of a bell)
campeador, el champion
campo field
cana gray hair
caña straw, reed
canas gray hair
canción, la song
candado padlock
cansado, -a tired
cansar to tire
cantar to sing
cántaro pitcher, jug
canto song
cañuto, el cane, reed, tube
capa cape, cloak
capaz capable, able
capilla chapel
capitular to surrender
capturar to capture
cárcel, la jail, prison
cardenal, el bruise; cardinal (Catholic)
carga load, burden
cargado, -a (de) with a load
cargar (gu) to load; to carry
cargo post, office, appointment, job
cariño affection
carne, la meat, flesh
carnero mutton
carnes, las skin, flesh
caro, -a dear, of a high cost
carpa tent of canvas or cloth
carrera career
   la carrera de vivir the ways of life
carreta oxcart
carta letter
cartapacio portfolio, notebook
casaca dress coat
   casaca de paño long woolen coat
casamiento marriage
casar to marry, arrange the marriage of
casar(se) (con) to marry, get married
   (to)
cáscara pod, shell
casco hoof; helmet
casi almost
caso case, matter, situation, instance
casta breed
castellano Spanish language, Castilian
castidad, la chastity
castigar (gu) to chastise, punish
castigo punishment; (fig.) scourge
castillo castle

casto, -a chaste, pure
castrador castrater
casualmente by chance
catalán, -ana Catalan, Catalonian
caudillo leader, commander
causar to cause
cavilar to hesitate; to brood over
caza hunt, hunting
cazador, el hunter
cazar (c) to chase, drive out; to hunt; to catch
cebada barley
cebo bait
cebolla onion
cegar (ie) (gu) to blind
celada helmet
celebrar to celebrate; to have, hold (a party, a wedding, etc.)
célebre famous
celo zeal
celos jealousy
celosía Venetian blind
celoso, -a jealous
cena dinner
cenar to dine, have supper
ceñirse (i) to put on, wear
censurar to criticize, reproach
centenar, el hundred
centeno rye
centinela, el or la sentry, guard
cera wax
cerca (de) near, about
cercano, -a near
cercar (qu) to surround; to blockade, fence in
cerciorar(se) to verify, to check
cerdo pig
cerrar (ie) to close, lock
certeza certainty
cesta basket
chanza joke, jest
chapiteles steeples
chisme, el gossip
chispa spark
chiste, el joke
choza humble abode, hut
chupar to suck
chupo boil
cicatriz scar
Cid lord
ciego, -a blind

el ciego, la ciega blind man, blind woman
cielo sky, heaven
cielo, -a beautiful one
cincha girth
cinta ribbon
cintura waist
cita rendezvous, engagement
citar to cite, quote; to call
clamar to cry out for, proclaim
clamor, el toll (of bells); clatter
claro, -a clear; pure
claro en claro, de from dawn to dawn
claustro cloister
clavar to nail up, board up
clavo nail
clérigo cleric, priest
coadjutor, el someone appointed to assist
cobarde, el coward
cobardía cowardice, cowardly act
cobrar to charge; to collect; to cover
cobrarse to collect payment
cocer (ue) to bake; to boil; to cook
cocera special saddle designed for speed
cochero carriage driver
codicia greed
codo elbow
cofre, el chest
coger (j) to seize, take, gather in, catch, grab; to pluck
  coger de la mano to take by the hand
cogote, el nape of the neck
col, la cabbage
cola tail
colchón, el mattress
cólera anger, rage
colérico, -a angry, enraged
colgar (ue) (gu) to hang
collar, el necklace
colmillo fang (of an animal)
coloso colossus
comandancia headquarters
comarca district, region
comedia play, drama
comedidamente politely
comendador, el commander
  el comendador mayor Grand Commander
comenzar (ie) (c) to commence, start, begin

como as, like, since; when; as long as, provided
como si as if, as though
¿cómo? how? what? how! well!
cómodo, -a comfortable
compadre, el good, close friend, intimate friend
compañero companion
compartir to share
compás, el bearing, carriage; beat, rhythm
compasión, la compassion
compendioso, -a brief
complacer (zc) to please
completar to complete
complexión recia robust disposition
cómplice, el or la accomplice
componer (IR) to compose, write; to repair, mend
comportamiento behavior
comprar to buy
compras purchases
comprender to understand
comprobar (ue) to confirm, prove
conceder to grant
concejo town hall
concertador, el expediter, arranger
concertar (ie) to arrange
concluir to conclude
conde, el count (aristocracy)
condenar to condemn; to damn
conducirse to behave oneself
conferir (ie) (i) to grant; to bestow, confer
confesar(se) (ie) to confess; admit
confianza trust
confiar(se) (de or en) to trust (in); to confide (in)
conformarse to resign oneself; to abide by, accept
confundirse to become confused
congregar (gu) to gather, call together
conjurar to conjure, summon
conmover (ue) to move, stir (emotionally)
conocer (zc) to know, recognize; to realize
conquistar to win over, conquer
conseguir (i) to obtain, attain, get; to woo
consejero advisor (male)

consejo advice; council, council
meeting
consentir (ie) (i) to agree, consent,
permit
conservar to preserve, keep
consigo with/toward him, her, you, it
consolarse (ue) to be consoled,
comforted
constructor, el builder
consuelo consolation, comfort
consultar to consult
consumar to consummate (marriage)
contar (ue) to tell, relate (a story); to
count, reckon, calculate
contener (IR) to contain
contentar to make happy, please
contentarse to be satisfied
contestar to reply, answer
contigo with you (fam.)
contra against
  el pro y el contra the pros and cons
contraataque, el counterattack
contradecir (IR) to contradict
contrariedad, la setback,
disappointment
contrario opponent, antagonist
contrario, -a opposite
convencer (z) to convince
conveniente suitable, advantageous,
advisable
convenio agreement
convenir (ie) (IR) to suit, be suitable,
be advantageous
convento convent
convertir (ie) (i) (en or a) to turn
(into), become, convert (to)
convidado male guest
convidar to invite, treat
convite, el dinner party, banquet
copla song, verse
corazón, el heart; courage
corazonada premonition, hunch;
impulse
cordel, el cord, rope
cordón, el cord
cordura wisdom
coronado, -a crowned, topped
corral, el farmyard; chicken coop;
fenced-in grazing pasture
corredor hallway
correr to run, chase
  a todo correr at top speed

correrse to be embarrassed
corresponder to have mutual affection;
to correspond
corrido, -a embarrassed; made to run
like a bull
corroborar to confirm, corroborate
cortar to cut, cut out
corte, la court, nobles living in the
royal palace
cortejar to court
cortejo courting, courtship
cortés courteous, polite
  las Cortes Spanish parliament
cortesano courtier; person of the royal
palace
cortesía courtesy, politeness
  la su cortesía your lordship
cortijo farmhouse, farm
cosecha harvest, crop
coser to sew
cosméticos cosmetics
costado side (of the body)
costal, el sack, bag
costumbre, la custom, habit, manner,
mannerism
costura seam
costurera seamstress
cráneo cranium, skull
crecer (zc) to grow, increase
crecido, -a grown
creencia belief
criado servant
criado, -a raised, bred, mannered
criar to raise, bring up; to breed; to
foster, create, stimulate
crin, la mane (of a horse)
criterio judgment
criticar (qu) to criticize
cruz, la cross
cruzar (c) to cross; to ford
cuanto all, all that; as much (as), so
long
cubiertos silverware
cubrir to cover up, conceal
cuchillada slash with a knife
cuchillo knife
cuello back of neck; collar
cuenta count, calculation, account, bill
cuerdo, -a prudent, wise, clever
cuerno horn
cuero de vino wineskin
cuero leather

cuerpo body
cuervo crow
cuesta hill
cuestión, la matter, question
cueva cave
cuidado care, worry
¡cuidado! be careful
cuidar to care for, tend to, take care of
cuidarse to be careful
culebra snake
culpa blame, guilt
culpable guilty
culpado culprit
culpar to blame, accuse
cumbre, la top, height, summit
cumplido, -a completed, carried out
cumplir to keep (a promise, one's word); to fulfill, comply; to grant
cura, el parish priest; **(f.)** cure, remedy
curar to cure, treat; to take care of, care
curarse to become well, be cured

dádiva gift
daga dagger
dama lady, women
dañar to harm, damage
daño harm, damage, injury, pain
dañoso, -a harmful
dar (IR) to give, hand over
datos esenciales background (facts)
deán, el dean (head of a church or district)
debajo (de) under(neath)
deber to owe; to ought, should, must
deber, el duty, obligation
deberse saber to ought to know
debido a because of
débil weak
decapitar to behead, decapitate
decepcionarse to be disappointed
decidir to decide
décimo, -a tenth
decir (IR) to say, tell, mention
dile tell him, her
dime tell me
dejar to leave, stop; to let, allow, abandon
dejar caer to drop, let out
dejar de to stop being, fail, omit, refrain
dejar esta vida to die

dejarse to allow, leave alone
delante before
delatar to inform against; to betray
deleitar to delight, please
deleitarse con to delight in, take delight in
delicado, -a delicate, feeble
delincuente, el offender, criminal, culprit
delito crime, offense
demanda demand, request; accusation
demandar to demand; to sue
demasía excess; boldness, audacity
demonio devil, demon
demorar to delay
demostración, la demonstration
dentro (de) within, in, inside
deparar to allow, give a chance
depender (de) to depend (on)
derecho, -a right, direct, straight; genuine
derramar to spill, pour; to scatter
derretir (i) to melt
derribado, -a razed, dilapidated
derribar to knock down, demolish, throw down
derrotar to defeat
desafío challenge, duel
desaforado, -a enormous; wreckless
desaguisado, -a insolence
desamparar to abandon, leave unsheltered; to let go of
desaparecer (zc) to disappear
desarmarse to take off one's armor
desarrollarse to unfold
desastroso, -a disastrous, ill-fated
desatar to untie
desatino madness, foolishness, stupidity
descalabrar to break one's head, crack one's skull, beat soundly, bruise
descalabrar (se) to bash one's head
descargar (gu) to let go, discharge
descaro impudence, barefacedness
descomedido, -a disrespectful, rude
descomunal enormous
descontentar to displease
descortés discourteous, impolite
descoser to unstitch, rip open
describir to describe
descubierto, -a discovered, found out
descubrir to discover, reveal, disclose, uncover

descuidarse to neglect, be careless, be negligent; to be off one's guard; to be at one's ease

descuido neglect, carelessness; nonchalance

desde since; from
   desde adentro from inside
   desde que since; as soon as

desdén, el scorn, disdain, contempt

desdeñar to disdain, scorn

desdicha misfortune, ill luck, misery

desdichado, -a wretched, unfortunate, luckless, unhappy, distressed

desembarcar (qu) to disembark

desengañar to disillusion

desentrañar to untangle

desenvainar to unsheathe, draw out

deseo desire

desesperar to despair, drive to despair

desgajar to breake off

desgarrar to tear

desgracia accident, misfortune

deshacerse (IR) (de) to get rid (of)

desheredar to disinherit

deshonra dishonor
   deshonrado, -a dishonored

desigual uneven

desleal disloyal

deslizar to slide down

deslumbrante arrebol dazzling makeup

desmayado, -a unconscious

desmayar(se) to faint

desmayo swoon, fainting spell

desmelenado, -a disheveled, tousled; with hair disarranged

desmentir to convince of a falsehood

desmigajar to crumble

desmontar to get off a horse, dismount

desnudar to undresss

desnudo, -a naked

desobedecer (zc) to disobey

desobediente disobedient

desorden, el disorder, turmoil

despachar to get rid of, send away, dispatch; to finish

despedir (i) to dismiss, fire, discharge, dispense, sell

despedirse (de) to say good-bye (to), take leave (of)

despegar (gu) to remove

despensa pantry

despertar (ie) to awaken, wake up

despierto, -a awake

desplumar to pluck; (fig.) to steal (by removing items from a victim)

despojos spoils

desposado, -a newlywed

después afterwards, later; since

despuntar to break (the light of day)
   despuntar el alba at daybreak

destellar to sparkle, gleam

desterrar (ie) to banish, exile

destierro exile

destreza dexterity, skill

desvelado, -a awake, unable to sleep

desvelar to lose sleep

desvelarse to stay awake

desvergonzado, -a shameless, impudent

desvergüenza shamelessness

detalladamente in full detail

detalle, el detail

detener (IR) to stop, hold back, detain

detrás (de) behind, in back (of)

deuda debt

deudor, el debtor (one who owes something)

devolver (ue) to return (something), give back

devoto, -a devout

días de entresemana weekdays

diablito little devil

diario, -a daily

dibujo drawing

dicha happiness, great pleasure, fortune, luck
   por dicha by good fortune

dicho saying

dichoso, -a fortunate; elated, happy

diente, el tooth

diestra right hand

difícil difficult

digno, -a worthy

dilatado, -a extensive, lengthy

dilatar to stall, prolong, delay

diligente diligent, industrious; active

dinero money

Dios God
   Dios servido God willing

dirigir (j) to direct

dirigirse (j) (a) to head (toward); to address

discordia discord, conflict

discreto, -a prudent, trustworthy not to tell

disculpa excuse
disculpar to excuse, pardon, forgive
discutir to discuss
diseño design
disfrutar to enjoy
disimular to conceal (emotion); to overlook, let pass; hide one's feelings
disparar to shoot
disparatado blunderer, fool
disparate, el foolishness, silly thing
disponer (IR) to dispose, arrange
disponerse (IR) to be ready, prepared for
disponible vacant
dispuesto, -a ready; fit, prepared
disputa dispute
distraer (IR) to distract, divert attention
distraerse to amuse oneself
distraído, -a inattentive
disuelto, -a dissolved
dobla old Spanish coin
doblar to toll (a big bell, a church bell)
doblón, el doubloon (old Spanish gold coin)
doctrina doctrine
doler (ue) to hurt, ache; (fig.) feel sorry for, pity
  dolor de muelas toothache
dolor, el ache, pain
dominico Dominican (religious order)
dominio domain, power; domination
don title of respect for males
doña title of respect for females
donaire, el grace, elegance, charm; favor
doncella maiden, young lady
dondequiera wherever
dorado, -a gilded golden
dormido, -a asleep
dormir (ue) (u) to sleep
dormitar to doze, nap
dotado, -a endowed, gifted
dotar to endow
dote, el dowry
ducho good at
duda doubt
dudar to doubt
duelo grief, duel
dueña lady-in-waiting; owner
dueño master, owner
dulce sweet

dulzor, el sweetness
duplicar (qu) to double
durante during
durar to last, endure, hold out
durazno peach
dureza hardness
duro, -a hard, difficult, hard-hearted

ebrio, -a drunk
echado, -a lying down, prostrate, resting
echar to throw, cast, pour
  echar la culpa to blame
edad, la age
edificar (qu) to build, construct
ejecutar to accomplish; to execute
ejercitar to practice
ejército army, military force
el cerebro brain
elegir (i) (j) to elect; to choose, select
elogiar to praise
elogio praise
embajada message; diplomatic task
embajador, el ambassador
embarcar (qu) to set sail; to take off (on a trip)
embestir to charge
emborrachar to make drunk
embozado, -a veiled, cloaked
embrazar to clasp
embustero liar
emisario representative, agent
emoción, la emotion, excitement
empellón, el shove, push
empeñar to pawn
empeorar to worsen
emperador, el emperor
empero nevertheless; but
empezar (ie) (c) to start, begin
empinar to raise
emplear to employ; to invest
emplearse to find a job
empleo job, work
emplumado, -a feathered
emplumar to (tar and) feather
empobrecer (zc) to impoverish
empresa undertaking, enterprise
empuñar to clench, grasp
enamorado sweetheart, male lover
enamorar to court, win the love of
enamorarse (de) to fall in love (with)
enano dwarf

enarbolar to raise, hoist (a flag)
encaminar to go well with
encantador, el sorcerer
encantar to enchant, to like
encarcelado, -a in jail, jailed
encargo assignment, task; recommendation
encender (ie) to light up
encerrado, -a closed in
encerrarse to lock oneself up
encerrar (ie) to lock up, confine, enclose, hold, contain
encima (de) on top (of), over, on
encima on top
encolerizado, -a infuriated, outraged
encolerizar (c) to anger
encomendar (ie) to commend, entrust, charge; to urge
encomendarse to commend oneself
encomienda district under knight commander's jurisdiction
encontrar (ue) to encounter, meet, find
encontrarse to find oneself
encubierto, -a cloaked, covered up, hidden, disguised
encubrir to cover up
encuentro meeting, encounter
enderezar to straighten out
endiablado, -a possessed by the devil, devilish
enemigo enemy
enemistad, la enmity, hatred
enfadado, -a angry
enfermar to cause to be ill
enfermedad, la illness, sickness
enfermo, -a sick (person), feeble
enfrascarse to be deeply absorbed
enfrentar(se) to confront, stand up to
enfrente in front, across from
enfurecerse (zc) to become enraged
engañar to deceive, cheat, defraud
engañarse to be mistaken
engaño deceit, fraud, deception
engañoso, -a deceitful, deceptive
engrandecer (zc) to exalt; to enlarge
enjuto, -a thin, lean
enlace, el marriage, union; relationship
enloquecer to drive crazy, to become crazy
enlutado, -a in mourning clothes
enmendar (ie) to correct, make right, amend

enojado, -a angry
enojar to anger
enojarse to become angry
enojo anger
enredo entanglement
enriquecer (zc) to enrich
enriquecerse (zc) to get rich, enrich oneself
ensalmo enchantment, spell, charm
ensangrentar (ie) to stain with blood
ensayar to practice, rehearse
enseñanzas teachings
enseñar to teach; to show, instruct
ensilado, -a stored away
ensillar to saddle (a horse)
ensuciar to soil, get dirty
entender (ie) to understand
entendimiento intelligence; understanding
enterarse (de) to find out (about)
enternecido, -a softened (tender)
entero, -a whole
enterrar to bury
entierro burial
entrada entrance
entrar (en) to enter, go (into)
entre between, among
entregar (gu) to deliver, hand over
entrevista meeting, interview
entristeserse to become sad
enumerar to list, enumerate
envainar (el acero) to sheathe (a sword)
envenenar to poison
enviar to send
envidia envy, jealousy
envidioso, -a envious
enviudar to become a widow or widower
epíteto epithet; nickname
equivocación, la mistake
equivocarse to make a mistake
erigir (IR) to erect
errante wandering
escalar to climb, scale
escalera ladder
escalofrío shiver, chill
escapar to escape
escarpia spike
escaso de lacking, short of
esclava slave (female)
esclavo slave (male)

escoger (j) to select, choose
escolta escort
escoltar to escort
esconder(se) to hide (oneself)
escondido, -a hidden
escondite, el hiding place
escribir to write
escrito, -a written
escritor, el writer
escudero squire
escudilla bowl, soup plate
escudo shield
   escudo de armas coat of arms
esforzar(se) (ue) (c) to make an effort, strive
esfuerzo courage, spirit; effort
esmero polish, sophistication
espada sword
espadaña cattail
espaldar shoulder piece
espaldas back
espaldazo ceremonial blow on the back (with sword)
espantable frightful, frightning
espantar to surprise, startle, frighten, scare
espantarse to be astonished, be afraid
espanto fright
espantoso, -a frightening, frightful
especiero spice merchant
espejo mirror
esperanza hope
esperar to hope; to expect; to wait (for), await
espía, el or **la** spy
espinazo backbone
espolear to spur
esposa wife, hand cuff
esposo husband
esprimir to squeeze, press
espuela spurs
espuma foam
estación, la season
estado state, condition
estafeta courier
estar (IR) to be
   estar por + infinitive to be about to (do something)
estilo style, manner
estirado, -a stretched out; erect; long
estocada strike with the sword
estómago stomach

estorbar to disturb, interfere with
estrago destruction; damage
estrategia strategy
estrecho, -a narrow
estrella star
estrépito noise, clatter
estropeado, -a trampled, damaged, ruined
estruendo clamor, noise, uproar
eternizar (c) to perpetuate, make everlasting
evitar to avoid
evocar to evoke, bring to mind
exceder to exceed, surpass
excepto except
excitarse to get worked up
exclamar to exclaim
excomunión, la excommunication (banishment from church)
excusarse de + infinitive to decline to (do something)
éxito success
exponerse (IR) a + infinitive to run the risk of
expulsar (de) to expel (from)
extraer (IR) to take out, remove
extrañar to seem strange
extranjero foreigner
extraño, -a strange, odd
extraviarse to get lost
extremado, -a extreme, excessive; very good

fácilmente easily, deftly
fallar to fail
falsedad, la falsehood, forgery
falso, -a false one
falta mistake, flaw; lack
   sin falta without fail
faltar to lack, be missing
fanega 1.5 bushels (volume measure); 1.6 acres of land
fantasía fancy, imagination, conceit
fardel, el bag, knapsack
farsante, el charlatan, sham
fatiga hardship
fatigar to bother, annoy
favor, el favor, advantage, support
favorecer (zc) to favor; to help
favorito favorite, confidant
fealdad ugliness
felicitar to congratulate

feligrés, el parishioner
feliz happy
fermosa beautiful maiden (archaic)
festejado, -a feasted
festejar to celebrate
festín party, feast
festivo, -a jovial, comical
fiar to trust; to give credit
fiarse to trust, have faith
fidelidad, la faithfulness
fiel faithful, loyal
fiera fierce, wild animal, wild beast
fiero, -a fierce, violent, cruel
figurar (entre) to include, be included (among)
fijar to fasten, affix
fijarse (en) to look (at), notice
fijo, -a fixed
fin, el end; goal, objective
finalmente at last, finally, in short
finca farm
fingido, -a pretended, false
fingir (j) to feign, pretend, claim
fino, -a fine, of quality
firma signature
  firmar la paz to sign a peace treaty
flaco, -a thin, skinny, weak, feeble
flaqueza thinness; weakness, feebleness
flecha arrow
flema phlegm; impassivity
flojo, -a lax, loose; lazy
flor, la flower
florido, -a flowery, exuberant
follón rogue
forastero, -a foreigner
forcejar to struggle
fortaleza fortress, strength
fortuna fortune (wealth); fate
forzar (ue) (c) to force; to rape, subdue, overpower by strength
forzudo, -a strong
fracasar to fail
fraile, el friar, monk
franco, -a unguarded, unfettered
frazada blanket
frente a in front of
frente, la forehead
fresco, -a cool
fresco fresh breeze, open air
fresno ash tree
frisar to frizzle, to border
frondoso, -a leafy, exuberant

fruto fruit; profit
fuego fire
fuegos artificiales fireworks
fuente, la fountain
fuera out; outside
  fuera de out of
  fuera de juicio out of your mind
fuerte strong
fuerza force, strength, might, vigor
fulminar to strike, kill by lightning
fundir to melt (metals)
fúnebre mournful, gloomy
funesto, -a fatal; disastrous
furioso, -a furious
furor, el fury, rage
fustán, el fustian (a cotton and linen fabric)

galán very elegant, handsome, good looking, gallant (a man)
galán, el good-looking man; suitor, young lover
galante gallant, polite, elegant; flirtatious (when used to describe women)
  aventura galante romantic adventure
galantería compliment
galera galley ship (vessel with oars)
galgo greyhound
  galgo corredor swift greyhound
gallardo, -a good-looking, dashing
gallina chicken
galope, el gallop
gama doe
gana desire, will
ganancia profit, gain, earnings
ganar to gain; to earn
ganso goose; overly ambitious
garganta neck
garra claw
garrotazo blow with a club, whack
garrote, el a heavy club
gastar to spend; to waste; to consume; to wear
gasto expense
gatillo trigger
general, el general
género type
generosidad, la generosity
genial ingenious, clever
gente, la people
  gente baja low-class people

gentil continente handsome, elegant gait
gentil talante gentle manner
gentil genteel, graceful, noble, gracious, elegant
gentilhombre, el gentleman
gentuza wretched people, despicable people
gesto expression; face, grimace
gigante, el or **la** giant
gluglú, el glug-glug; gurgling
gobernador governor
gobierno administration
golpe, el strike, blow, hit
gozar (c) to enjoy
gozo pleasure, joy
gracia grace, pleasing manners, charm; favor; joke
gracioso, -a funny, amusing; gracious
grada step (of a stairway)
gran(de) big, large, great; loud
grandes títulos the highest nobility
grandeza greatness
granujas, los rogues
grave important
gravemente gravely
gris pintado dapple gray
gritar to shout, cry out
grito shout, scream
grosería rudeness, ill breeding
guarda, el or **la** guard
guardar to protect; to stay/keep (away) from; to observe
guerra war
guerrero warrior
guiando, -a guiding
guiar to guide
gusano worm
gustar to enjoy
gusto taste; diversion, pleasure

haber (IR) to have (intransitive)
habilidad, la ability, skill
hábito habit, robe; guise; religious garments
habla, el talk
hablarse to talk to oneself
hacer (IR) to make; to do
hacer burla to make a mockery
hacer caracoles to prance about (animals)
hacer daño to harm

hacer justicia to do justice, see that justice is done
hacer las paces to make up (after an argument)
hacer temer to scare
hacerse la muerta (el muerto) to play dead
¡hecho está! it's done!
hacia toward, in the direction of
hacienda wealth; family fortune; income (from sharecroppers); property, possessions; farm, estate, household, belongings
halagar (gu) to flatter
halago cajoling, flattery
halcón, el falcon
hallar (se) to find (oneself)
hambre, el (f.) hunger
hambriento, -a hungry, starved
harapiento, -a ragged
hasta as far as; until, up to, even
hazaña feat, deed, act; prank
hechar to cast out
hechicera witch
hecho fact, deed; present perfect of hacer
hecho a accustomed to
hechura creation
helado, -a frozen
helar(se) (ie) to freeze, grow cold
heredar to inherit
heredera heir, inheritor (female)
hereje, el heretic
herejía heresy
herencia inheritance
herida wound
herido, -a wounded
herir (ie) (i) to wound, injure
hermanito little brother
hermoso-a beautiful
hermosura beauty
hético confirmado confirmed case of tuberculosis
hidalgo lesser nobleman
hiel, la gall, bile
hierba herb
hierro tip
hígado liver
higo fig
hijo son
hilandera woman who spins thread; (fig.) spinster

hilo thread
hincarse (qu) (de rodillas) to kneel
 down
hinchado, -a swollen
hisopo holy water sprinkler
hicico muzzle (of a horse)
hogar, el home
hoja leaf
hombre de bien good man
hombro shoulder
homenaje, el homage (medieval act in
 which a man showed himself to be
 the subject of a feudal lord or king)
homicida murderous
honda cava deep moat
honda sling for casting stones
hondo, -a deep
honesto, -a decent, proper; honest,
 chaste
honor, el honor
honra honor; dignity, exaggerated pride
honrado, -a honest; honorable
honrar to honor
honras fúnebres wake, funeral rites
hora hour; time; point (in time)
hospedar to lodge
hospedería inn, lodge
hueco hole; adj., hollow
huelo See oler.
huérfano orphan
huerta orchard; vegetable garden
hueso bone
huésped, el or la guest
huevo egg
huir (y) to flee, escape, run away
humildad, la humility, meekness
humilde humble, modest
humillar to humiliate
humo smoke
humorístico, -a humorous
hundir(se) to sink; (fig.) to destroy
huracán, el hurricane
hurtar to steal

iglesia church
 iglesia mayor main church
igual equally, the same
ijada side (under the ribs)
ilustrado, -a erudite, learned
imagen, la image, vision
imitar to imitate
impaciente impatient

impedir (i) to prevent, stop, hinder,
 obstruct, impede
importar to matter, be important; to be
 of importance
importuno, -a troublesome, annoying
imprenta printing press
impreso, -a printed
imprimir to print
imprudencia imprudence, indiscretion
imputar to blame; to attribute
incierto, -a uncertain
incitar to spur on
inclemente harsh, severe
inclinar to incline, bow
inconveniente, el drawback
indignado, -a irritated
infamia infamy, disgrace
infante, el prince, son of nobility;
 infantryman
 infantes princes and princesses
infiel faithless, disloyal, unfaithful
infierno hell
informar to tell, inform
informarse (de) to find out (about)
ingenio ingenuity, cleverness; talent;
 mind, talent, wit
inmortal immortal
inocencia innocence
inoportuno, -a inconvenient,
 inappropriate, untimely
inquietarse to become alarmed,
 disturbed
insistencia insistence
insolente insolent, contemptuous
inspirar to inspire
instante, el instant, moment
instigar (gu) to provoke, incite,
 instigate
instrucción, la instruction
insufrible unbearable, insufferable
ínsula island (archaic)
insultar to insult
intención, la intention
intentar to try, attempt
interesar to interest
interesarse to be interested
interponerse (IR) to place between; to
 get in the way
intrepidez, la courage, boldness, daring
intrigante, el or la schemer, plotter
intrigar (gu) to scheme, plot
inútil useless

invicto, -a undefeated, unconquered
invierno winter
ir (IR) to go; to run
irse (IR) to go away, escape
ira rage, anger, wrath, ire
irritado, -a irritated, exasperated

jactarse to brag, boast
jamás ever, never
jamón, el ham
jardín, el garden
jarro jar (for drinking), jug, clay cup
jaspe, el jasper
jaula cage
jerga gibberish; slang; (fig.) common people
jerigonza jargon; thieves' slang
jornada act (of a play); journey, long way
joven young
   joven, el young man
   joven, la young woman
joya jewel
jubón, el blouse, bodice, jacket
judío, -a Jew; Jewish
juego game; turn, prank, play, amusement, gambling
juez, el judge
jugar (ue) (gu) to play; to gamble
juicio soundness of mind, judgment
juncia sedge (a kind of marsh plant)
juntar to join, gather
juntarse to meet, gather, come together
junto a next to
juramento oath
jurar to swear, take an oath, vow
justamente justly, rightly
justicia authority; police
justiciero, -a just, righteous
justo, -a fair, just, right
juventud, la youth
juzgar (gu) to consider, judge

kirie, el kyrie eleison, Roman Catholic prayer

la . . . manos sleight of hand
la . . . molino mill stone
labrado, -a carved (stone)
labrador, el manual laborer, farmer, farmworker
labradora peasant woman

labrar to till, cultivate, work, polish
lacerado, -a wretched
lado side
ladrón, el thief, robber
lagar, el winepress
lágrima tear
lamentar to regret, wail, lament, bemoan
lamento moan, wail
lana wool
langosta (fig.) plague
lanza lance
lanzada thrust of a lance
lanzar (c) to throw, hurl; to expel
largo, -a long
las vuestras mercedes your ladyships
lástima pity
lastimar to hurt, wound; to offend
latigazo whipping
laúd, el lute
laurel, el laurel; honor, reward
lavar to wash
lavativa enema
leal loyal, faithful
lealtad, la loyalty, faithfulness
lecho bed
lechuga head of lettuce
lector, el reader
legal legal
legumbre, la vegetable
lejano, -a distant, far away
lejos (de) far, far away (from)
lengua tongue, language
león, el lion
letra letter (of the alphabet)
letrado learned person
levantar to raise (up)
levantarse to get up, stand up
ley, la law
libertino libertine, person who is unrestrained by morality
libra pound
librar to free
libremente loosely, freely
licenciado university scholar, student; holder of a degree
   Licenciado Licenced to practice Law (university title)
lícito, -a legal
lid contest
líder, el leader
liderazgo leadership

liebre, la hare; coward
lienzo linen cloth; canvas
ligeramente lightly, deftly
ligereza agility, nimbleness
lima lime; bile
limosna alms, charity
limpiamente cleanly, honestly, fairly
limpiar to clean
limpio, -a clean, honest
lindo, -a pretty, beautiful
lío embroilment
lisonja flattery
lisonjear to flatter
lisonjero flatterer
litigio dispute
liviandad lightness, imprudence
liviano, -a imprudent, of light morals
llamar (a) to call (to)
llamas flames
llano flat
llanto wailing, tears
llave, la key
llegar(se) (ue) to arrive; to come; to
bring near, put near; to approach; to
reach
llenar to fill
lleno, -a full
llevar to take
llevar(se) to take, take along; carry
away
llorar to cry, weep, lament, bewail
llover (ue) to rain
lluvia rain
loar to praise
loba female wolf
lobo wolf
lóbrego, -a lugubrious, dismal, gloomy
locamente insanely, crazily
locura madness, insanity, crazy thing
lodo mud
lograr to attain; to manage (to do
something), succeed
lomo back (of an animal)
longaniza sausage
lucha fight, struggle
luchar to fight; to struggle
lucido, -a splendid, brilliant
luciente shining
luego next, then, soon, later
lugar, el place; village, town
lujuria lust, lechery
lumbre, la fire, light

luna moon
luto funeral, mourning

madera wood
madrugada dawn
madrugador early riser
madurar to age, mature
maduro, -a mature
maestra expert, master
maestre, el master (of a military order)
magia magic
mago magician
magullado, -a mangled
majada group
mal, -a
  malas artes bad sorcery
  mal compuesto, -a poorly assembled
  mal nacido, -a ill-bred
  mala nueva bad news
  mal remojado, -a badly prepared
  mala simiente bad seed
  mal talante a bad temper
mal, el evil; harm, sin; ailment; trouble,
affliction, disease
  mal de ojo evil eye
malbarató undersold
maldecir (IR) to curse, condemn
maldito, -a accursed, damned; wretched
malicia malice, maliciousness
malograr to waste, squander
maltratar to abuse, mistreat
maltrecho, -a battered, in bad shape
malvado, -a evil, bad
maña skill; trick, artifice
manada herd
mañana tomorrow; morning
mancebo bachelor; young man
mancha skin spot, stain
mandar to send; to command, order
mandara might order
mando command
manejo handling
manera manner, way
manga sleeve
manjar gourmet dish
mañoso, -a clever
manta blanket
manteca butter, lard
mantener (IR) to support (financially)
mantilla Spanish veil
manto shawl, cloak
mar, el sea

maravedí, el old Spanish coin
maravilla wonder, marvel
maravillar to astonish
marco mark (a type of currency)
marfil ivory
marido husband
mármol, el marble
marqués, el marquis
mas but
más more, most
masa dough
mástil, el mast (of a ship)
matar to kill
materia subject matter
matorral, el thicket, underbrush
mayor de edad of legal age
mayor greater, older; greatest;
  principal
mayordomo steward
mechón, el lock of hair
mediano, -a mid, average
medianoche, la midnight
medida measurement, size
medio, -a mid, half
  medio despaldado, -a with one's
    shoulder nearly broken
mediodía, el noon
medios means
meditar to mediate
medroso, -a fearful
mejor better, best
mejorar to improve
melancolía sadness, melancholy
melancólico, -a gloomy, sad
melocotón, el peach
memorar to remember
menesterosos the needy
menosprecio scorn, contempt
mensaje, el message
mensajero messenger
mente, la mind
mentir (ie) (i) to lie, tell a lie
mentira lie, falsehood
mentiroso, -a liar; lying
menudencias small details
menudo, -a small
mercado market
merced, la mercy, grace, favor; worship
merecedor, -a worthy, deserving
merecer (zc) to deserve, merit
mérito merit
mes, el month

mesar to pull, pluck someone's hair or
  beard
mesnada troops
mesura modesty
meter to place, put (in), stick
  meter espuelas to spur on
meterse to go, place oneself, get into
mezcla mixture
mezquino, -a stingy; mean
miedo fear
miedoso, -a fearful
miel, la honey
mientras (que) while, as
  mientras tanto meanwhile
migaja crumb
migas crumbs
mil one thousand
milagro miracle
milagrosamente miraculously
mirar to look (at), consider
  mirar con otra cara to have a
    different opinion
misa mass (religious ceremony)
miserable wretched
mísero, -a miserable
misma herself, itself
  la misma sospecha suspicion itself
mismo himself, itself
mitad, la half; middle
mitigar (gu) to calm, appease
mocedad youth
moda manner, fashion, way
  a la moda del día in the style of the
    day
mofarse to mock, jeer
moho mold
mojarse to get wet
moler (ue) to grind
  moler a coces to maul with kicks
molestar to bother, annoy
molestarse to become annoyed
molestia trouble; annoyance
molienda milling, grinding
molinero miller
molino flour mill
  molino de viento windmill
monasterio monastery
moneda coin
montar (a or en) to ride (on)
monte, el forest; mountain
montura saddle
  montura gallega work saddle

morada dwelling, residence
morado bruise; (adj.) purple
moraleja brief moral story; moral (of a story)
morder (ue) to bite
mordida recompense, reward
moreno, -a brown; dark, black
morir (ue) (u) to die
morir por to long for
morisco aljamiado Spanish-speaking Moor
moro, -a Moor, Moorish
morrión, el helmet
mortalmente fatally
mostrar (ue) to show; to seem
mostrarse (ue) to appear, seem
mote, el nickname
motín, el insurrection; uprising
motivo motive, reason
moza young woman
moza de partido prostitute
mozo lad, boy, young man, manservant
mozo de caballos stable boy
mozo de labranza chore boy, young farmhand
mozuelo young lad
mucho, -a much; greatly, very much
muchos, -as many
mudar to change
mudarse to move (to new lodgings)
mudo, -a mute, unable to speak
muela tooth
muerte, la death
muerto, -a dead; (noun) corpse
muestra display, show, sample
mugriento, -a dirty, greasy, filthy
mujer, la woman; wife
mula mule
muralla wall
murciélago bat
murmurar to mutter, gossip, speak ill of
murmurar entre dientes to mumble
muro wall (surrounding a city)
murta myrtle
músico musician
musitar to mumble; to muse
muy a su gusto much to one's own delight

nacer (zc) to be born; to hatch
nadie no one
nalga buttock

natural native
naturaleza nature
naufragar (gu) to sink, be wrecked; to be shipwrecked
naufragio shipwreck, sinking (n.)
náufrago, -a shipwrecked
nave, la ship, boat
navío ship
necedad, la foolishness, stupidity
necesitado, -a (de) needy, in need (of)
necesitar to need
necio fool, dunce
necio, -a foolish, ignorant, stupid
negar (ie) (gu) to deny; to refuse (in negative)
negar(se) (ie) (gu) (a) to refuse (to); to deny
negocio transaction; business, affair
negro, -a black; unfortunate, luckless, ill-fated, wretched
ni siquiera scarcely; not even
ni not even
ni . . . ni neither . . . nor
nieto grandson
nieve, la snow
nigromancia necromancy, black magic
ningún none, not any
ninguno, -a none; no one
niñería child's play
niñez, la childhood
no obstante nevertheless
nombrar to name, appoint
non toca ni atañe it doesn't pertain (archaic)
noticia(s) news, information
novel rookie
noveno, -a ninth
novia bride
novio groom
nudo knot
nuera daughter-in-law
nuevamente again, once again
nuevas news, information
nuevo, -a new

o sea that is
o . . . o either . . . or
obedecer (zc) to obey
obispado bishopric, diocese (the territorial jurisdiction of a bishop)
obispo bishop
objeto object

obligar (gu) to compel, oblige, force
obligar(se) (gu) to compel, oblige
  (oneself)
obra work, task, job; composition
  obras body of works, works
obrar to proceed, do, behave
ocio idleness
ocioso, -a lazy
ocultamente stealthily; secretly
ocultar to hide
ocultar (se) to hide oneself
oculto, -a out of the way; hidden,
  unseen
ocurrir to happen, occur
odiar to hate
odio hatred
ofender to offend
ofensa offense
oficio job, profession, office, trade,
  business
ofrecer (zc) to offer
ofrecimiento offer
oído ear
oír (IR) to listen, hear
ojalá if only . . .; let's hope . . .; may
  God permit
ojo eye
oler (IR) (a) to smell (like)
olivo olive tree
olla pot
olor, el smell
olvidar (se) to forget
onceno, -a eleventh
opinar to give an opinion
optar (por) to choose
oración, la prayer; sentence
orar to pray
ordenar to order, command; to put in
  order; to ordain
orgullo pride
orgulloso, -a proud
Oriente, el east
orilla riverbank, shore
orín rust
oro gold
osadía daring, nerve
osado, -a daring, bold
osar to dare
oscuridad, la darkness
oscuro, -a dark
  a oscuras in the darkness
otorgar (gu) to grant

otro, -a other, another
otros tales others like him
oveja sheep
overo, -a speckled (horse)
oyente auditor

paciencia patience
padecer (zc) to suffer
padrastro stepfather
padrenuestro the Lord's prayer
padrino godfather, sponsor
pagar (gu) to pay, pay back
pago payment; reward; salary
país, el country, region
paja straw
pajarillo small bird
paje, el page (in court), messenger
palacio palace
palafrenero groom (for horses)
pálido, -a pale, pallid
palillos de dientes toothpicks
palm measure from the thumb to the
  little finger
palmo about 8 inches
palo stick, staff, pole
palomar, el pigeon house, rookery
palomino a young dove
pan, el bread
panadizo infection of the toes
paño cloth
pantalón, el pants, trousers
pantuflos slippers
Papa, el Pope
papel, el paper
par, el pair, couple; (f.) par
  a la par at an even pace
para for, in order to, for the purpose of;
  about; to; toward
  para que so that, in order that
parar to stop
parecer (zc) to seem
parecerse (zc) to look like, resemble
pared, la wall
parias taxes (archaic)
pariente, el or la parienta relative
parranda party, spree
  ir de parranda to go on a binge; to
  party
parte, la part, share; party, side;
  place
partida departure
partidario supporter, partisan

partir to depart, leave; to divide, split (evenly)
  partir por la mitad to cut in half
partir (se) to split, divide
pasado, -a past; overripe
pasar to happen; to pass; to spend
pasas raisins
pasatiempo pastime
pascuas, las Church holidays
pasearse to go for a ride/walk; pace up and down
  pasearse delante de to walk in front of
paso step; way
  de paso in passing, passing through
  fuera del paso out of the way
pastor, el shepherd
pastora shepherdess
pata leg or foot (of an animal)
patente proven
patria native country, homeland
pausado, -a slow
pavo turkey
pavo real peacock
pavor, el awe, dread, terror
paz, la peace
pecado sin, evil
pecador, -a wretched; (noun), sinner
pecho chest, breast
pedazo piece
pedir (i) to ask for, request
  pedir limosna to beg
  pedir por Dios to beg
  pedir prestado, -a to borrow
pedrada blow from or with a stone
pegado, -a patched
pegar(se) (gu) to hit, stick, glue, cling; to give, inflict
peinado, -a combed
peinarse to comb one's hair
peineta Spanish ornamental comb
pelándole plucking
pelar to peel, skin
pelear to fight
peligro danger
peligroso, -a dangerous
pelo hair; fur
pena pain, grief, sorrow, trouble; penalty
pendencia contest, dispute, trouble
pender to hang
pendón, el standard, banner

penoso, -a painful (emotionally, spiritually), sorrowful
pensamiento thought
pensar (ie) to think, believe; to intend; to expect, plan
peor worse, worst
  de mal en peor from bad to worse
  peor cocido, -a poorly cooked
pera pear
percance misfortune
perder (ie) to lose, get rid of
pérdida loss; damage
  perdido por madly fond of
perdido, -a madly in love
perdiz, la partridge
perdonar to pardon; to forgive, excuse
peregrino, -a singular, unique, exotic
perezoso, -a lazy
perfidia treacherous, disloyal
perfumera perfume maker
pergamino sheepskin, title
perjudicar(se) (qu) to harm, injure (oneself); to damage
perjuicio damage, setback
perla pearl
permiso permission
permitir to permit, allow
pero but
perplejo, -a bewildered, perplexed
perseguir (i) to chase, pursue; to persecute
personaje, el character (in fiction)
personal personal
persuadir to persuade, convince
pertenecer (zc) to belong
perulero, -a from Perú; very rich
pesado, -a heavy
pesadumbre, el sorrow, affliction
pesar to weigh
pesar, el sorrow, grief
pescador, el fisherman
pescadora fishermaid
pescar (qu) to fish
pescozada blow on the neck
pesquisa inquiry, investigation
pesquisar to investigate
pesquisidor, el judge who inquires into a violent death; investigator
pestaña eyelash
peto breastplate
pez, el fish
piadoso pious

picar (qu) to pick, spur
pícaro knave, rogue, con artist
pico beak
pie, el foot
piedad, la mercy, pity, compassion
piedra stone
   piedras preciosas gems, precious
    stones
piel, la skin; hide (of an animal), fur
   piel y huesos skin and bones
pierna leg
pilar, el pillar, column
pimienta pepper
pintado, -a painted, spotted
pintor, el painter
pintura paint
pisar to step, tread, walk on
   pisar en el aire to be extremely
    careful
placer (zc) to please
placer, el pleasure
plan, el plan
planear to plan
plantar to plant
plata silver; money
plato dish (entrée), plate
playa beach
plazo term, time, period (of time),
   interval
plebe, la common people
plebeyo commoner
pleito quarrel; lawsuit
pleno, -a full, complete
pliegue, el fold (of cloth in a garment)
pluma feather
pobre poor
pobreza poverty
poco, -a little (in quantity); few
poder (IR) to be able, can
poder, el power, might, strength,
   authority, ability, faculty; possession;
   care
poderoso, -a powerful
pollo, polla young chicken
Polo Norte North Pole on a compass
polvo dust, powder
   polvos powders
polvorosa road
pompa ceremony, pomp
ponderar to consider, weigh, praise
   highly
poner (IR) to put, place

poner en efecto to put into effect,
   carry out
poner en peligro to endanger
poner la mesa they set the table
poner los pies en polvorosa to leave
   quickly, vanish
poner redes to set up nets
ponerse (IR) to place oneself; to put
   on
   ponerse a salvo to be on safe ground
   ponerse de pie to stand up
porfiado, -a stubborn
porfiar to wrangle
porque because, for; so that
porquero swineherd
portal, el doorway, portico; hall,
   vestibule
portarse to behave, act
posada inn, tavern, lodging
pósito public granary
postigo small door placed in a larger
   one
postura position
potro rack (instrument of torture)
pozo well
precario, -a precarious, doubtful, shaky
precaución, la precaution
precio price, value
preciso, -a necessary
predecir (IR) to predict
predicador, el preacher
predicar (qu) to preach
predisponer (IR) to prejudice, bias
preferir (ie) (i) to prefer
pregón, el town crier; proclamation
pregonar to proclaim, cry out
pregonero town crier
preguntar to ask (a question); to
   question
preguntarse to wonder
premiar to reward
premio reward, prize, award
prendarse to have a crush
prendas qualities
prender to take prisoner; to catch,
   capture, arrest
prendido, -a hung
preocuparse (de or por) to worry
   (about), be concerned (about)
preparar to prepare
prepararse to prepare oneself, get ready
presagio premonition

presencia presence
presentar to introduce, present
presentarse to present oneself
presente present
preso p. p. of prender; (noun) prisoner, captive
préstamo loan
prestar to loan
preste, el priest
presto quickly, fast
presto, -a quick, fast; soon
presumir to show off
presunción, la presumptuousness, vanity
pretender to try, strive; to pretend; to claim; to seek
pretendiente, el suitor
pretexto excuse, pretext
prevenido, -a arranged, provided for
prevenir (IR) to warn
previsto, -a prepared, readied
primer, -o, -a first
   primo hermano first cousin
primo, -a cousin
principal high class
príncipe, el prince (See also infante.)
principio principle, moral, beginning
pringada dripping; basting
pringar (gu) to baste; to tar; to wound; to thrash
prisa speed, haste, hurry
prisionero, -a prisoner
privado favorite; confidant
privar to deny, deprive
probado, -a proven
probar (ue) to prove, confirm; to try; to test; to taste; to fit
proceder to proceed
proceder, el behavior
proceso trial (law)
procurar to try, seek, endeavor; to procure, strive
producir (zc) (j) to produce
producirse (zc) (j) to arise, come about, happen
proezas great deeds
profanar to blaspheme; to degrade
profesar to profess, declare
prólogo prologue
promesa promise
prometer to promise
prometido, prometida fiancé(e)

lo prometido what was promised
promulgar to promote
pronto quick, soon
propicio, -a favorable
propio, -a one's own
proponer (IR) to propose (a project, business deal)
propósito purpose
propuesta proposition
proseguir (i) to continue, carry on
protagonista, el or la main character; hero, heroine
proteger(se) (j) to protect (oneself)
protegido, -a protégé
provecho benefit, advantage, profit
provechoso, -a profitable, beneficial, advantageous
proveer de to stock up on
proveniente de coming from
provenir (IR) to come from (a family, a region)
proverbio proverb, saying
provisión, la provision
prudencia wisdom, care, prudence
prudente wise, reasonable, prudent
prueba test, proof
publicar to publish
pueblo town, village; people
puede ser it could be
puente, el bridge
   puente levadizo drawbridge
puerco pig
puerta door; gate
   puerta falsa back door
puerto harbor, port
pues then
puesto office, post, position
   puesto caso since
pulir to polish, burnish
puñado fistful, handful
punta tip (of a sword)
púrpura purple cloth

¿qué? what?
   qué me importa what do I care ...
   qué saca what does one get out of it
que that, who, which, what; let
quebrado, -a broken
quebrar (ie) to break
quedar(se) to remain, stay
quehacer, el chore
queja complaint; sorrow

quejar(se) to complain
quemado, -a burned
quemar to burn
querer (IR) to wish, desire, want; to like; to will
queso cheese
¿quién, -es? who? whom?
quijada jaw
quinto, -a fifth
quitar to remove, take away
   quitar de ahí to move out of the way
   quitar la mesa to clean/clear the table
quizá perhaps

rabel, el three-stringed instrument, similar to a lute
rabia rage, fury, wrath
rabiar to rage, get furious
racimo bunch (of grapes)
ración, la portion, serving
radicarse to establish residence
ráfaga gust
raíz, la root
rama branch
   rama tierna tender branch
rapaz, el young boy, rascal
raposería wile, sly trick, guile
rasgar (gu) to tear
rastro track
rato moment, short time
ratón, el mouse
ratonera mousetrap
rayo ray (of sunlight); thunderbolt, lightning
razón, la reason
   razones arguments, reasoning
razonable sensible, reasonable
reacción, la reaction
reaccionar to react
real royal
real, el a Spanish coin; (adj.), royal
realizar (c) to carry out, accomplish
rebozado, -a veiled
rebueno, -a so very good
recado message
recato modesty
recelo fear, distrust
rechazar (c) to reject
recibir to receive; receive in marriage
recio, -a strong, vigorous, hard; loud
recitar to recite

reclamar to claim, demand
recobrar to recover, get back
recoger (j) to gather, pick up, collect
recogerse to retire (to go to bed); take shelter
recogido, -a secluded
recogiendo gathering
recompensar to reward, compensate
reconocer (zc) to recognize
recontar (ue) to recount, tell
recurso resource
red, la net
redoblar to roll, play double beats on the drum
reducir (zc) (j) to reduce
reflejo reflection
refrán, el refrain; proverb
refugiar to take refuge
regalar to present, make a gift of, give presents; to treat kindly
regalo present, gift
regañar to scold
regazo lap
regidor, el alderman, councilman
regla rule
regresar to return
rehacer to repair
rehusar to refuse
reina queen
reino kingdom, land
reír(se) (i) (de) to laugh (at)
reja iron grate covering a window
relámpago lightning
relatar to recount, tell, report, relate
reloj, el clock
remache, el rivet, clinch nail
remar to row
remate, el auction
remediar to remedy, correct
remedio remedy, relief
remordimiento remorse
renacer (zc) to be reborn
rencor, el rancor, resentment, ill will
rendir(se) (i) to surrender, give in or up, subdue
renegar (ie) (gu) to curse; to renounce
reñir to squabble
renombrado, -a famous, renowned
renombre, el renown, reputation, glory
renunciar to renounce, step down from (an office of title)
reparar to repair

repartir to divide, split, distribute
repentinamente suddenly
repetir (i) to repeat
replicar (qu) to argue
reportarse (fig.) to control, restrain oneself
reposado, -a rested, relaxed
reposar to rest
requebrar (ie) to woo; to pay compliments
requiebros endearing expression
rescatar to rescue, ransom
resfriarse to catch a cold
resguardar to protect, defend
residencia residence, home
resistir to hold back, keep from, resist
resolución, en finally
resolución, la completion, end
respeto respect
respirar to breathe
resplandecer to shine
resplandor glow
responder to respond, answer
respuesta answer, response
restante, el what is left over, rest, remaining
restar de hacer to remain to do
restitución, la restoration, restitution
restituir (y) to give back; to restore, reinstate
resultar to turn out (to be)
retar to challenge
retirarse to move away, back away
retornar to return
retroceder to go back; to draw back
retumbar to resound, echo
reunir to convene, call together, reunite, gather
revelar to reveal
reventar(se) (ie) to burst
  reventar de risa to burst from laughter
reverendo, -a respected, revered
reverso (fig.) backside
revés, el reverse; back, wrong side, backhand blow
revolver (ue) to turn again and again; to turn over
rey, el king
rezar (c) to pray
ribera riverbank
rico, -a rich; substantial

rienda rein (on a horse's bridle)
riesgo risk
rigor, el severity, harshness
riguroso, -a severe, harsh
rincón, el corner (of a room)
riqueza richness, riches, wealth
risa laughter
ristre, el saddle-socket (for a lance)
rito rite, ceremony
rivalidad, la rivalry; enmity, ill will
robar to rob; to deprive of
roble, el oak tree
robledal, el oak grove
rodaja slice
rodar to tumble
rodear to go around, encircle
rodela shield
roer (IR) to gnaw
rogar (ue) (gu) to beg, plead, entreat, implore, pray; ask (for), beseech
roído, -a gnawed
rollizo, -a plump, fat
romance, el poetry, ballad, song; language, Romance language, vernacular (Spanish)
romántico given to the love of women
romper to break, shatter; to tear; to destroy; to wear out
rondar to hover about
ropa clothing
rostro face
roto, -a broken, torn
rótulo title, label
rotundamente categorically, flatly
rubí, el ruby
rucio gray horse
rudo, -a coarse, rough, crude
rueda wheel
ruego prayer, request
rufián, el scoundrel, thug
ruido noise
ruin degrading, vile, wretched; desolate
ruinmente wretchedly, abominably
rumbo direction, course
  con rumbo a in the direction of

sábana sheet
saber (IR) to be aware; to know; (preterite) to find out, learn of, know how; to taste
sabiduría knowledge, wisdom
sabio wise man, learned man

sabio, -a wise
sabor, el savor, relish, taste
saborear to taste, savor
sabroso, -a tasty, delicious
sacar (qu) to extract, take out, draw
out
   sacar provecho de to take advantage
   of, make a profit from
sacerdote, el priest
sacristán, el sacristan, sexton, clerk of a
church
sacro, -a sacred, holy
sagaz astute
sagrado, -a sacred, holy, venerable
sal en la mollera brains
sal, la salt
sala large hall, parlor
salado, -a salted
salar puercos to salt pork
salida departure, exit
saliente main, outstanding
salir (g) to go out; to leave; to come
out, come (out)
salón, el large room
salpicón, el spiced chopped beef (food
for the poor)
salsa sauce, spice
saltaparedes, el wall-jumper (a young,
mischievous, wild person)
saltar to jump
salud, la health
saludar to greet, salute
salvar (se) to save (oneself)
sanar to cure, heal
sandez foolishness
sangrar to bleed
sangre, la blood
sangría bleeding, gash; theft (thieves'
slang)
sangriento, -a bloody, bleeding
sano, -a healthy, recovered, well
santiguar (se) to make the sign of the
cross
santo saint
santo, -a holy, blessed
saquear to ransack, plunder
sarna mange
sastre, el tailor
satisfecho, -a satisfied
saya skirt, blouse; coat
sazonado, -a seasoned, spiced
se conoce it is clear; it is recognized

se va exits
secarse to dry up
seco, -a dry
   seco de carnes lean
   seco rosto dry and dusty face
secreto secret
   guardar en secreto to keep secret
secta doctrine; sect
secuaz, el or **la** underling, hireling
secuestrada as a hostage
secuestrar to kidnap
secundario, -a secondary
sed, la thirst
seda silk
sedero silk merchant
seducido, -a seduced; charmed
seductor, -a charming, seductive
seglar secular, worldly; (noun) street
dress (not student's uniform); layman
seguido, -a followed
   de seguido next
seguidor, el follower
seguir (i) (gu) to follow; to continue
seguirle el humor to play along with
him
según according to, in accordance with
segundo, -a second
seguro, -a sure; safe; safely
   estar seguro/a (de) (que) to be sure
   (of) (that)
sellar to seal
semana week
semblante, el face, visage
semejante, el fellow man, fellow
creature
seña sign, mark, signal
senado audience
señal signal, sign, omen
señalar to appoint, signal
sencillo, -a simple
seno bosom, chest
señor, el mister, sir, gentleman, lord
señora lady
señoría lordship
sensatez, la good sense
sensato, -a sensible
sentarse (ie) to sit down
sentido sense(s), consciousness,
intelligence
sentir (ie) (i) to feel, perceive, notice;
to hear
séptimo, -a seventh

sepulcro burial monument, tomb
sepultura tomb, grave
séquito followers, entourage
ser (IR) to be, become
  ser conocido be known
  ser de to belong to; to become of
ser, el being, essence
sereno, -a serene, calm
sermón, el sermon
serpiente, la snake
servicial helpful, obliging
servicio service
servir (i) to serve
seso brain; (fig.) reason, intelligence
  perder el seso to lose one's mind
sexto, -a sixth
si if, whether, unless
sí mismo or sí misma himself, herself,
  itself
sidra cider
siempre always, ever
siervo slave
sigilo secret
siglo century
  siglos atrás centuries earlier
significado significance, meaning
significar (qu) to signify
signo sign, mark
siguiente next; the following
silbar to whistle
silbato de cañas reed whistle
silbo hissing
sillón, el large chair
símil, el simile
simpleza simpleness; gullibility
sin without
  sin (que) but
  sin embargo however, nevertheless
  sin falta without fail
  sin sentido unconscious
sinfín, el a great many
siniestra left hand
sino but; if not; otherwise, only
sinvergüenza, el or la shameless one,
  scoundrel
sirvienta, la servant (female)
sirviente, el servant (male)
soberano sovereign (king or queen)
soberbia pride, arrogance, presumption,
  haughtiness
sobrante remaining, leftover

sobrar to exceed; be more than enough;
  be excessive; be left over
sobras leftovers
sobre about, of, regarding; on top of
sobrenombre, el surname; nickname
sobresaltado, -a startled, frightened
sobresalto surprise, shock
sobrina niece
sobrino nephew
socarrón teaser, jester
sociedad, la society
socorrer to aid, help
socorro help
solamente only
solazando relaxing
soldado soldier
soledad, la loneliness
soler (ue) + infinitive to be in the
  habit of + infinitive; to usually +
  infinitive
solicitar to request; to pursue, chase
  after
solimán, el skin spot remover
sólo only, just
  no sólo . . . sino también not only
  . . . but also
solo, -a alone
soltar (ue) to let go, loosen
solución, la solution, answer
solucionar to solve, resolve, settle
sombra shadow; shade
someter to subject, submit
son, el song
sonable sonorous
soñar (con) to dream (of, about)
sonar (ue) to sound, ring, make a noise
sonido sound
sonreírse (i) to smile
soplado, -a blown
soplar to blow
soportar to put up with, endure
sordo, -a deaf
sorprenderse (de) to be surprised,
  amazed (at)
sorprendido, -a surprised
sortija ring (jewelry)
sosegado, -a calm, easy, dignified
  sosegado ademán calm manner
sosiego peace of mind, calm; break
sospecha suspicion, doubt
sospechar to suspect

sostener (IR) to support, maintain, hold up

súbdito subject (of a lord or ruler), vassal

subir to go up; to rise; to mount; to increase

sublevarse to revolt, rebel

suceder to happen, occur

suceso event, happening, situation

sucesor, el successor

sucumbir (a) to succumb, yield (to)

sudor, el sweat, perspiration

suegro father-in-law

suelo floor; ground; bottom

sueño dream

suerte, la luck

sufrir to experience, undergo; to suffer, endure

sugerencia suggestion

sugerir (ie) (i) to suggest

sumiso, -a submissive

superar to overcome, surpass

suplicar (qu) to implore, beg; to request, entreat

suplir to overlook, excuse; to make up for

suponer (IR) to suppose

sur, el south

suspenso enthralled, in suspense

suspirar to sigh

suspiro sigh, whisper

susto fright, scare

susurrar to whisper

sutil subtle; kin (intelligence)

suyo, -a his, hers, yours

taberna tavern

tabla board, plank

tacaño tightfisted

tal vez perhaps

tal such (a); so much; such and such

talle shape, form, demeanor

    talle corto short waist

taller, el workshop

tamaño size

también also, too

tambor, el drum

tampoco either, neither, not either, nor

tan such a, so, as

    tan . . . como as . . . as

    tan gran golpe such a great blow

tañer to ring, toll (a bell)

tanto, -a so much, so many

tapar to cover, plug

tardanza tardiness, delay

tardar to delay; to put off

tarde afternoon; (adj.) late; (adv.) late

tarea task

tejer to weave

tela cloth, web

tema, el subject, topic; theme

temblar (ie) to tremble, shake

temer to fear

temerario, -a reckless, rash

temeroso, -a fearful, afraid

temible fearful, fearsome

temor, el fear, dread

temoroso, -a frightened, scared

templarse to control oneself

temporada a period of time

temprano early

tenderse (ie) to lie down

tendido, -a lying down, flat

tener (IR) to have, hold, keep

teñir (i) to stain

tentación, la temptation

tercer, -o, -a third

terciopelo, -a velvet

terminar to finish, end

ternura tenderness

testigo witness

tibio lukewarm

tiempo time; opportunity

tienda field tent

tiernamente tenderly

tierno, -a tender, (fig.) young

tierra earth, land, country, region, ground, dirt, land

    allá en mi tierra down home

tierras de sembrío fertile fields for sowing

tigresa female tiger

tijeras scissors

tinta ink

tío uncle

tirano tyrant

tirar to pull; to throw

titubear to hesitate

título title

toca woman's headdress

tocar (qu) to knock; to touch; to affect; to concern, play (an

instrument); to be one's turn; to fall
to one's share

tocino bacon, salt pork

todavía yet, still, even

todo, -a all, every; everything

toma capture

tomar to take, seize; to reach; to eat,
drink; to take in marriage

  tomar a cargo to take charge

  tomar en cuenta to pay attention,
    take notice of

  tomar las armas to take up arms

tono tone, voice

tonto fool

topar(se) (con) to encounter, come
across; to run against; run into

tormenta storm

tornar(se) to return, turn; to become

torneo tournament

tornillo screw

toro bull

toronjil, el lemon balm

torpe stupid, dense, dim-witted fool,
clumsy

torpeza foolishness, denseness

torre, la tower

torrezno slice(s) of bacon

tosco, -a coarse, unpolished; unrefined

trabajo work, job

trabarse to become stuck

traer (IR) to bring

traerse to go at one another

tragar (gu) to swallow

trago drink (usually alcoholic)

traición, la treason, betrayal

traidor, -a disloyal, treacherous

traidor, el traitor, betrayer; rascal,
villain

traje, el dress, clothes

trampa trap

trance, el bad or awkward situation

tranquilo, -a tranquil, calm

transcurrir to elapse, to pass away
(time)

transformarse (en) to become, turn
into

tras after

trasladar to move

trasnochar to stay awake all night

trasquilar to shear

trastornar to mix up; to upset

tratar to treat, take care of

tratar con to deal with

tratar de to try to

trato deal, dealing

travesura mischief, prank

trébol, el clover

trémulo, -a quivering, shaking

treta trick

tribunales courts

trigo wheat

tripa tripe, stomach casings

tripería meat market where tripe is sold

triste sad

tristeza sadness

triunfar to triumph

troje, el granary, barn

trompeta trumpet

tronco robusto thick trunk of a tree

trono throne

tropezar to stumble

trovar to make verses

truco trick, knack

trueno thunder

truncar (qu) to cut short

tudesco German

tuerto, el wrong, wrongdoing, one-eyed

tumba tomb

tumbar to knock down

turbado, -a upset, perturbed

turbarse to become confused, upset

turbio en turbio, de from dusk to dusk

tuyo, -a your, yours

último, -a last, latter one

ultratumba the state beyond the grave

umbral, el threshold, door sill

uña fingernail, nail, claw

  uña de vaca cow's hoof

unas veces at times

undécimo, -a eleventh

ungüento ointment

único, -a only

unión, la union

unir to join; to unite

untar to smear

urgir (j) to urge, be urgent

usar to use; to practice; to behave

utensilio utensil

uva grape

vaca cow

  uña de vaca cow's hoof

vacilar to hesitate

valenciano, -a Valencian, from Valencia
valentía courage
valentón, el braggart, boaster; bully
valer (g) to count (as worth)
  valer (g) la pena to be worthwhile, worthy
valeroso, -a lofty, noble
valiéndose de utilizing, using
valiente brave, valiant
valle, el valley
valor, el courage; worth
vanidad, la vanity
vano, -a vain
vara staff, cane (symbol of office); rod (of authority); badge; walking stick
vasallo vassal, subject
vasija vessel, pitcher
vecindad, la neighborhood
vecino, -a neighboring
vecino, vecina neighbor
vejar to vex; to insult
vejez, la old age
vela candle
velar to keep a vigil over
vellorí wool fabric
veloz swift, fast
venado deer
vencedor, el victor, winner
vencer (z) to defeat, subdue; win, conquer
vencido, -a conquered, defeated
vender to sell
veneno poison
venganza vengeance, revenge, satisfaction
vengarse (gu) (de) to avenge oneself; to take revenge, retaliate
venida visit
venir (IR) to come
venta inn
ventaja advantage
venteril modest, appropriate for a poor inn
ventero innkeeper
ventura fortune, chance
venturoso, -a successful
ver (IR) to see
verdad, la truth
verdadero, -a true, truthful, real, accurate
verde green
verdiñal greenish; tart

verdugo executioner
vergüenza shame, embarrassment
verificar (qu) to verify, ascertain
verse to see oneself, find oneself
verso verse
verter (ie) (i) to spill, pour
vestido garment, clothing
vestido, -a (de) dressed (in; as)
vestir (i) to dress, clothe
vestirse to get dressed
vez, la time
  una vez once
viajar to travel
víbora viper, poisonous snake
víctima victim
vida life, living
vieja old woman
viejo, -a old
viento wind
viga beam, rafter
vigilancia vigilance
vihuela viola (old style of Spanish guitar)
vil infamous, vile, despicable, low, base, depraved
vileza vileness, depravity
villa village, small town, town
villano villager, peasant, common person
viña vineyard
vinagre, el vinegar
vindicar (qu) to vindicate, avenge
virtud, la virtue
virtuoso, -a virtuous
visera visor, face plate
visita visit
visitar to visit
visto, -a seen
vitrina showcase
vituperio censure
viuda widow; (adj.) widowed
viudo widower
¡Vive Dios! For goodness sake!
vivienda dwelling, house
vivir to live
vivo, -a living, alive; astute
vizcaína from Vizcaya (the Basque country)
volador, -a speedy (as though flying)
volar (ue) to fly
voluntad, la will, wishes, desire; mind
volver (ue) to return

volver en sí to come to, regain consciousness
volver atrás to go back, turn back, return
volverse to become, turn into
votar to vow, promise; to vote
voz, la voice
  a (grandes) voces (very) loud
  dar (grandes) voces to shout
  voz reposada peaceful voice
vuelta return; turn (of a wheel); change
  dar vueltas to turn
vuestra merced your grace, your honor

ya already; now, since
  ya que since; as soon as; after
yantar to eat (archaic)
yegua mare
yelmo helmet
yerno son-in-law
yerro flaw

zagal, el lad, youth, young man
zagala lass, young woman
zaguán, el entrance, vestibule
zorra female fox, vixen